放棄的力量

佩格・史翠普 Peg Streep
艾倫・柏恩斯坦 Alan B. Bernstein——著
簡秀如——譯

MASTERING THE ART OF QUITTING

WHY IT MATTERS IN LIFE, LOVE, AND WORK

序　小火車的迷思

《放棄的力量》一書的前提是公然違抗傳統智慧，因為美國神話裡容不下放棄者。事實上，我們的整體社會唯一能接受及支持的一種放棄，是放棄某種壞習慣，比方說抽菸或喝酒。不過本書要談的並不是這個。

《放棄的力量》提出的是在堅持及樂觀之外，放棄也該占有一席之地才對；放棄的存在是必要的，因為它能平衡上述的兩種特質。培養放棄的能力尤其重要，就如同書中的詳細解說，人類的天性中就有堅持的因子，即使面對的是一個不可能達成的目標。放棄不僅能夠讓我們從無望地追求不可得的目標中獲得解脫，更容許我們投入帶來更多滿足感的新目標。學習如何放棄是一種有自覺的重要抗衡，對抗我們內建的心智習性；而這其中有許多習性都是不自覺的，不過卻讓我們在面對某條早該捨棄的道路時，堅持繼續走下去。

單就放棄來說，它不是終點，而是不可或缺的第一步，重新開始並且重新定義你的目標，以及你想從人生中得到什麼。

我們希望《放棄的力量》能夠協助改變個人對放棄的態度，並且提供藍圖給需要協助的人，無論是想放棄不可得的目標，或是修正已經無法帶來滿足的目標。本書提出必要的修正方法給一個只頌揚堅持到底的文化。

平衡策略

在我小的時候睡前都會聽《小火車》（Little Engine）的「我想我做得到，我想我做得到」歌謠入睡，因此學到了堅持及正向思考的力量才是致勝關鍵。事實上從小開始，我們就學習「勝利者永不放棄，放棄者無法致勝」及其他各式的諺語，內容清楚地告訴我們要不畏艱難，堅持到底。

強調堅持是美國神話的一部分，也許是因為開國之初的環境所致，例如一開始要撐過新英格蘭的嚴冬，穿越詭譎多變、有時甚至充滿敵意的地勢西進，秉持魄力朝數千哩的路途出發，而且堅持到底。不屈不撓的精神支持著美國夢，無論是窮人翻身致富、後來居上而獲勝，或者是拳擊手洛基（Rocky）克服萬難的故事。

同時把堅持視為致勝關鍵也是民主的展現。假如堅持到底是唯一的要求，那麼某人優於其他人的特質，例如教育、層級、特權等，便不列入考慮範圍了。

古代的希臘人深信薛西弗斯的神話，美國人看見的則是潛在英雄的形成。《小火車》和它的成人版完全掌控了社會集體的思考，我們因此喜歡自己的成功故事裡至少要帶點失敗的色彩，甚至最好是看似毫無成功機會，如此在故事進行的過程中，堅持便脫穎而出。假如愛迪生第一次實驗就成功發明了電燈泡，我們還會如此敬佩他嗎？答案是不會，因為我們欣賞後來居上的人。歐普拉二十五年來的節目便是最佳的見證，更別提無數的新聞故事、書籍，以及電影了。堅持也造就了動物英雄，想想電影《奔騰年代》裡的賽馬

「海餅乾」，或是不時會有狗兒或貓咪走了幾千哩，只爲了找到回家的路。

在這些不斷重複的情節中，「決心等於成功」的方程式大量產出其他的文化譬喻，其中多數都在強調，成功的本質就是失敗後繼續努力。難怪YouTube上《著名的失敗故事》（Famous Failures）影片點閱率高達數百萬人次，並且被轉貼到網路上的各種網站。它要傳遞的是什麼訊息呢？假如你沒失敗過，你就不算眞正活過。

這是一種令人感到安慰的想法。當我們爲自己設定新目標時，我們會把這些故事當作鬥士的披風披上，例如史蒂芬•金慘遭退稿三十次並且有四本小說未出版、賈伯斯推出NeXT電腦卻不幸失敗，以及許多這類型的故事。我們腦海中的那種結合了「我想我做得到」箴言，以及「一試再試做不成，再試一下」大合唱的文化旋律，陪我們一路走到底。

我們對堅持價值的信念，影響了我們述說自身故事的方式，以及我們從這些故事中學到的教訓。這種信念和我們對生命的看法緊密交織，以至於很難以其他方式去看待它。

這其中只有一個問題，就是：無論我看了多少次洛基準備揮拳出擊，堅持依然不是成功的唯一要素。相反地，正因爲我們對不屈不撓精神的依賴，導致在許多重要方面都縮減了我們的視野，因爲我們的大腦天生就會支持這種精神。此外，我們都有與生俱來的心智習性，引領我們走向承諾，遠離放棄，而無視於成功的可能性有多麼微乎其微。

因爲我們的心智天生會引導我們繼續堅持下去，在我們考慮達成目標的可能性時，大多會錯誤地偏向樂觀這一邊，甚至有些一廂情願。結果就是我們根本不擅長判斷目標是否眞的可以達成？情況還不止於此，當我們已達成的目標無法再令我們感到滿足時，無論是心智習性或放棄的包袱都會造成妨礙，阻擋我們繼續往前走，追求人生的新目標。堅持變成我們的絆腳石，因爲當我們無法達成目標，通常也不會完全放棄，我們的堅持阻止我們往前走，設定新目標。

然而，徹底放棄的能力和堅持一樣，都是生活中深具價值的工具。接受放棄的價值聽起來不但詭異、違反直覺、愚蠢，而且可能具有破壞性。我們都受過教誨，放棄是懦弱的象徵，而放棄者等同於失敗者。

或是概括來說，成功及滿足的人不但知道如何堅持，同時也知道如何放棄。勝利者也會放棄，但不是用你想的那種方式；他們在放棄時，同時運用了權力和智力。

撇開那些民間傳說不談，知道如何及何時放棄是一種很重要的生活技能，而不是文化所指稱的那種可恥的最後手段。考慮放棄提供了一種不同的觀點，不但我們從來沒學過，我們的下一代對這點也一無所知。儘管人類的大腦運作方式已經在堅持的基礎上架構了平台，不過放棄帶來了一種重要的修正方式。假如我們明白爲何有技巧地放棄很困難，就能深入了解我們有多少決定是在不自覺的情況下完成，以及我們該如何讓它變成更有自覺的過程。

本書是基於科學理論，提出心理學家和研究者對人類的行爲及動機有哪些了解，以及科學家對大腦知道多少。書中將放棄視爲一種技巧，不但可以透過學習去掌握，也能夠幫助你了解，在培養放棄的能力和堅持的能力之間取得平衡將如何讓你對自己做的決定感到更快樂也更滿足。它會在你陷入困境時協助你脫困，讓你在生命中不斷前進。訂定新目標即開啓新機會的唯一方式，就是徹底放棄舊有的目標。

以下的簡單觀察可以應用在人生各種領域的目標上，包括愛情、人際關係，以及工作：

- 最後達成目標的人不只需要從失敗中學得教訓，他們還必須徹底放棄失敗的目標。
- 放棄能為心智和靈魂帶來自由。放棄的行為讓我們得以成長和學習，並且促進打造新目標的能力。如果少了放棄的能力，我們大多數人最後都只能氣餒地原地踏步。
- 對生活最滿意的人會同時具備堅持及放棄的能力。他們知道何時要停止堅持，開始放棄。他們在放棄時是真的放棄，接著轉換焦點，設定新目標，重新開始並堅持下去。而且也從不回頭看。
- 有些人天生就比較擅長堅持和放棄。雖然這不如相信不屈不撓的精神那麼民主，但好消息是，任何人都能學習掌握放棄的技巧。
- 當某個目標顯然無法達成、原本的人生道路轉變為一條死巷，或者人生對你投出了變化球，這時候放棄就成為一種健康又適合的回應。只要提出放棄，把它當成是可能的行動計畫，就能有效地修正堅持經常帶來的狹隘視野，這也是改變觀點所必須跨出的第一步。
- 如果想成功，需要同時擁有堅持和放棄的能力。

我們談論的這一切有個心理學的名詞，叫做「目標脫離」（goal disengagement）；它是一系列互有關聯的步驟，而不是單一事件。脫離代表什麼意義，以及它爲何如此重要——爲何能夠放棄的人比那些辦不到這點的人，生活過得更快樂也更滿足——一直是許多研究的焦點，而其中大多是限於學術圈的研究。人類的幸福感其實很直接；根據研究顯示，無法脫離不可能達成的目標，其實有可能會讓人致病。

脫離不是那種態度隨便、「你去死吧」或是甩門離開的放棄，它完全是另一回事。它不是懦夫或是沒有力氣堅持下去的人所做的行爲。

本書要介紹的脫離，需要你全神貫注、運用才智，並且在各個層面都要投入。它會改變你的思考方式、感覺，以及行爲。如果你依照正確的方式去做，放棄會激勵你去設定新目標，考慮新的可能性。

目錄

第一章 堅持的心理學

一開始就必須先承認，我們倆其實都是放棄了主要事業道路的人。但說也奇怪，儘管我們都放棄了相同的道路，但是放棄的理由卻各不相同，而最後的結果也很不一樣。我們的事業轉變讓艾倫得以從事多年的心理治療師工作，同時也爲我們帶來一種局內人的觀點，檢視放棄的意義，包括代價及可能性方面。

兩個放棄者的故事

艾倫在年近三十時，已婚且爲人父，並且正在研究所攻讀文學博士。他通過了口試，正在寫論文，眼看就要達成目標取得博士學位，以及大學教職。雖然他喜歡教書（但是不愛做研究），卻也明白自己對於教導學生莎士比亞的十四行詩，興趣其實不大；他更有興趣的是傾聽學生談論自己、人生目標及抱負。在大學校園的輕鬆環境中，他有很多機會可以這麼做；學生可以隨時過來找老師，並和老師閒聊。艾倫在發現自我的過程中，藉由跟學生的互動找到了眞正想從事的工作內容。他知道自己喜歡把學生當成一般人，協助他們做出人生中的正向選擇，而不是教導他們抑揚格五音部。他發現自己的天職不是文學，而是心理學。於是，他放棄寫了一半的論文。

然而從擁有令人豔羨的博士學位，以及在受人尊敬的學校機構工作，到取得社工方面的碩士學位，這種轉變過程在當時，也就是一九七〇年代初期，並不是那麼的順遂。這一路上伴隨的極度自我懷疑及憂慮，讓艾倫即使在擁有滿意的職業生涯多年後，依舊難以忘懷：「轉變不是從黑暗邁向光明，應該說是一種充滿希望與懷疑的過程，而這兩者在一路上不斷大打出手，一決雌雄。」

放棄究竟帶給了艾倫什麼呢？它驅使艾倫去尋找，並且說清楚能帶給他眞正滿足及意義的一生志向，也就是協助他人做出生活中的重要決定。

佩格也一樣，在工作稀少又很難找的時期，放棄了學術界，投身出版業。她就要完成博士論文，只差最後一步就可以取得文學博士學位。不過面對學術界的政治生態，她看過太多指導教授的悔恨懊惱，因此想要爲自己另尋更好的出路。出乎她的意料之外，企業環境在某些方面讓她聯想到學術界。於是她在三十多歲時，決定要爲自己工作，設定自我的目標。最後她成爲了作家。這不但令她感到滿足，也容許她在保有工作的情況下，還能身兼全職母親；她認爲這是天賜之福。

我們兩人都深刻了解到放棄長久以來的目標或夢想，需要增強多少信心，以及在自由降落的第一刻起，那種伴隨而來的懷疑和憂慮。

「放棄者」爲何是不堪入耳的字眼

不過，這本書所要談的那種放棄，和「放棄者」這個詞讓我們聯想到的不一樣。基於對堅持的信念，必然的結果就是「放棄者」成了你能施加在別人身上最強烈的字眼。這意味著某種根深蒂固的性格缺陷，缺乏能力承擔某種過程，以及面對挑戰時軟弱無力。

如果你有機會查閱字典裡「放棄者」的定義，就會發現上頭寫著：「半途而廢的人，尤其是輕易就放棄的人。」裡頭清晰可見道德批判及個人偏見。

然而，要眞正脫離目標並不容易做到。你必須要從先前的約束中解放、處理負面情緒、建立新目標，並且改變行爲，以配合你立下的新目標。相反地，我們稱爲半途而廢者的行爲，和前述截然不同。

以傑森爲例，三十二歲的他念了六年高中（他的父母送他去多念了兩年的預科學校，讓他學得更多），然後花六年的時間完成大學學業（這是因爲他荒廢學業，被一所有名的大學踢出來）。在二十到三十多歲之間，他的一貫作風是不斷辭掉工作、結束感情關係，以及搬離不同城市。他去西班牙教書，雖然他的目標不是要教書，只是想打發時間。他搬到美國西岸去找回自己，後來中斷一切，又搬回了東岸。

根據他的說法，以他的才華和能力來說，沒有一項工作具有足夠的啓發性，或是値得他去努力。別人總是不懂得欣賞他的能力，因此他從來沒有在同一個工作崗位上任職超過一年。他依然不確定哪種職涯規畫適合他，而且似乎並不介意這種情況。他總是在必須實際表現之前便放棄了努力，這樣也等於是避免了失敗的機會，而重點可能就在這裡。

我們都會認識一、兩個像傑森這樣的人，或者也可能是吉兒。當工作時間變得漫長，工作內容變得乏味，或者是面臨到失敗的危險，像這樣的人就會打包走人。整個社會基本上都不喜歡半途而廢的人，因爲當大家成爲同事或團隊一起努力工作時，這類人會丟下責任讓我們承擔，最後就得去分擔他該做的工作。

那麼，是什麼讓人半途而廢呢？原因有很多。半途而廢者可能無法信守承諾、害怕成功或失敗。他們可能無望地沉溺在自我挫敗的行爲中，也有可能是懶怠、逃避責任，或是隨波逐流的人。

像這種半途而廢等於是一種逃避或缺乏承擔能力的態度。這和我們所要談的思慮周詳的放棄，完全不同。

在開始談論正確的放棄態度之前，我們先來探討對堅持的依賴如何進一步扭曲了我們的情緒，以及我們對於放棄的看法。

情緒推動堅持

由於堅持背負了文化及內在壓力，因此無論我們如何情緒性地指控放棄的行爲，其實都不會太過誇張。從最簡單的層次來看，你很難證明自己不是傳統定義中的那種放棄者，例如那個情緒化反應的人、沒有魄力撐下去的人、缺乏內在力量而無法度過難關走到底的人、團隊中的那個軟弱的人，因爲要承擔的太多，於是這些就成了堅持下去的好動機。

在團體中，只有在放棄壞習慣時，我們才會把放棄當成是積極主動的行爲。而其他時候，放棄被視爲被動消極，而且不是一種良好的反應。基於這些原因，即使你只是在盤算放棄，你也會發現自己深陷龐大的情緒騷動，更別提採取自我防禦的姿態了。文化環境要求我們爲放棄提出正當的辯護理由，在公開場合及私底下皆是如此，這也產生了極大的情緒包袱。想當然，這就成了情緒性鼓勵我們堅持下去的方式之一。

我們爲什麼逃避放棄，還有一個等同重要的因素：在面對情緒或生理上的痛苦時，人類基本上都會傾向於逃避。當陷入了有害或壓力下的環境，也許是在工作或人際關係的領域，人們大多會傾向於繼續應付已知的情緒痛苦，而不去面對未知的情緒騷動，也就是萬一決定要放棄時，他們就必須去探索的那種未知領域。在心理治療師的辦公室裡擠滿了陷入這種困境的人，他們選擇待在讓自己極度不快樂、不過較熟悉的環境中，繼續堅持下去。此外，堅持不會帶來任何羞恥、失勢或失敗的感受；我們通常會把這些感受和錯誤的放棄，聯想在一起。

因爲堅持目標幾乎被視爲是一種美德，所以這麼做會帶來某種程度的情緒平靜，而不是放棄所帶來的騷動不安。

本書要提倡及闡明的那種放棄雖然完全不同，不過也有它的情緒商數。有技巧的放棄，就定義上來說，是離開熟悉的環境、探索新領域、經歷一段曖昧不明的時期，並且處理放棄重要事物所造成的情緒餘波。這些都是難以掌控的複雜情緒，不過到最後一定會在情緒上帶來更大的滿足。管理情緒是很重要的一環，不光是在有技巧的放棄方面，在重新設定新目標的過程也是如此。強調堅持到底讓我們守住原有崗位，但是卻不合理地沒有教我們要如何管理情緒，而是一味包容。就這種定義來說，掌握放棄的技巧也關係著情緒教育。有一名婦女現年六十多歲，一生經歷過四段職場生涯，她表示：「放棄需要勇氣，決定把握機會不是一件容易的事。我最欣賞自己的一點是能找到那份勇氣、勇往直前，並放手一搏，即使我不知道未來會有什麼後果。你需要有龐大的信念，相信冒險踏入全然未知的境界，最後應該會有好的結果。」

然而說到底，讓我們堅持下去的，並不是想逃避放棄所引發的情緒代價，或是放棄長期目標所隱含的文化羞恥感。這和我們的心智受到堅持的制約息息相關。

大腦和堅持

要有技巧的放棄其實是很困難的事，因爲這和大腦如何處理感官提供的資訊有部分相關聯。在堅持的文化壓力及腦部運作共謀之下，因此我們許多人熱衷追求那些最後無法順利達成的目標。

當我們在追求目標時，相信這應該會是有秩序、合邏輯，以及有自覺的過程。不過事實上，大腦在運作時會採取策略。假如目標能輕易達成，這種策略就有其價値；相同地，萬一目標無法達成，這些就成了有害的策略。科學家闡述兩套重疊的思考系統，或是稱爲「認知」。一種是直覺，過程較快，相對之下較不費力。它是依靠聯想運作，並且經常負載情緒；另一套系統靠推論運作，過程較慢、審愼，而且有自覺。既然人類在心理歷程方面的整體能力有限，較費力的思考過程似乎就會彼此干擾。但相反的，直覺式思考結合其他任務時，過程中不會產生干擾。由以上的結論會得知，當我們同時思考一件以上的事，由直覺系統提供的簡單答案最容易浮現心頭。當然了，我們並未意識到這種情況，而是將推論及審愼都歸因到我們的思考。

直覺思考曾經對人類有很大的幫助，尤其是和體能任務方面有關，例如狩獵或體力勞動；在當時，快速反應及堅持到底是生存的必要條件。而到了二十一世紀，我們的心智依然運用這些和邏輯或理性完全無關的策略。

對於難以達成的目標，大多數人的反應方式幾乎呈現出某種一致性，因而研究者開始探討這些不同的方式，並且加以命名。某些案例中，我們會爲了更清楚陳述而重新命名，不過我們也會給予科學名稱。這些都是常見的心理習性，我們需要加以辨識及了解，因爲它們能說明爲何需要放棄的能力來緩和堅持。而這些與生俱來的行爲，在我們的文化迷思及禁止放棄的指令下，滋長茁壯。

以下的故事就是最好的例子：三十二歲的珍妮佛是一名律師的女兒，目前在一家小型但頗有名氣的律師事務所工作。她在大學時便立志要當律師，是法學院裡資賦優異又勤勉的學生。畢業後，她帶著相同的熱情進入了職場；一開始的那四年，她熱愛從事律師的工作，即便需要長時間投入工作。

但後來，當她的頂頭上司離職投靠另一家事務所後，情況就變了。她的客戶和事務所同事仍然都很喜歡她，可是新主管卻對她和她的工作加以嚴厲批評。而在事務所的階級制度中，主管對下屬的評價很重要。

因此珍妮佛開始改變方法去取悅新主管，而且不時會因爲他的回應而受到鼓舞。每當在這些時候，她都會向自己保證，她就快要獲得他的認同了。不過到了最後，珍妮佛的表現對新主管來說仍然是不夠好。

再隨著時間過去，珍妮佛開始害怕去上班。她從前在工作上獲得的快樂已經逐漸消失。她焦慮又沮喪，不知道該如何是好。她尋求意見的對象，包括丈夫、父母、友人，可是全都勸她要繼續撐下去。

因爲她已經投入了太多的時間和努力，包括讀了三年法學院，以及在事務所服務了將近四年的時間，不想就這麼放棄。她依然有機會當上事務所合夥人，而且仍舊希望得到主管的認同。假如她半途而廢，她的主管就贏了。而在這種經濟不景氣的年代，律師的人數遠超過實際的需求量，她很有可能再也找不到律師的職位。況且半途而廢會讓她很難看，彷彿她是個承受不了壓力的人。加上若主管給了差勁推薦，更可能成爲多年後仍擺脫不去的夢魘。假如她能夠撐住，而不是就此退出，她就比較能掌握接下來可能發生的情況。

珍妮佛的故事很常見，你可以更換故事裡的特定條件，例如職業、目標、差勁的主管情節等，結果依然會是對堅持強烈依賴而陷入困境。這很有可能是感情或婚姻裡的故事，你陷入該留下或離開的兩難局面，但是我們腦海裡的聲音和外在的聲浪，都要我們繼續撐下去。

在面對達成目標之前的關卡時，我們常常會認爲自己是在有意識及理性之下做出反應，不過事實上是另一回事。

距離勝利只差一步

由於受到堅持的迷思洗禮，在達成目標之前失敗的人，通常會相信自己距離勝利只相差了一步而已，不會認爲是損失或失敗。而這種想法其來有自。

這是人腦在制約下對距離勝利只差一步所做出的回應，因爲如果就體能方面來說，只差一步確實是成功的最佳前兆。比方說你正在從事一種和技巧及專業有關的體能活動，例如獵捕動物當食物、射擊某個目標，或者是打擊棒球，而且快要成功了，只要再多磨練一下技巧，就很有可能會成功。而拿學術界來說，你的成績差一點就達到自己設下的目標，這時距離勝利只差一步也是可靠的指標。你只要更用功、花更多時間讀書，下一次就可能會達到目標。

然而不幸的是，無論人類或是他們的大腦，都不擅長分辨什麼時候是眞的只差一步，什麼時候其實不然。一份英國的賭博研究找了一群普通人，每人分派一部吃角子老虎機，接著在他們玩的同時測量他們的腦部活動。玩吃角子老虎的輸贏當然和技巧無關，不過研究者卻發現，玩家和他們的腦部對於距離勝利只差一步的反應，就和其中牽涉了技巧部分一樣。腦部的快樂與獎勵中樞對只差一步的回應，和他們眞正贏錢時的反應一樣高昂。此外，距離勝利只差一步的感覺便足以讓他們繼續玩下去，即使他們實際上是在輸錢，而他們認定的只差一步，其實根本無法預告眞正的勝利。同時也毫不意外地，在那些衝動型賭徒的生活中，這種只差一步的感覺往往就扮演了重要的角色。

不過距離勝利只差一步所產生的影響，並不只是限於賭博而已。即使它不適用於我們所面臨的情況，但依然會加強了我們的正面信念，激發我們的期望思考能力。它通常會導致我們繼續留在一段早就該結束的感情或情況當中，而在旁人眼中分明看到，我們根本沒有成功的機會。我們對堅持的信念鼓勵我們，將失敗重新包裝成距離勝利只差一步。

就像是在珍妮佛的故事中，當她嘗試新方法想取得主管的讚美，並且開始將任何不是直接忽視的反應，都當作是即將獲得主管認同的象徵，這就是職場上的距離勝利只差一步開始發揮作用了。即便只是單純說出「好的」這個字眼，而不是尖刻的批評，就足以讓她感到自己的努力有進展了。

距離勝利只差一步對我們產生影響，不僅是因爲我們的大腦受到制約，也是因爲禁止放棄的文化背景。假如放棄目標不在選項範圍之內，我們當然會大受距離勝利只差一步的吸引，無論是在職場、人際關係或是感情方面。明白這種心智習性的力量，並且認清我們將失敗重新包裝成只差一步的傾向，都是很重要的第一步，讓我們在未來能具備放棄的能力。

聆聽趣聞

當你在判斷某件事是否會發生在你身上，或者是某個事件是否會引發另一個事件時，你會坐下來，運用邏輯規範，做出最周詳的決定，對吧？當然不是。比較有可能的情況是，你的大腦會以最快在你心裡浮現的案例或趣聞爲基準，開始進行判斷。

這種心理學的現象有個拗口的名稱，稱爲「可得性捷思法」（availability heuristic）。這是另一種心理傾向，大力推動堅持的迷思。這種從最方便又鮮明的範例取得資訊的思考方式，對早期的人類生存來說非常具有價值。比方說你是舊石器時代的美洲馴鹿獵人，一直都是抄捷徑前往湖邊的馴鹿聚居地；不過同時你也聽說有三個人在這條路徑上遭到熊的攻擊。這些消息會讓你將片段資訊連結起來，也就是捷徑等於熊等於攻擊，於是你會決定改走較遠的路，也許狩獵比較不易，但是可以讓你活久一點。同樣地，許多古代的文化和宗教對於內溫或旋毛蟲病一無所知，卻注意到人類吃下豬肉後死亡的故事，於是再也不吃豬肉。

即使是在現今的社會中，軼聞產生的說服力量也並非全然有益，例如我們常在電視上看到或報上讀到的樂透得主，或是在談話性節目上的那些排除萬難堅持到底、最後達成崇高目標的人，他們都會讓我們相信「爲什麼不能是我？」，即使事實上完全沒有跡象顯示這個幸運兒可能會是自己。在這個媒體滲透的世界裡，不斷重複聽見某些案例會讓我們將片段資訊連結在一起，而事實上這些資訊根本毫無關聯。但它讓我們相信有些事，不管是好的還是壞的，發生的機率比實際上更大。無論是堅持等於成功的故事，或是其他的狀況，全都是如此。

舉例來說，媒體把關注焦點放在校園槍擊案，或是鯊魚攻擊事件的危險性，而無論社會大眾有多聰明，但這種關注力仍會讓他們提高這類事情的可能性，因爲這種案例更容易在記憶中被取得。愈生動或是引起愈多情緒反應的案例，就愈容易快速取得。

爲了證明這種觀點，心理學家史考特‧普勞思（Scott Plous）詢問受試者，人比較容易被墜落的飛機殘骸擊中身亡，還是死於鯊魚攻擊？受試者可以思考一分鐘後再回答。結果因爲鯊魚攻擊事件曝光率較高，因此大多數人會回答鯊魚攻擊。即使死於天上掉下來的飛機殘骸的機率要高出三十倍；雖然不太可能發生，不過仍比鯊魚攻擊的機會要來得大。這就是可得性捷思法在作崇。

我們對於堅持的文化假設，以及在媒體以故事型態讚美和傳達之下，讓趣聞的力量特別容易掌控我們的思考。激勵人心當然沒有什麼不對，而堅持到底的故事也的確能鼓舞大眾。問題是，當我們的決定受到第一個浮現心中的念頭影響，我們很可能不會點出正確的問題。當然正確的問題並不是通常出現的那個「爲什麼不能是我？」。

在這種情況下，可得性捷思法讓我們很難預測成功或其他的事。觀察我們如何選擇堅持某項努力，而心中不忘可得性捷思法，就是控制堅持到底的重要方式，並且開始誠實地看待我們是否需要放棄。

間歇性增強

毫無根據的堅持也可能是來自於所謂的「間歇性增強」[1]，假如這個名詞讓你想起了你在心理學概論裡聽過的概念，那麼你的記性可真不賴。間歇性增強意義重大，因爲它證明了發生在老鼠身上的事，也會發生在人類身上。

請先想像三隻飢餓的老鼠分別關在三個籠子裡，每個籠子裡都有一支拉桿。在第一個籠子裡，老鼠每推一下拉桿，就會得到一團食物。老鼠很快就明白，拉桿是可靠的食物來源，因此牠便盡情地去做牠喜歡的事，例如跑轉輪或挖鋸木屑之類，牠開心並滿足於現狀，因爲牠知道哪裡可以找到食物。

在第三個籠子裡，當老鼠推拉桿，什麼事也沒發生。牠一推再推還是毫無動靜。因爲得不到食物的獎勵，老鼠便放棄了拉桿，自行去尋找食物了。

而第二個籠子裡的老鼠則陷入了困境。牠推拉桿之後，有時會得到一團食物，有時什麼也沒有。對老鼠來說，希望一樣是無止盡的，於是牠開始對拉桿念念不忘，一推再推，有時

1 Intermittent Reinforcement，由史基納（B. F. Skinner）所進行的研究。

候受到挫敗，有時會得到滿足。間歇性增強讓老鼠日以繼夜地待在拉桿旁。換句話說，這三隻老鼠中，拉桿偶爾會帶來食物的那隻，最後變得最堅持。

毫無疑問地，間歇性增強在人類歷史上曾經很有用處，尤其是在狩獵、捕魚，以及鍛造方面。至少有些時候能得到你所要的，增強了生存所需要的堅持。然而應用在其他情況下，間歇性增強可能不是件好事，而對於無法達成的目標來說更是如此。

比方說，你的目標是要讓你和另外一個人的溝通能更開放又有互動，這個人可以是你的父母、手足、配偶、愛人、朋友、同事，或是主管。你們倆開誠布公談過許多次，也發生過幾次大聲爭執，不過每次你認爲，他不夠有同理心或是沒把你要說的話聽進去，他的行爲毫無改變，因此你正考慮要放棄了。但忽然間，毫無來由地，他竟對你敞開心房。這眞是奇蹟，他居然會傾聽你的心聲，而你對於是否要繼續保留這段感情的猶豫全都不翼而飛了。

日子就這樣繼續過下去，一直到某天他又故態復萌，從前的舉止再度出現了。你們不斷重複嚴肅的對話和大聲爭執，你又準備打算放棄，然後有天，他忽然間又敞開心房，變得善解人意且全心聆聽。再一次，你決定繼續堅持下去。

這就是間歇性增強。在感情關係中的間歇性增強，最佳案例就是上演六季的《慾望城市》中，凱莉和大人物的故事。

不過間歇性增強在感情關係以外的範圍，也會產生影響。一些爲了解決阻礙目標的問題而找出的暫時性方法，可能也會以相同的方式增強毫無根據的堅持。

比方說，茱莉熱衷設計珠寶，她一直夢想能當自己的老闆，做自己熱愛的事。她存了一些錢，在紐澤西跟人分租地方，開店做生意。她說：「如果要有盈餘，我要每週開店六天，並且賣掉價值三千元的珠寶。但大多時候，我都沒有達成目標，不過偶爾，比方說每四週裡會有一週，我會達到目標，甚至是超過目標，這會讓我覺得自己距離成功只差一、兩步而已。我就這樣周而復始地過了兩年，花掉了大部分的積蓄，直到我面對現實爲止。」

間歇性增強不但會加深堅持，即使這和達成目標並沒有任何關聯，而且也會阻止個人採取新行爲來脫離現況。也就是因爲這樣的理由，單獨仰賴堅持不是個好主意，並且我們需要往後退一步，自問我們是否讓心理習性主導我們的決定。

陷入承諾升高的困境

「情況變得艱難時，就是你證明自己的時候。」究竟誰說了這句話仍有待爭議，不過這句話卻以預期外的方式證明了它的正確性。在廣泛的文化中，這句話引起了高尚的堅持；你不妨回想諾曼地登陸和那片海灘，或是電影裡的洛基奮力出擊。然而，在現實生活中卻完全是另一回事。一直以來，所謂的「承諾升高」（escalation of commitment）都是研究者最愛的題目，理由稍後會說明。不過簡單來說，便是科學家發現，當追求的目標已經失敗或無可挽救，人們反而會加強承諾，而且不需提醒就會這麼做，甚至不曾先向絕望處境的守護聖人，聖猶達（Saint Jude）禱告求助。

承諾升高如此迷人，原因有很多：首先，它具有普遍性，在全世界的各種文化中都適用，無論這些文化有多麼不同；其次，即使你很聰明或受過良好教育，也無法避免落入這種升高的陷阱；第三，除了加倍努力的那個人之外，大家都知道這種升高是不合理的；最後一點，承諾升高幫助我們深入了解人類、他們的大腦、動機，以及行爲。

不用說，只差一步的勝利、可得性捷思法，以及間歇性增強全都促成了承諾升高。不過還有其他原因，例如偏執的想法、各種天生或社會行爲，當然還有放棄的包袱等，這些讓我們增加了承諾升高的強度，即使失敗就近在眼前。

會形成這種現象的一個主因是基於人類天性：我們無法實際評斷自己或自己的才能。雖然勵志書籍和電視節目通常著重於我們普遍缺乏自尊心的情況，但是實際上，大多數人在比較自己和他人的才能時，通常會有誇大的看法。在人類歷史上的某個時期，這種偏執的想法可能有其目的，例如帶給我們的舊石器時代祖先額外的活力及自信，成爲部落需要的領導者，或是帶來一種心理上的優勢，讓他的狩獵成績比同儕更出色。然而到了現代，卻變成比較像是某種遮眼罩。

這種高於平均值效應正巧說明了在要求衡量自己與他人能力時，大多數人會自評爲高於平均值。這種評估在許多項目都顯示相同結果，包括開車技術、運動體能、健康狀況、管理能力，以及仁慈或慷慨等性格特點方面。最有名的是一項由美國大學理事會所主持的大型研究，受試者是一百萬名中學生，其中有百分之七十的學生在領導能力方面，評量自己高於平均值。更驚人的是，當他們回答自己和同儕相處的能力，每個人都自認至少達到平均值，其中更有百分之六十的人自認排名前十分之一，而且有百分之二十五的人認爲自己是頂尖的百分之一。換一種說法來解釋，在這一百萬人當中，只有百分之十五自認是處於平均值。

坦白說，我們可能陷入升高的困境中，是因爲我們無法判斷自己的能力是否好到足以達成目標，或者是否適合這樣的目標。假如我們處在競爭的情況下，通常會高估了自己的能力，而低估了對手，這樣我們便會稱爲「過度自信」。

而且不只如此。丹・羅瓦洛（Dan Lovalo）及丹尼爾・卡尼曼（Daniel Kahneman）在《哈佛商業評論》（*Harvard Business Review*）的文章中指出，高於平均值還有其他幾種必然的推論。首先，人類傾向於對結果抱持過度樂觀的態度，誇大成功的可能性，就像我們誇大自己的才能一樣。提醒你，在對的情況下，樂觀是一件很好的事，堅持也是。當我們身處正確的地方，擁有正確的才能，追求正確的目標時，樂觀會讓我們繼續努力。若缺乏樂觀，恐怕很少人會在哪方面有所成就。但是呢（沒錯，總是有個「但是」），在承諾升高到最後終將變成的自由墜落中，錯覺的樂觀更將會加快降落的速度。這不單是我們普遍對未來感到樂觀，還有我們不曾必要地檢視過去的經驗，當作是未來會如何變化的一種指標。人類通常會以抽象及概括的方式展望未來，完全排除過去經驗裡時而出現的零星細節。

羅瓦洛及卡尼曼也說明，我們誇大自己能力的傾向，在我們歸咎成敗原因時更顯誇張。人們會把正向的結果歸功給自己，並且傾向於將負面結果歸咎於外在因素，他們認爲這些因素超出了個人的掌控範圍。這兩種思考方式是導致承諾升高的因素，其中有很大的程度是因爲放棄不是一種考量，而是最後的手段。

還有，儘管我們傾向於過度評價自己的才能，但大家卻對於修正這種觀點的態度依然十分敏感。這也就是大家在遭受攻擊時，會升高承諾的另一個原因。許多研究顯示，人們對於自己全心投入的冒險活動得到壞消息或是負面反饋時，反應大多是提升努力，而不是降低或放棄努力，無論這些反饋具有多少說服力或是負面看法。

我們已經看過一些心智重新包裝某些情況，以便繼續堅持下去的方法。不過實際狀況遠不止於此。一個人投入愈多的金錢、時間、精力及努力，並且感到需要對最初的決定負起更多個人責任時，就愈有可能繼續堅持下去。這個人會認爲當初的決定辯護勝過一切，而且藉由投入更多，感覺這是在證明自己，以及當初堅持的論據。

這樣當然不合理，不過大家卻經常這麼做，無論是在私人或事業生涯，個人或團體行動。研究顯示，一位經理若是負責雇用某位員工，但是該員工表現不佳時，比起另一位和雇用員工無關的經理，他更不可能去開除這位員工。相反地，這位經理還會對當初雇用這名員工的決定提高承諾。而在由團體做出決定的企業裡，通常也是這樣處理壞消息。人們會用這種方式處理失敗的婚姻，甚至決定繼續開那部老車的原因，也是因爲如此。

關於這件事，「最終變成破銅爛鐵的車」就是最好的例子，它說明了「推論」在承諾升高的背後如何運作。派崔克想要留下他的舊車。他辯贏了他人，於是開始花錢維修這部車，換新輪胎、新煞車、新消音器，以及所有技師說應該要更新的零件。當然了，當花費逐漸累積，他眞的很希望這次，無論這次是要換什麼，都會是他必須維修的最後一次了。而他在這部車上花的錢愈多，就愈可能會繼續投資下去，因爲他的焦點已經從眼前的這塊廢鐵，轉移到他投入的金錢了。

這種現象有個高貴的名稱，叫做「沉沒成本謬誤」（sunk-cost fallacy），而這又是堅持到底的另一部發動機。

向沉沒成本謬誤讓步

沉沒成本謬誤聽起來是個拗口的名稱，但實際上卻不然。簡單來說，就是當我們讓已經付出的投資，主導是否要繼續下去的決定，這就造成了沉沒成本謬誤。以先前提到派崔克爲例，沉沒成本謬誤是他的車；而對不開心的律師珍妮佛來說，指的便是她投注在法學院的時間、金錢和努力，以及爲事務所服務的這四年，加上成爲合夥人的潛在承諾。沉沒成本謬誤一詞是來自經濟學，用來形容投資者面對已經挹注大量資金卻出現問題的投資，該如何決定是否要繼續進行下去。

沉沒成本謬誤在我們的思考中普遍存在，我們可以看到它發揮作用，無論是在領導者談論戰爭、軍事行動上，或者是一般人談論投資、工作、房地產、婚姻等。沉沒成本謬誤鼓勵堅持，反對放棄。

再舉例來說，美國的領導階層對於派遣部隊到越南這件事，思考方式便充斥了這種邏輯，即使大家都知道，要獲得傳統意義上的勝利已經是不可能了。這些領導階層求助沉沒成本謬誤的理論，表示假如國家放棄這場戰爭，那些已經失去的寶貴性命就白白犧牲了。

就表面看來，這種論點根本不合邏輯。犧牲更多的生命如何能讓先前的犧牲變得更合理？不過許多人卻會因此認爲在這種情形中，堅持下去是合理的，因爲先前已經投注了這麼多。這種思考方式勝過了俗語說的「不要一錯再錯」，因爲大家通常會猶豫並且不樂意去做的是：第一、承認他們已經損失了投資；第二、冒險提早放棄。他們在勉強承認失敗之前，通常會願意繼續投注更多，主要是希望能有微乎其微的機會，再撐久一點，就會得到豐厚的回報。堅持的文化及放棄的包袱，讓沉沒成本謬誤持續下去。

時間和精力的投資，以及不願意放棄並承認這是一場注定的失敗，這些因素讓人們維持現狀。它也阻止人們重新架構目前的狀況、想像新目標，並且重新發掘自我。當人們考慮離開長期的婚姻、工作、職業，或是其他投注許多時間和努力的大小狀況時，沉沒成本謬誤便會影響他們做出決定。

一鳥在手

你是否聽過「雙鳥在林，不如一鳥在手」[1]的諺語呢？根據科學研究顯示，這句諺語不僅準確地描述了人類的行爲，同時也顯示出人類願意付出任何代價，抓緊手上的那隻鳥兒。有許多故事都會強調，人們在面臨獲益的可能性時，通常傾向於冒險抓住機會，不過事實上並非如此。諾貝爾獎得主丹尼爾•卡尼曼及阿莫斯•特維斯基（Amos Tversky）發現，當我們在衡量未來展望時，天平並未能保持平衡。這話聽起來也許令人驚訝，不過在衡量可能獲益及可能損失時，人們的表現常常是趨於保守。人們比較少爲了獲益而傾向於冒險，反而願意爲了避免損失而付出一切代價。然而矛盾的是，損失厭惡[2]卻會鼓勵他們成爲冒險者。在判斷是否應該繼續堅持某項努力時，損失厭惡是人類心理學上的一項關鍵要素。

人們對於損失或減損有多敏感呢？一項違反直覺卻相當具有啓示性的研究實驗結果，充分顯示出這點。在這項實驗中，受試者要選擇他們偏好哪一份工作：第一份工作一開始的年薪是三萬美元，第二年是四萬美元，第三年升到五萬美元；另一項選擇是第一年的年薪六萬美元，第二年是五萬美元，第三年降到四萬美元。儘管這不是什麼數學難題，不過大部分的人都挑選了薪資逐年升高的那份工作，雖然薪水總和比較少。

這是因爲損失厭惡加強了承諾升高。我用一個簡單的故事來說明，羅伯是一位傳播溝通業界的專家，他一直以來都能很成功地結合各路人馬共同從事商業企畫，不過他從未遇到能讓他在個人及專業上都感到滿足的案件。因此找到這樣的企畫案就成了他的重要目標。他同時是致力環保的人士，所以想要整合一群專家，貢獻他們的學識，打造一個永續生活的全國性平台。六年來，他一直在致力招攬個人及團體科學家、工程師、農夫、廚師，以及其他已經參與永續發展的人加入。他想像能在這個主題上打造資料庫，包括可供查詢的書籍、錄影帶，以及網路資訊等。羅伯花了很多時間說服大家同意，用更長的時間讓大家都簽下合約，以及更多時間設計出大家都認同的永續平台，而投資者也點頭同意了。

此時，其中有兩支專業團隊忽然改變了心意。因爲現在他們要的是展現成員的能力，而不是永續的原則。這當然和當初說好的不一樣。但爲了讓企畫能夠繼續進行下去，羅伯也盡可能地讓步。隨著他們要求的愈多，羅伯便不斷升高承諾，而內部紛爭也跟著愈來愈激烈。

---

1 出自《伊索寓言》，形容已到手的，即使再少也勝過未到手的。

2 loss aversion，意指人們在面對同樣數量的收益和損失時，認爲損失更加令他們難以忍受。

此時，羅伯已經很清楚企畫已經偏離了原來的方向。但即便如此，他依然認爲自己能夠順利完成。再後來，他得知這幾支團隊去找其他的專家談，因爲他們想要自己主導這項企畫。更糟的是，羅伯的投資者也在和他們談。他的企畫案被挾持了。

對於是否應該堅持下去，眾說紛紜。羅伯在傳播溝通業有許多成功的紀錄，而其他參與者即便滔滔不絕地發表意見，但似乎沒有足夠的專業能力去完成目標。這項企畫的概念是他提出來的，而且他一直表現得很有信心。再者，他也不知已經花費了多少時間，甚至是多少年，全心進行這項企畫。羅伯當然有理由相信，完成這項企畫會讓他的事業更上一層樓，因此他不能也不願讓自己在這項企畫的投資都付諸流水。

一直到羅伯開始考慮放棄後，他才明白自己的承諾已經消耗掉他所有的精神和情緒能量，即使這種承諾不曾讓他更接近自己的目標。接下來的幾個月，他繼續升高承諾，直到他被迫採取行動，不得放棄爲止。

察覺的價值難題

當開始著手進行一項目標時，沒有人可以預料到接下來的所有關卡，而且不幸的是，此時實際或清晰思考和堅持也不見得是好夥伴，更別提是隊友了。研究者發現，當在追求目標的過程中出現問題困擾時，人們會拿兩個因素來衡量是否要繼續下去。第一個因素是這個目標有多少價值，假使人們察覺這個目標的價值愈高，他們就愈傾向於堅持下去；第二個因素是對成功的期望有多強烈，同樣地，假如他們愈相信自己會成功，就愈可能堅持到底。

這些因素全都顯而易見，然而同樣地，此時人類的天性又會出面干預了。正如研究者的發現，因爲受阻撓而產生挫折，其實會使得目標看起來比實際上更有價值。甚至到了某個階段，由於這個目標顯得無法達成，因此似乎更有價值之餘，承諾的程度也會不斷升高。如同希臘神話中的坦塔羅斯（Tantalus），因爲受到懲罰而永遠無法嚐到垂掛在頭頂上方枝椏的鮮果，這些目標由於無法達成，因而顯得加倍引人垂涎。

這種現象也出現在各行各業，以及各種環境中。任何得不到的人事物，例如愛人、夢想中的房屋或是理想的工作，在旁觀者眼中都因爲無法擁有，而變得更有價值。同樣地，考慮放棄的自覺行爲，可以開啓原先無法預見的可能性：我們認清自己在不可能達成的夢想上，投注多少精神和感情，其實這些可以拿來投注在追求眞正能讓我們開心的目標。

白熊的問題

就算我們眞的發現了，當我們自認理性思考又思慮周詳，而其實並非如此時，另外還有一項事實是，我們的行爲居然也不是基於自覺思考或動機。我們還受到不自覺的思考影響而採取行動。這裡提到的不自覺，和因爲佛洛伊德而聲名大噪的潛意識不同，他談的是那些受壓抑的兒時記憶和經歷，這裡說的完全是另一回事。儘管人類的腦容量驚人，我們會寫十四行詩、把人類送上月球，甚至是發明iPhone，不過它的運作方式仍舊和我們想的不同。或者如同心理學家丹尼爾•維格納（Daniel Wegner）所說的：「知覺的緩慢說明了我們所見所爲之中，有許多是和潛意識心理歷程的運作有關。」沒錯，這種說法聽起來像是你的大腦在你不知道的情況下進行思考，你在這世界上生活、做你要做的事，依循的是你根本沒有察覺的思考過程。也許這樣談人類的意志，可能讓你感到不太自在，不過事實上的確差不多就是這樣。

以追求目標來說，它可能是任何目標，工作上獲得擢升、周五請假去打高爾夫球，或是在家庭聚會時維持家人和諧等，如果你在紙上寫下追求目標的過程，看起來可能會像下列的內容：

一、確認目標

二、思考如何達成

三、制定行動與策略方式

四、採取行動

五、反省這些行動如何讓你離目標更接近

大多數人會認爲從第一到第五個步驟都是有自覺的想法，而且伴隨著審慎的思考過程。然而事實比這樣還要再複雜一點，部分原因是我們的大腦容量有限，有些思考過程必須自動處理。因爲假如不這麼做的話，這些過程會占用大腦太多的注意容量。當然有些行動是刻意自動化，以在車道上倒車出門爲例，如果你還記得你第一次這麼做的時候，一定會想起那種緊張又筋疲力盡的過程，全神貫注地扭過頭往後看。不過，若是現在要你這麼做的話，你很可能會在倒車的同時做別的事，例如打開收音機、講電話，或者思考你等一下要做的第一件事是什麼。對於這種自動化的實用性，我們無須爭辯。不過另外還有一樣自動化的過程，就在我們的自覺感知之外，可以在不同狀況自動做出選擇，在這種過程中，「目標和動機會依照情況而自動啓動」，甚至在我們還未察覺的時候就這麼做了。

同時，促發也會對我們做的決定產生影響。研究顯示，環境中的各種提示或促發，會在我們毫無察覺的情況下，影響我們的思考、態度，以及行為。例如清潔劑氣味的促發，會讓人更想要去把自己打理乾淨；而另一方面，喚起圖書館的心智表徵，會讓人傾向於把音量降低到輕聲細語。在其他的實驗中，尤其是由約翰•巴格（John A. Bargh）及譚雅•查特蘭（Tanya L. Chartrand）主持的那些實驗，結果顯示在促發和行為之間，有著更為直接的影響。舉例來說，在一項實驗中，受試者以粗魯（例如，好鬥、冒失、惹人厭）、有禮（例如，尊敬、榮耀、謙恭），或是中性字眼來填空造句。那些受到粗魯字眼促發的受試者，在相同實驗的另一個部分中，行為表現會比其他受到有禮或中性字眼促發的人，來得更粗野無禮。

不過關於目標和放棄，更顯著的探討是針對世俗物理客體與心智表徵，以及這兩者引發的行為所做的實驗。巴格等人主持了幾項實驗，受試者會接收到資本主義商業世界的象徵，例如公事包、會議桌、鋼筆、紳士鞋、西裝等，實驗的目的是要看這些促發因子是否會導致構成競爭性，而結果也確實是如此。在一項實驗中，受試者必須完成以下填字：c _ _ p _ _ tive，此時那些受到商業表徵促發的受試者，有百分之七十的填寫結果是*competitive*（競爭），而未受到促發的受試者只有百分之四十二塡寫這個字。大家別忘了，這個字的塡寫拼法也可以是*cooperative*（合作）。

最明確的促發效果實驗則是「最後通牒遊戲」（ultimatum game），首先由一個人提議拿出某個數目（該次的實驗是十美元）的一部分，另一個人可以選擇接受或不接受。重點在於：這個拿錢出來的人必須捨棄這部分的錢，所以他們通常採用的策略是如何能盡量少拿出來一些，可是同時又讓對方覺得公平。在一次實驗中，未受到商業標誌促發的受試者，百分之百都提出了一人一半的分法，也就是每個人五美元；而受到促發的受試者只有百分之五十這麼做。而在第二次實驗中，受到促發的受試者之中，有百分之三十三的人選擇這種分法，而未受到促發卻選擇這麼做的人數，高達百分之九十一。由此可知，環境中的商業等同競爭的促發，不僅改變了受試者對於目標的理解，同時也改變了他們的行爲。

類似的實驗以及腦部掃描更都顯示出，在自覺選擇和自動選擇的目標之間，並沒有任何不同。正如巴格和他的共同作者說明，目標不僅能由外在的環境資訊啓動，而且一旦目標開始進行，它們的進行方式就有如受到自覺驅使，甚至產生心智上的改變，以及對自我勝任感的信心，實際情況則取決於這個人在達成目標方面的成功或失敗程度。換句話說，我們對那些不自覺選取的目標，以及那些在自覺下追求的目標，都會做出相同的情緒反應。稍後的章節會回到這個概念，說明這種傾向如何阻礙有技巧的放棄。

除了這些不自覺的啓發之外，另外還有所謂的「白熊因素」，這是自動化的另一面。心理學家威格納回答了人生中最令人傷腦筋的一個問題：「爲什麼每次我們努力不去想某件事，可是它卻像不速之客一樣不斷闖入腦海中？爲什麼我們一決定要節食，就會無法克制不去想到餅乾呢？爲何無法停止想念那個對我們不屑一顧的愛人，或者不斷懷疑自己做出放棄的決定？」換句話說，爲什麼我們努力壓抑的念頭，卻不斷跳出來騷擾我們呢？威格納發現了他稱爲「心理控制的反向歷程」的現象，他簡化爲以下的說法：「心智似乎會不自覺且自動地去搜尋個人試圖控制的想法、行動或是情緒。」沒錯，這項發現再度打擊了我們對於自由意志的看法。

威格納等人在一系列的實驗中，顯示了這個理論如何運作。在實驗中，他們告知第一組受試者，在執行任務時不要去想白熊；接著，再指示另一組受試者先想白熊，然後再要他們不要去想。結果第一組被告知不要去想白熊的受試者，每分鐘不止一次想到白熊；而第二組受試者想起白熊的頻率，在被告知要壓抑這種想法的時期，高過於接受指示要去想白熊的時期。

這個實驗結果顯示，壓抑和努力克制想法變成了反效果的促發因子。這種結果呈現出一個眞正的問題，發生在那些決定要脫離某個目標的人身上，尤其當這個目標成爲他們的自我認同感中心，並且擁有重大的情感意義時。

堅持與個人經驗

除了上述的那些心智習性，也就是在情況變得艱難時，習性會扭曲我們的思考之外，我們每個人在架構目標、評估成功的可能性，以及堅持下去的意願時，都會受到個人歷史和經驗的影響。有時候，正向的增強，無論是否為間歇性，都會讓我們更努力嘗試。然而不合常理的是，有些人堅持下去的原因，只是因為這些情況引起的煎熬或痛苦感受，和他們小時候的記憶一樣。因為他們很熟悉這些感受，於是為自己打造了一個舒適圈，即使這些感受可能會帶來壓力或痛苦。這聽起來根本違反直覺，不過事實的確是如此。

舒適圈和嬰兒及孩童時代的經驗與如何塑造發育中的大腦有關，後面的章節會詳細說明這種過程，以及它的重要性。不過最顯著的重點是，我們在處於熟悉的情緒模式時，通常感到最自在，無論這些情緒讓我們開心與否。這些並不是自覺的回應，但是卻以各種方式影響我們的知覺。

在情緒健康的環境中，以及和諧慈愛的父母陪伴下成長的人，比較不容易落入舒適圈的陷阱。他們對於惡意或負面的環境，比其他人能更快速做出反應。然而我們大多數人的心理史都是好壞摻雜，因此舒適圈陷阱多少會讓我們繼續堅持下去。

堅持與缺乏彈性

當我們已達成目標，或長期以來追求的目標需要更新或放棄，因為這些目標對我們已經沒有意義，或是無法令我們快樂時，堅持便會成為這種過程中的一大阻礙。我們深信要堅持到底，但是並沒有考慮到我們的本性及自己想要的，可能會隨著時間改變。也許我們一開始願意為達成目標所做的交易，經過長時間之後已經不適用了；又或許我們過的生活已不是逐漸年長之後想過的生活。這些大目標可能是我們自己挑選，也可能是從父母親那裡得來的，不過無論是哪種情況，要修正向來很困難。

由於文化及個人壓力，最難放棄的是那些外表看起來很成功的目標，但是實際上卻讓我們感覺猶如行屍走肉，或者是以其他方式讓我們感到不快樂。有些時候，目標會失去作用，因爲它無法滿足我們的期待，或是和新的優先考量有衝突。先前已經看到了，根據沉沒成本謬誤的理論，你投注的時間愈多，就愈難去考慮脫離。其他時候，當堅持無法與脫離的能力結合，你的眼前不僅沒有解決方法，而且也沒有機會去想像一個不同的未來。

放棄如何取得平衡

由於決定脫離目標是一個自覺的選擇，考慮放棄則會削弱了大腦的非自覺過程，容許我們重新架構並重新取得近期的目標。有自覺地考慮放棄能夠以有意義的方式，改變我們對未來的願景，開始新的過程，最終能讓我們放棄不可能達成的目標，開始朝新的方向努力，讓人生過得更豐富。

相信你應該不會對以下的結論感到意外：所有關於無法達成的目標的故事，最後都在個人將放棄視爲一個可行的選擇時，得到解套的方法。每個人都是思慮周詳地做出決定，而且如他們所描述的，經歷了放棄究竟代表什麼意義的過程。在某些案例中，這些必要的步驟可能要花幾個月，甚至是幾年的時間完成。

對先前提過的珍妮佛來說，這個過程的起點，是在她開始考慮將她的法律經驗應用在其他地方時。她上網搜尋，尋找其他放棄從事法律工作、不過在另外的領域發揮這份專長的人，一旦開始考慮放棄，就不會再把過去投資的那些年看成是一種損失了。有了這種願景的改變，她終於能自由地探索那些根本沒想過的機會。之後她也在一個非營利機構工作得很開心，而且成績斐然。在那裡，她的才能和工作態度都受到欣賞。

至於珠寶設計師茱莉結束店裡的營業，並且了解到自己不是做生意的料。她明白經濟穩定和心靈平靜的重要程度，遠大過於當自己的老闆，同時也更能補償她失去的夢想。於是她開始努力推銷自己的設計能力，在一家服裝製造公司獲得一份職務。她依然在設計珠寶，不過只把它當作一種發洩創意的管道。她透過網站及手工藝市集，把這些成品賣給朋友和熟人。

而羅伯則終於離開了他一手打造的永續平台，回去從事企業傳播溝通，並且把它當作是短期解決方式。這次他的焦點放在尋找一家服務各種客戶的公司，並且把專長放在綠能產業上。雖然他還在尋找一個適當的新企畫案配合他的長期目標，不過他說假如找到了，他會更注意人際互動，以及長期的願景。

這些人都知道，一開始很難適應放棄，以及當時認定的時間和精力損失，或者在某些案例來說是金錢損失。更重要的是，他們每個人都承認，堅持的文化壓力使得脫離更困難。有些人做出放棄的決定，並且得到來自家人和朋友圈的支持，但許多人則沒這麼幸運。透過放棄的行動，以及訂定新目標的過程，他們每個人都得到全新的觀點，看清楚什麼才是他們眞正想要的，以及什麼才能讓他們感到快樂。

本書的目的之一在於改變你對放棄的看法，讓你明白放棄如何能增加你的幸福感。另一項目的是協助評估你的目標對你是否有益處，以及你生命中的某些方面是否需要重新規畫。每一章的內容都是要告訴你，目標能爲生命帶來意義和架構，但是很少有人能達成**所有的**目標。失望和重組是人生藍圖的一部分。在很大的程度上，掌握放棄的技巧等於在你需要的時候，學會變得有彈性，讓你足以應付眼前的任何挑戰。我們容許自己放棄，藉此培養心智和精神上的彈性，最後將能帶來更大的生活滿足感。

此外，在你遭遇始料未及的生活逆轉，因此不得不修正或放棄爲自己訂下的目標時，這本書的內容也能幫助你應付這些狀況，或者是從中恢復。這些逆轉可能是在事業、個人感情、健康或者經濟等方面。在那些時刻，即使我們不曾選擇改變道路，但有技巧地放棄那些最初目標的能力，可以決定我們能多快從這種損失中復原，以及我們要如何追求規模較小或新的目標，爲我們帶來快樂與滿足。這是掌握放棄的技巧爲何很重要的另一項原因。

看完了別人如何習慣堅持，接下來要進一步了解爲何傳統意義的放棄（這和眞正的目標脫離完全是兩回事）行不通。

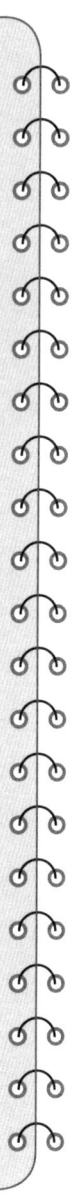

堅持評量表

請看下列的敘述，盡可能誠實地回答是或否，評量你的堅持程度。

1. 我相信事情通常會有最好的結果。
2. 我認爲放棄是最後的手段。
3. 別人視爲大膽的挑戰，卻能讓我感到躍躍欲試。
4. 事情脫軌演出時，我會感到十分焦慮。
5. 我得不到想要的，就會更想得到。
6. 我情願在某種情況或某段感情中待得太久，也不願太早離開。
7. 我從不放棄努力取得的事物，即使它們乏味又無趣。
8. 我是個天生的樂觀主義者。
9. 我相信要堅持目標。
10. 我傾向於自我懷疑。
11. 我花很多時間談論自己的失敗感情。
12. 別人怎麼看我很重要。

13. 萬一我掉了東西，我會無法停止去想，或是不斷尋找。
14. 我不會停止，我會一直挑選，直到找到想要的東西爲止。
15. 成功對我來說很重要。
16. 我無法妥協。
17. 我會寫下待辦事項，全心去完成。
18. 我在緊張時，很難讓自己分散注意力。
19. 我自認比其他人更專注。
20. 我認爲放棄是懦弱的象徵。

你選擇「是」的項目愈多，你就愈可能偏向太過堅持的這一邊，即使這種堅持根本毫無根據，而放棄對你來說也就愈困難了。這份評量表是一種非正式的評量方式，檢視你對堅持的個人態度。

第二章 不成功的放棄

人類除了不明白爲什麼他們在想自己正在想的事之外，令人驚訝的是，他們對於什麼能讓自己快樂，以及他們究竟能有多快樂，也是同樣毫無頭緒。很多人都會爲自己訂下目標，到了最後卻發現曾經想要的已經無法滿足現況了。既然手邊沒有可以預知未來的水晶球，決定是否該脫離目標及放棄後重新開始的能力，便成了重要的生活技能。

請注意**脫離**這個字眼。**脫離**或是**有技巧地放棄**和由情緒引發的放棄，完全是兩回事，而我們大部分的人在一生中，或多或少都曾經沉溺於後者。我們之中有些人可能甚至擁有獨特的放棄型態。假如你也是如此的話，你不妨先認清這點，然後再開始學習如何有技巧地放棄。

下面要介紹的放棄型態，當然不是關於放棄的科學描述。這些只是要喚起記憶，讓你能辨識出自身的行爲及放棄的型態。

逃避責任型

我們在第一章已經提過了習慣性放棄者，不過在這裡要重溫一遍。因爲當我們提到放棄這個字眼，心裡想到的就是逃避責任型的放棄。當情況變得艱難，或是當事人面對的要求比原先預期的還要多，這時就會引發這種類型的放棄。這既是放棄，也是一種不想投入。這種類型的放棄會成爲生活中的一種模式，並且擴散到廣大範圍的活動。這類人通常到最後都一事無成。

勝負對決型

勝負對決型的放棄是指一種故作姿態、勝者全拿的放棄型態。這種方式通常是想爲放棄者戴上光環，讓放棄的行爲變成是道德的一部分，或是一種必要的責任。整個故事架構的重點在於假如當事人堅持下去，可能會造成哪些損失，比方說「我放棄了，因爲誠實正直比我個人更重要」。你可以把句中的**誠實正直**替換成其他名詞，不過主旨還是不變。因爲這種型態的放棄引發某種道德高度，它的訴求之一就是削弱放棄的文化包袱。

勝負對決型放棄有個絕佳的現代公開案例，也就是高盛集團（Goldman Sachs）的前執行董事奎格‧史密斯（Greg Smith）在《紐約時報》的專欄版所刊登的離職信。他在服務了十二年之後，終於發現這家投資銀行關心自己的獲利，更勝過客戶的利益。以史密斯的案例來看，在專欄版上刊登離職信能爲他帶來七位數的書籍預付稿費；不過在大多數人眼裡看來，這種勝負對決的方式雖然能帶來一時滿足並提升自尊，但是可能對職場生涯造成重大傷害。假如你想得到推薦，或是想繼續待在相同的行業，這種作法不是明智之舉，而且會讓你無路可退。

在個人關係的領域，尤其是離婚這件事，勝負對決型幾乎保證帶來廣泛的附加傷害，因爲對方一定要揹上壞人的罪名，而中間立場根本不存在。名人離婚經常演變成勝負對決的模式，雙方都想要操控宣傳週期，轉爲對自己有利的方向。假如你喜歡把眞實上演的勝負對決當作黑色喜劇看，建議你去租《玫瑰戰爭》（*The War of the Roses*）就行了。

情緒不誠實是這類型放棄的一部分。因爲放棄的人不必要對自己在放棄的當下，或是爲了放棄這件事所採取的行動或行爲，負起任何的責任。這一切都以爲了追求更高價值而**被迫**放棄的名義，加以掩飾。結果這種勝負對決的方式並未帶來任何個人成長，或是更大的幸福，更加不可能開啓任何新的契機。處理善後才是眞正要傷腦筋的事。

僞裝型

僞裝型放棄不是單一的放棄型態，而是在一個類似的主題上採取各種方式。不過所有的僞裝型的放棄版本，雖然在表面上看來似乎能讓當事人更接近退場契機，但實際上卻是讓他們停留在原地。當事人可能採取各種讓人聯想到脫離的動作，例如暫時維繫關係、設立新界線或者採取不同的行動，不過他或她最終將會從中抽身。這種型態的放棄在長期目標、事業或是感情關係中，都有足夠的發揮空間。僞裝型放棄延續了衝突，而非結束。

緊綳的家庭關係，例如母女、父子、手足等，有時也會發展出一種循環模式的僞裝型放棄，有效地阻絕了解決情緒，甚至是緩和關係的可能性。衝突的欲望，例如不滿意和另一半的關係卻不想孤單一個人、討厭那份工作卻喜歡它的報酬，或者是其他類似的矛盾或衝突情緒等，這些都能讓僞裝型放棄變成不完全的放棄，讓當事者感到徹底陷入困境，或者是動彈不得。儘管這個人可能完全表達清楚放棄的需求和意願，卻還是辦不到。僞裝型放棄經常演變成一種維持現狀的模式，讓當事人卡在那裡，既不能全心朝新的方向努力，也無法在缺乏心理療程的情況下放棄。而且有時候，就算連心理治療也無法解決衝突。

僞裝或不完全的放棄所闡述的情況，包括某人離開一種環境或一段關係，或者放棄一個長期目標後，卻和從前一樣不斷去回想或反覆思考失去的那些。比方說離婚婦女和其他男人約會時，幾個小時下來都在談論她的前夫，或者是被公司解雇的員工每次參加面試都在謾罵前雇主，甚至是有人放棄了某種追求，但是情緒卻依然糾纏在裡面，以至於缺乏往前走的動力。歷經漫長訴訟過程的離婚案件，通常是其中一方或是雙方採取不完全放棄的結果；儘管最後的結果是分離，不過兩造其實都全心投入，兩個人都想要「贏」。就定義上來說，僞裝型放棄會讓你繼續投入下去。

威脅型

威脅型放棄可以解釋爲「假如你不做這件事，我就放棄」的立場。句中的「這件事」所代表的涵義，完全由你來決定。威脅型放棄根本不是眞正的放棄，只是把威脅放棄當作是操控的手段。而通常會做出威脅的人，也幾乎沒有意圖去結束任何和互動有關的狀態。這種型態的放棄對職場上的主管來說很熟悉，有時會被他們拿來當作要求加薪或升職的伎倆。威脅型放棄有時在短期內能奏效，不過絕對不是一個好的長期策略，因爲遲早會有人來取代他們的地位。在人際關係中，威脅型放棄通常是被動攻擊行爲模式的一部分，關係中的一個人爲另一個人找藉口掩飾，至少暫時是如此。威脅型放棄通常和權力有關。嚴格說來，這種方法是一種不太健康的投入方式。

消失不見型

消失不見是一種眞正的放棄，特點是不告而別，放棄或離開的那個人沒有爲自己的決定提出任何理由。儘管消失不見有時是爲了要進行摧毀（你甚至不值得我正面迎擊）或懲罰（等著看我留給工作團隊的爛攤子吧），但在大多數時候，消失不見只是揭露出那個消失的人缺乏勇氣或企圖心。這種放棄型態正可以說是確認了一般文化對於放棄的負面看法。它通常無法爲放棄的人帶來好的預兆，因爲這是一種自私的作爲，對於跨入另一個新領域沒有太多的幫助。

而隨著數位通訊的到來，消失不見也成爲全國各地的青少年偏愛的分手方式。因爲這種風氣太盛，以至於各地的國高中舉辦了研討會，和學生探討爲何透過簡訊或臉書分手是不健康的方式。永遠和網路世界保持連線的千禧年世代成員，有時也會利用簡訊和電子郵件，從工作崗位或感情關係中消失，因爲這種電子通訊的方式是避免正面衝突的輕鬆方式。這不是什麼好消息，因爲這種消失的行爲會給放棄者留下大量有待處理的事項。

大爆炸型

這是在忍無可忍的時刻，壓倒駱駝的最後一根稻草出現了。無論是工作、愛情，或是生活上，這也許是最具自我毀滅性的放棄型態，因爲它完全是由反應及情緒所引發，缺乏計畫或自覺的思考。不管有沒有甩門或其他誇張的動作，大爆炸會給放棄者留下一堆要收拾的爛攤子，並且就算最後終於成功離開了，在未來的路上也會留下一堆情緒性和其他的碎片殘骸。有些主管不滿意員工的表現，但是不願意眞的解雇他人，或者是想避免給付就業保險，於是設法策畫一場大爆炸。一位主管發動的企業權力遊戲，可能會引發另一位主管的大爆炸回應。

大爆炸的確能讓你從受困的牢籠裡解脫，但是它無法帶給你明確的未來，也沒有留下退路。因爲大爆炸放棄之後，通常會接著出現（同時也經常是導致的結果）長期的壓力、沮喪，以及激動的情緒。這種爆炸性的放棄通常會讓你在很長的一段時間裡，容易懷疑自己、反覆思索，有時候還會自責悔恨。從許多方面看來，這和眞正脫離目標相反，而且和勝負對決型的放棄一樣，都屬於最糟糕的放棄型態。

祕密進行型

我們可以把祕密進行的放棄稱爲「放羊的孩子」型，因爲這種放棄型態需要假裝沒有放棄的意圖，甚至誓言要重新努力，然而腳步卻已經朝門外走去。在合作企畫中，例如中學的小組社會研究報告，或是成人世界裡的企業夥伴等，經常會受到祕密進行型放棄的困擾。這種情況通常是由於放棄者不願承認自己想要退出。放棄的文化包袱有一部分是責備這種祕密進行的放棄，不過其中還包括了其他的激勵因子。

爲什麼這種放棄會失敗

上述的放棄型態都不是有技巧的放棄或目標脫離。它們頂多是設法協助當事人，追求至少是表面上的目標，不過卻留下讓人以不同型態堅持下去的所有機制，沒有一種能提供打造新目標或可能性的行動。

最重要的是，這些放棄型態都不曾強調或有效抵銷所有的心智（及大腦）習性；這些習性讓我們堅持或投入早已過期失效的目標、追求以及感情，並且不斷和那些我們無法控制的侵入思想搏鬥。這些放棄型態會成功地讓我們困在這些情境當中，既不會改變我們看待事情的方式，也無法解決利益上的衝突。當我們放棄了某些原本以爲會讓自己快樂的事物時，這些放棄型態也無法協助我們管理那種讓我們沉溺其中的情緒。它們不會阻止我們反覆思索事情可能會有怎樣不同的結果，或者是不斷懷疑自己；它們不會開啓新的道路，讓我們自我激勵，訂定新目標，捨棄舊目標的誘惑，以免阻礙新目標；它們不會替我們校訂目標，從頭來過。

眞正的目標脫離可以做到上述的一切，甚至還要更多。

絆腳石

不過，即便當我們決定放棄了某種努力，但他人提出的第一個問題經常仍是我們是否曾經努力過。舉例來說，某人提到他即將離婚（我們大概半數的人都曾經歷過），不管是朋友或不太熟的人都會問這對夫婦是否接受過婚姻諮商。文化上可以接受的答案是「是的」。因爲儘管這場婚姻最終失敗了，但這證實了他們曾努力想堅持下去，而且能幫他們擺脫掉一點文化的包袱。然而假如答案是否定的，那麼你就可以想像大家會怎麼說了。我們有很多人都受到制約，假如我們顯示出缺乏堅持力，或者居然眞的決定要放棄，我們會感到羞恥，而且覺得有必要爲自己辯解。不幸的是，我們可能會發現自己無意間破壞了想在生命中向前進的努力。

提姆就是這樣的典型代表，他年近三十，從一家常春藤盟校及法學院畢業，並擁有企業文化中成功人士所需要的一切特質，良好的教育、風度翩翩、有才智，而且是校隊裡富有團隊合作精神的一份子。他努力了四年想成爲合夥人，不過卻了解到自己熱愛這份工作的某些部分，例如到各地出差，以及和想要開創新事業的客戶面談，而他最不喜歡的則是具體起草合約，但這正是他的主要工作內容。他一方面發現自己想坐的位置是辦公桌的對面，和那些客戶一樣打造新事業；另一方面，他又擔心他的主管會察覺他的不滿足。結果他去找了心理治療師諮商，並且聽從諮商師的建議，展開資訊式面談，了解他接下來能朝哪個方向進行。他有很多人脈，交遊圈廣闊，包括朋友、熟人，以及朋友的朋友，一切似乎顯得很有希望。

但說也奇怪，資訊式面談最後通常會演變成其他形式的會面，然後是正式面談及提供職務等。不過，提姆的面談仍舊逐漸走進了死胡同，沒人跟他談到下一步的階段。爲什麼會這樣呢？原來在這些面談之中，提姆不時提到念法學院眞是一項天大的錯誤，接下來又浪費了四年的時間，還有他如何搞砸了自己的職涯道路。換句話說，他把自己當成是半途而廢者，並且爲了這點表達歉意，而不是憑恃他的背景，自詡能成爲公司的潛在資源。提姆當然是在不自覺的情況下這麼做，他並未意識到，他是在表達對於放棄的自我懷疑。

一旦提姆察覺到自己在做什麼，並且停止自認是放棄者，他便會開始得到推薦，接著安排正式面談，最後終於能將職涯重新導向他想要的方向。提姆的行爲並不罕見：文化壓力可能是無形的，不過力量強大，而且無所不在。

澄清說明

儘管我們都會使用**目標**這個字眼，不過仍有必要爲這個名詞進行特定的探討。目標究竟是什麼，它們又爲何如此重要？因爲目標主導我們的行動，因此就定義上來說，人類屬於目標取向。在一開始，人類最原始的目標沿用至今，不過比起我們在二十一世紀的眾多目標，卻來得簡單許多。人類的待辦清單曾經簡短又基本，焦點就在維持生命上：尋找食物、水源、棲身處、交配，以及歸屬某個團體。但現在無論何時，我們每個人都有一大堆的目標，投注了程度不等的注意力。有些目標很簡單，我們甚至會在缺乏自覺思考的情況下進行（假如這個目標是開車上班，我們會有一系列的短期目標，例如起床、沖澡、更衣、喝咖啡或吃早餐、收拾這天會用到的東西、鎖門、發動車子，幫助我們朝完成這個主要目標邁進）。

目標可能是內在或外在的。內在目標來自個體，激發的原因可能是來自我們的心像或是自己想要的事物，也可能是我們的即時欲望。正如心理學家理查•雷恩（Richard M. Ryan）及愛德華•迪奇（Edward L. Deci）所寫的：「最基本的差別在於內在動機和外在動機之間。前者是因爲某件事本身好玩或有趣而去做，後者是由於這件事會造成可分離的結果。」不出所料，內在動機目標能獲得最多的創意和努力。

這些內在目標可能是抽象的個人努力，附屬於自我成長的一部分（包括變得較有同理心、捍衛自己、結交新朋友、更有文化修養，或是得到內心平靜），或者較爲具體（展現才智或成爲好員工，得到他人的注意）。另一方面，外在目標源自於外在的世界，這些目標可能是別人希望我們去做的事（當一個自動自發的學生、成爲和老爸一樣的律師、做一個更好的伴侶），或者來自於環境中的非社會暗示。如同雷恩和迪奇所說：「外在動機的特色是遜色又貧乏（即使動力強大）的動機型態，和內在動機形成對比。」我們在稍後的章節裡會把重點放在訂定目標，並解答某個目標是來自內在或外在的疑問時，你也會從中明白自己是否該放棄，更重要的是，下一步要往哪個方向前進。

當然有些目標會是短期性質，而且毫無疑問是具體的（去拿送洗衣物、買貓砂、開車送孩子上學、給大衛叔叔寄生日賀卡、付帳單）；其他的是中期目標，有些時候結合了具體和抽象的型態（多運動保持健康、存錢搬到好的學區、學習控制脾氣，讓家庭晚餐氣氛更融洽）；當然還有長期的成就目標（進法學院並成爲事務所合夥人、賺很多錢、買船航行到斐濟、爲下半生找到適合的伴侶）。心理學理論將成就目標分類爲三種實用的類別：精熟目標專注在培養某種技能、專門知識或能力的領域；表現目標的重點在相較於他人的情況下，取得專門知識或能力；逃避表現目標則是在和他人比較時，避免展現任何能力。

在人生的道路上，每個人都會有表現目標和逃避表現目標。我們選擇某些目標，是因爲其中蘊含的希望，某些我們渴望的狀態或結果，這些稱爲趨近目標，因爲我們採取行動以達成或接近那個渴望的結果。它的方程式是「假如我做了甲，乙就會發生」，其中的甲和乙可以是任何你想要的行動和結果。趨近目標可能是具體的（「假如我對她微笑，做她感興趣的事，她就會和我出去」）或抽象的（「假如我多學一種語言，別人就會認爲我比較有文化修養」）。同樣的，我們選擇逃避目標，藉以躲避不想要的結果。它的方程式是「假如我不去做甲，乙就不會發生」。舉例來說，這就是爲什麼有些人從不抽菸，而有些人選擇戒菸的原因。趨近和逃避目標在人類的生活中，都扮演了重要的角色，更別提那些比較低等的生物。例如貓和狗，牠們會在你閱讀時坐在你的腳邊；或者是瞪羚，當牠們看見水坑旁邊有獅子時，牠們就寧願忍渴不喝水。正如約翰・巴格等人的研究顯示，在大多數時候，人類會經常在不自覺的情況下，自動將眼前的事依照正向面向和負向面向來評估分類。這種反應存在我們和其他物種的求生系統中。

心理學家安德魯・艾略特（Andrew J. Elliot）和塔德・瑟瑞許（Todd M. Thrash）主張趨近和逃避同樣能用來描述一個人的氣質。在論及目標時，這麼做比心理學運用的五大人格特質，更能產生出一種不同但或許更有效的人格模型。艾略特和瑟瑞許聲稱擁有趨近氣質的人，能夠敏感察覺正面及引人渴望的目標，對這些正面目標展現出情緒及行爲接受性，並且傾向於追求這些目標；另一方面來說，擁有逃避氣質的人則傾向於回應任何情況中內在的負面目標，以逃避爲基準挑選目標，並且關注環境中的負面暗示。

趨近和逃避氣質並不等同於看見玻璃杯裡的水是半滿或半空的態度，那是屬於樂觀和悲觀的觀點。這些氣質是更廣泛的生活方式，支配人們對於情況、事件或是世界上人與關係之間的情感、認知，以及行爲回應。事實上，無論是趨近或逃避的取向都根深蒂固，甚至橫跨了不同的活動範疇，如同在艾略特等人主持的一系列實驗結果顯示，並且一生中都維持不變。

想像有兩個人，他們的目標都是想建立友誼關係。其中一個人受到趨近動機影響，想達成交朋友的目標，因爲這樣能滿足社會聯繫並分享親密感，讓朋友協助開啓他的社會及情緒理解；另一個人則受到逃避動機的影響，尋求友誼是爲了逃避落單的社會孤立，不想感受到自己不受歡迎、被排斥，或是和這個大家都有朋友的世界脫節。假如這兩個人想和彼此建立起友誼關係，可以預期接下來的發展會充滿了誤解和失望。即使表面上看來，他們的目標一致（交朋友），這個目標背後的起因卻是截然不同。如果把這個例子轉換成較親密的關係，例如男女朋友、愛人、夫妻，動機的重要性就會顯得更明顯了。

這兩種動機和兩個取向不同的人所遭遇的結果，其中的差別非常大。艾略特表示：「逃避動機僅限於結構感知之中，因爲它的這種本質，以及在這種本質之下，只會引導出缺乏負面結果（發揮作用時），或是呈現負面結果（未發揮作用時）。」更顯著（也許是更令人沮喪）的是，「因此，逃避動機的目的是爲了幫助生存，而趨向動機的目的則是爲了幫助成功。」

在即使沒有危險的狀況下，切換到「生存模式」，例如想像獅子在水坑旁邊，你可能會因此渴死。這麼做不僅意味著失去成長及發展的機會，可能還會促使某個人或動物更接近原本想要避免的事物。

是什麼原因讓趨向取向的人及其他人受到逃避的主宰呢？答案是：孩提時代。沒錯，要追溯到襁褓時期，以及成長過程，尤其是和父母或照護者的依附關係。在下一章會回到這個主題。

衝突目標

人類天性及欲望十分複雜，但很不幸地，所有的目標並非原本就相等，而且也不是彼此相容。對現代人來說，目前的文化對話裡所談到的擁有一切，也包含了衝突目標，例如在工作中的欲望或需求，以及在當個關懷又能陪伴孩子的父母之間取得平衡；滿足生命中的某方面，同時不會犧牲另一方面；享有親密關係之餘，卻不會失去自我及個人需求。明白衝突目標的傷害效應，例如，情緒壓力、失去整體幸福感，以及對健康造成負面衝擊等，這些狀況在在都說明了爲什麼有能力考慮眞正的目標脫離，會是一項非常重要的人生技能。

心理學家羅柏•艾孟斯（Robert Emmons）及蘿拉•金（Laura King）曾主持一系列的實驗，檢視衝突個人目標效應。受試者需要列出十五項目標，趨向動機或逃避動機都可以（身分是大專院校學生的受試者，提出的逃避動機範例包括：逃避依賴男友，以及逃避散播惡意流言）。完成清單之後，他們要回答哪些目標有衝突，以及完成某個目標是否能爲另一項目標帶來「有益、有害，或者毫無作用的效應」。最後，受試者會被詢問到關於矛盾心理：「在完成某一項而非另一項目標時，是否讓他們感到不快樂？」

等到一年之後，艾孟斯和金再度追蹤這群受試者。不出所料，結果顯示面對互相衝突的目標時，受試者最常出現矛盾心理。而衝突和矛盾都與失去心理幸福感和健康問題有關。

在第二回的實驗中，找來另一批受試者填寫了目標清單，並且註記衝突和矛盾的項目，接著在接下來的二十一天之內，他們要每天填寫兩次心情報告。他們被要求要同時寫下正面（快樂、喜悅、滿意）和負面（不開心、生氣、焦慮）的情緒。最後，這些報告和自我檢視健康報告，以及去年和今年的健康紀錄，全部都會串連起來。到了第三回的實驗，再度找來第一回研究的那批受試者，報告他們在不定時間間隔關閉的嗶聲提示下，所記錄的思想和行爲。

艾孟斯和金的研究發現，其結果會反映在衝突目標的代價，以及目標脫離的價值兩方面上。首先，他們發現個人目標發生衝突時，大家會對目標投入更多，而非更少，這是「陷入困境」主題的另一種變化型態：「衝突似乎對行動產生一種固定效應，並且和降低幸福感有關。」研究者說明，除了讓人陷入困境之外，目標之間產生衝突也會傷害一個人的心理和生理健康。

結論是陷入未脫離目標之間的衝突，實際上可能讓你生病，更別提會造成多少的不快樂。以下琳達和喬治的故事便說明了衝突目標在真實生活中的模樣。

琳達六十二歲，喬治六十五歲，兩人結婚十八年，但是過著非傳統式的婚姻生活：她住在聖地牙哥，而他住在舊金山，因此他們必須往來兩地；他們在科羅拉多共同擁有一個住處；對雙方而言，這都是第二段婚姻。一開始，兩人都還有未成年的孩子同住，但現在孩子都長大了，不過琳達和喬治的生活習慣與工作，讓他們依舊分別住在自己的家裡。他們過著平行的生活，除了共度週末和長假，平日就靠電話和電子郵件維繫。然而，他們也計畫著等到退休之後就住在一起。

儘管他們不在一起的生活，沒有一般夫妻熟悉的那種每天的壓力，不過還是無法完全去除壓力。喬治自由揮霍，琳達比較注重在存錢和替未來打算，過了幾年後，他們對金錢的不同態度終於引發了巨大爭執。琳達在發現喬治自行做出某項財務上的決定後，會對他展開質問（他賣掉家具和其他貴重物品，將退休基金挪用在別的用途，而且在他的嗜好和興趣上過度揮霍）。在過去，琳達會立刻積極找出解決方法，不過她厭倦了和他爭執，因此日子便持續過下去，但兩人之間的衝突依然沒有解決。一直到隨著退休年限即將到來，這些緊張情勢又再度升高，尤其當琳達發現了喬治欠下高達六位數的巨額信用卡負債時，他的手頭侷促，因爲債務要負擔高利息。

琳達嘗試過許多方法，包括去找婚姻諮詢，不過喬治依然拒絕她的提議，他認爲錢是他自己賺的，所以他有權自由運用。而假如琳達建議兩人共同監督花費，喬治就會生氣。於是琳達開始對未來的財務狀況感到恐懼，擔心退休後的生活，並且承受極大的精神壓力。不過努力穩固財務狀況不是她的唯一目標，感情連結和隸屬家庭的一份子，對她來說也很重要。她也擔心一個人孤單度過下半生，每當她認眞考慮要離開喬治時，這些其他的目標就會浮現，她感到深深受困其中，她的恐懼和她的行爲造成不快樂，但卻無力改變任何事。

衝突目標會讓人們陷入沒有解決希望的困境中，直到脫離成爲一種可能性。例如琳達的衝突目標也可以替換成其他項目，例如工作滿足感和金錢回饋，以及家庭穩定度和滿足你個人需求的眞正伴侶等，不過根本存在的問題都相同。

若是沒有了脫離的能力，大家會繼續活在衝突中，既不開心也不健康。不過慶幸的是，眞正的目標脫離是一種技能，可以經由努力和學習而培養。

第三章 放棄的技巧

看到現在你應該可以明白，我們的文化認爲放棄是種簡單的退路，但是本書所要談的有技巧的脫離可不是如此。目標脫離可能會發生在下列四種層面：認知性、情感性、動機性、行爲性。簡單來說，這些等於是思考、感情、動機，以及行動的層面。在我們描述說明這些層面的同時，你會清楚了解到動機及行爲的修正，完全仰賴完成認知和情感脫離。

想要順利脫離，勢必要推翻許多心智上的自動化和習慣化過程；這些過程讓我們在和文化壓力抗爭之餘，無論如何都會想要堅持到底。在每個層面能做到放棄，並不如表面上看來那麼容易。

認知脫離

首先需要先清除心中侵入性思維（更精確地說，就是工作記憶）的脫離，稱爲「認知脫離」（cognitive disengagement）。這其中包括了白熊問題、在第一章提到的自動化過程，以及其他型態的反芻，那些讓我們的思緒在原地打轉，而不是走出新方向的思考。在認知層面做到放棄，需要先管理那些侵入性思考及白熊思維。這些思緒可能是一種關注焦點，例如只要堅持下去就有機會成功，或是在這個主題上產生各種懷疑或變動。你是否有過牙齒塡充物脫落，或是牙齒鬆動的經驗呢？無論你如何阻止自己，舌頭還是會一直去舔那個空洞，感覺粗糙的齒縫邊緣。白熊思維就是如此，而且是自動發生的過程。威格納說明，既然心智會去搜尋人想要控制的思緒、行動或是情緒，「反向監控」歷程會爲了它的搜尋而打造出心理內容，所以那些「不想要的想法」會反彈回心裡。

威格納等人主持了許多實驗，探討是否能阻止這些白熊思維回到心裡。他們的研究發現和我們將會提到的認知脫離策略有關。同時他們也強調說明（即使根本不需要多加強調）為何這些侵入性思考如此難以擺脫？研究者做了一種測試：假如讓受試者專注在一種**干擾刺激**（心智出現的另一種思維）上，是否能終止侵入的白熊再回來？他們告訴一些受試者要壓抑白熊的思維；後來又要求受試者，只要白熊一回到心中，就要專心去想一部紅色福斯汽車。雖然想著紅色福斯車並沒有幫助受試者壓抑白熊思維，不過卻能阻止他們一心只想到白熊。這種聚焦分心，也就是全神貫注在紅色福斯車身上，而非專注在隨機事物上的方式，阻止白熊和福斯車產生連結。聚焦分心法阻止了研究者先前提出的反彈效應。

我們能從中學到什麼呢？威格納做了說明：「假如我們期望壓抑某種思維，就必須專注在另一種思維上。」我們尋求的干擾刺激，對我們來說應該是本質上有趣又迷人；即使令人感到不悅，也不應該是乏味或令人感到困惑。我們在下一章會看到，整個歷程的關鍵在於能夠專注在干擾刺激之餘，同時也要專注在新目標或抱負上，也就是說在你脫離舊目標時，也能開始重新投入新目標。

然而，白熊並不是唯一的問題。因為當你花力氣讓自己擺脫那些干擾思維時，其實會削減你可以用來應付其他任務的力氣。羅伊•鮑米斯特（Roy Baumeister）為這種現象創造了一個新名詞「自我耗損」（self depletion），不過稱它為「意志力」會比較易懂。然而無論你稱它為自我耗損或意志力，它都不是一種無限資源。在人類尋求管理衝動或思緒時，我們在這麼做的同時也會減少控制其他衝動、思緒或行動的能力。在這裡說的自我是指腦力，它應該算是一種有限的能源。當媒體盛行主張人類擅長同時處理多重事務，鮑米斯特等人的研究則做出相反的主張。

由鮑米斯特等人所主持的研究，他們會先要求受試者在參加實驗之前先禁食，接著引導他們進入一間充滿了現烤巧克力餅乾香氣的房間，桌上再擺著幾碗餅乾和蘿蔔。他們告訴其中一些學生可以吃餅乾，另外一些學生則不能吃餅乾，但是至少要吃三根蘿蔔，最後再跟剩下的學生說他們什麼也不能吃。然後接下來，他們要學生開始解答一個謎題，但是這些學生不知道的是，這個謎題根本沒有標準答案。不能吃餅乾、但是要吃蘿蔔的這組學生最先放棄，事實上，他們比單吃了餅乾及什麼也沒吃的那兩組，放棄速度要快很多。根據紀錄顯示，那些身負雙重任務，也就是抗拒美食而吃掉討厭食物的學生，顯得較為疲憊。鮑米斯特做出的結論是，你把精力花費在控制某項衝動之後，就會剩下比較少的精力去管理其他的選擇和行動。

鮑米斯特等人另外又做了一個實驗，結果全都證實了自我耗損的模式，原因來自於受試者不僅要練習自我控制（不要吃餅乾或是吃蘿蔔），還要做出選擇。其中有一項實驗的受試者皆為學生，他們被分成三組：第一組要讀一篇主張調漲大學學費的演講稿（不過因為他們都是學生，所以幾乎可以知道他們都不希望學費調漲）；第二組（稱為「困難選擇組」）拿到一個資料夾，裡面的演講稿有贊成和反對調漲學費兩種，同時他們被告知最好是能閱讀贊成調漲學費那一份，不過決定權完全在他們身上；而第三個控制組則不需要閱讀任何演講稿。接著，受試者會拿到剛剛提到沒有解答的那一份謎題，此時那些毫無選擇的第一組受試者，以及不必閱讀演講稿的第三組受試者，都會堅持設法解開謎題；而那些必須自行挑選一份演講稿的第二組受試者，則是很快就放棄解答謎題。鮑米斯特等人因此做出結論：「選擇的行爲動用了與自我控制相同的那份有限資源。」

其他實驗也顯示，壓抑情緒也會造成自我耗損的後果；因此，當你考慮有技巧的放棄所需要的努力時，也別忘了這點。接下來的一個實驗，示意的則不僅是認知層面的放棄，就連情緒管理方面——也就是承諾——在有技巧的放棄中也占了很重要一部分。鮑米斯特等人請一半的受試者觀賞一部影片，並且告訴他們要壓抑情緒，受試者也得知他們在觀賞影片的同時，自己的表情也會被側錄下來；另一半的控制組受試者則被告知，攝影機也會錄下他們的反應，不過他們可以「盡情釋放情緒」。兩個小組都有半數的人觀賞羅賓・威廉斯（Robin Williams）的即興演出，其他的人則觀賞《親密關係中》（*Terms of Endearment*），女兒即將死於癌症的催淚場景。休息十分鐘後，所有的受試者都被問到遵守那些指示有多困難，接著他們會拿到十三個重組字謎來進行解答。此時，嘗試壓抑情緒的那一組成員表示，要遵守指示非常困難，並且這一組在重組字謎測驗的表現上，也十分糟糕。

而自我耗損也不僅是理論的概念，最近有一項研究便是針對投入自我控制行動的受試者的腦部進行實驗，結果顯示也是如此。稍後會對這項研究的細節部分，做進一步的探討。我先說明心理學家狄倫・華格納（Dylan D. Wagner）及塔德・賀瑟頓（Todd F. Heatherton）的研究成果，他們兩人發現嘗試自我管理的受試者，他們的腦部磁振造影顯示杏仁核的活動量會增加，而杏仁核和前額葉皮質都是腦部負責管理情緒的部分。

腦部的堅持連結也會在完全不自覺的層面阻礙認知脫離，這稱之爲「蔡格尼效應」（Zeigarnik Effect）。布朗瑪・蔡格尼（Bluma Zeigarnik）在一九二七年主持了一項實驗，首度示範大腦如何處理未完成的事務，尤其是對於自覺下選擇、後來又放棄的目標，這項實驗後來也不斷重現了許多次。在這些實驗中，受試者要進行拼圖，而且要一直拼到完成爲止。不過，其中有些受試者不被允許完成，而這些受試者在實驗過程中，即使後來被分派了新任務（目的在分散他們對原先任務的注意力，並且拿另一項任務取代），但他們想到原先那件未完成任務的頻率，是其他任務的兩倍之多，儘管他們被告知不要再去想它了。蔡格尼效應說明了爲何有些人在放棄目標或情況時，卻只能在原地打轉。這有點像是潛意識在推動他們回去執行那件未完成的事。

這當然並不是代表放棄侵入性思維是不可能的事，只是強調心智習性需要有系統地處理，我們在稍後章節將會探討如何管理侵入性思維。現在，先讓我們看一下心理學家麥希坎波（E. J. Masicampo）及鮑米斯特的最近研究報告，報告中爲蔡格尼效應做出了新解釋，以及該如何減輕這種效應。首先，研究者請一組受試者寫出兩項重要的任務，並且要他們在接下來幾天之內完成，並進一步說明萬一無法完成的後果，同時受試者也必須指定代表任務重要性的數値，範圍是一到七不等；而第二組受試者得到的指示和第一組相同，不過他們還要想出一個計畫來完成這兩項任務；至於第三組是控制組，他們只需要寫出完成的任務即可。說明完畢後，接著所有的受試者都會拿到一份暢銷小說的章節，並且要接受閱讀測驗。

此時，麥希坎波及鮑米斯特便發現，製作計畫的受試者不會受到侵入性思維的影響，事實上，他們回報的侵入性思維發生頻率，並未多過只有思考已完成任務的控制組。更重要的是，製作計畫的這組受試者在閱讀測驗上的表現也較出色，他們比起那些只有詳述未完成任務的小組成員，專注力更高，分心情況較少。重點是，這些計畫都還沒有執行，受試者也沒有任何接近執行任務的跡象，光是做計畫而沒有任何實質進展，便足以減弱蔡格尼效應了。

這個研究進一步探討了，目標能多輕易繼續停留在無意識的層面。同樣地，做計畫減少了侵入性思維的數量。另一項實驗結果也顯示，當人們為完成目標做出實際上會去執行的計畫時，他們的侵入性思維會減少，即便他們在從事一項毫不相關的任務。儘管製作計畫對管理不想要的侵入性思維有幫助，但從另外兩項實驗結果也發現，它對於減輕與未完成目標相關的情緒壓力和焦慮，計畫並沒有太大的作用。

由此我們得知，製作計畫以完成目標，即使是本來就要執行的那些，的確有助於壓縮侵入性思維；不過這種行動並沒有改變情緒內容。然而，計畫的確是啓動了動機和行為歷程。最後得到的結論是：人類在管理情緒時，動用了和管理自我控制及思考時所使用的相同有限資源。

情感脫離

情感脫離是技巧性脫離的一部分，涉及管理那些在放棄目標時，通常會引起的不想要的情緒。我們從先前的提姆的案例中就可以了解，他在放棄後所引發的負面情感，影響到他如何去談論過往的經驗，以及他如何將自己呈現在未來的雇主面前。挫折感、不適任感，甚至是沮喪，這些感受經常伴隨放棄的行爲而來，以至於有人主張沮喪不光是目標脫離的一種構成要素，而是一種常態。

艾瑞克・克林格（Eric Klinger）在一九七五年發表的重要文章中主張，連貫且可預期的情緒循環會伴隨放棄目標而產生，正如朝某個目標努力也會產生它的情緒循環一樣。他辨識出四種目標設定的結果，說明這些結果會影響「行動、思想和夢想的內容、目標相關暗示的敏感化，以及目標相關刺激的知覺品質（或者至少是那些品質的記憶及闡釋）」。他說明脫離同樣有一個連貫性循環，而不是放棄目標時會產生隨機或高度個人化的反應。這些脫離循環的歷程如下：對於努力重新感到振奮（更新活動之外，伴隨著不相信目標無法達成的信念）、攻擊（保護失敗目標，或者是爲這種失敗究責），接著感到沮喪，最後是復原，並且展開新目標。這些並不完全是分開的階段，也並非必然依循這種發生順序，不過它們卻有連貫性。他也指出這些脫離循環在持續時間及強度方面，可能會出現很大的差異，範圍從可以快速復原的輕微失望（「因爲我下午五點的會議拖延了，所以我會錯過比利的足球賽」），到可能沮喪好幾個月（「我的一生摯愛離我而去，我深感傷痛」或「我丟了工作，眞擔心我的未來」）。可林格的報告指出：「在大多數的案例中，沮喪是正常、適當、非病理性的歷程。儘管它有點麻煩，不過不必要擔心沮喪個體的心理活力。」他更進一步表示，沮喪可能被視爲「一種重要的訊息，人們可以用來推論出自我實現的新計畫」。

然而重點並不是要邊緣化或貶抑臨床憂鬱症的有害影響，而是要指出悲傷其實是放棄目標的一種正常反應。那種「掛起一張笑臉，表示放棄是發生在你身上最棒的事」的姿態，其實並不健康，也會產生不良後果。想要有技巧及有自覺的放棄，我們必須容許自己感受失去目標（因此克林格認爲沮喪是不可或缺的元素），並且努力管理這些情緒，而不是藉機壓抑。

更重要的是，壓抑情緒在此時並不管用。我們已經知道在一個領域進行自我控制，包括壓抑情緒，會如何降低了在另一個領域的表現能力。華格納及賀瑟頓曾對自我管理的有限資源模式進行測試，讓受試者一面接受功能性神經造影，一面觀賞激起情緒的電影（正面、負面、中性）；接著進行困難的注意力控制任務（觀賞電影時，忽略銀幕上閃現的干擾字幕）。進行前，有半數的受試者被告知要忽略字幕，而另外半數則可以閱讀字幕，接著再讓所有的受試者一同觀賞另一系列的情緒場面。研究者此時發現在杏仁核的自我耗損會增加反應，尤其是在回應負面情緒時。但凱瑟琳•沃斯（Kathleen D. Vohs）和鮑米斯特等人主持的一系列實驗結果卻主張，再更進一步的研究及神經造影結果顯示，受到耗損影響並且激發杏仁核的，不是只有負面情緒。

先前的研究顯示，假設情緒和感情保持不變，自我管理的努力會減弱了練習抑制的能力，但新的研究挑戰了這種想法。沃斯等人在報告中寫著：「無論你的感覺有多強烈，自我耗損都不會改變這種感覺。」當然了，這種聲明完全符合在神經造影中，練習自我控制之後杏仁核活動增加的結果。

這意味著衝動和抑制，事實上可能是有因果關係地纏結在一起。有可能是因爲抑制由於耗損而減弱，情緒和欲望感覺就更強烈了。不過諷刺的是，在採用管理情緒的策略，嘗試進行自我控制時，在當下可能只是讓情緒更增高。在稍後的章節，我們會探討管理情緒的替換策略。

動機脫離

這方面的脫離包含了認知及情緒管理。你可以把動機脫離稱爲重新出發或進行整頓，因爲你受到激勵準備要放棄一個目標，開始考慮追求另一個目標。這個步驟要求你主動拒絕無法達成或無法滿足你的內在需求的目標，也就是說有自覺地拒絕外在目標，並且專注在那些可以達成或與內在命令有關的目標。

行爲脫離

當行爲脫離運作時，你會做出放棄的行爲，表現新的行爲，並朝完成新目標努力。除此之外，行爲脫離同時也需要彈性和更新焦點。因爲人生會出其不意地對我們投出變化球，這跟個人欲望或才能都無關，有時甚至得放棄最發自內心及令人滿足的目標，只爲了一些個人根本無法控制的原因。像這種時候，懂得如何有技巧地放棄會是很珍貴的技能。

蒂卓亞的情況正是如此，二十八歲的她有一段不太一樣的人生歷程；而假如她不要那麼堅持的話，她的人生可能會輕鬆一些。她從七歲起開始參加游泳比賽，可以說她的兒童及青少年時期都沉浸在這項運動裡，從字面或隱喻的涵義而言都是。她除了上學之外就是游泳，基本上爲了追求這個目標，她必須放棄其他的追求，因爲游泳就是她的一切。她熱愛游泳時的感覺，即便在多年後的現在，她依然念念不忘，回憶在泳池中的那種既疲憊又愉快，同時充滿活力的無可比擬感受。她曾夢想拿獎學金上大學，然後參加奧運比賽，而跟其他許多年輕人的夢想不同的是，她的夢想的確有機會可以成眞。

在上中學的前一年夏天，她正在為全國比賽受訓，但是出現了肩部疼痛。醫生診斷她的雙肩都罹患了慢性肌腱炎，並且建議她如果不想永久退出，至少要暫時放棄游泳。不過她的教練希望她忍痛繼續游下去，她也這麼做了。這時候，「勝利者永不放棄，放棄者無法致勝」以及「情況變得艱難時，就是你證明自己的時候」的冠冕，勝過了醫生的建議。隨著時間拉長，蒂卓亞的狀況愈來愈糟了。最後，她換了游泳隊，而這次新教練鼓勵她休息一段時間，她也聽從了這個建議。然而蒂卓亞的生理症狀很明顯，她甚至連在課堂上都無法舉手發問，梳頭髮更有如一場折磨，連穿衣服都有困難。不過想到放棄的那種心理痛苦，卻令她更加難以忍受。

假如不游泳了，她又是誰呢？蒂卓亞解釋說：「如果我不游泳了，我不知道自己是誰，我的自尊、自我感、自我價值，全都隨著它一起失去，而且還不只這些而已。」所以過了三個月之後，她又開始游泳。正如她所說：「我有一陣子受盡折磨，我游不到五百碼，而這只是短短的暖身距離而已，可是我的病情就發作了。我做不到游泳時熱愛的那些事，例如，享受盡情練習的美妙感覺、在水中滑行前進，或者是強迫自己游得更遠。」

又過了一段時間，蒂卓亞終究還是放棄了。她深受打擊、空虛不已，而且完全不知道自己該怎麼辦。於是她努力轉移焦點和自我身分，開始投入演戲和劇場，以及其他活動。儘管不開心，但她終於開始能面對無法游泳這件事，畢竟她還年輕。

不過水的魅力依舊在呼喚她，她也從未停止這樣的念頭。這完全就是令人滿足又能實現自我的目標從手中溜走時，一定會發生的情況。她在十一年級時到國外念書，而且在朋友的鼓勵下，再度加入了游泳隊。不出所料，她游得比其他人都快，贏得所有比賽，即使在她表現最糟的時候也是。但是疼痛又回來了。她再次退出，不過這次不光是為了肩痛，同時也是因為她曾擁有的熱情已經不再了。蒂卓亞發現，只有勝利還是不夠。

然而她和游泳的緣分還沒結束。蒂卓亞所就讀的小型文學院裡有位游泳教練，迫切希望她加入，並且不要求她多做練習。而就算蒂卓亞不練習也游得夠快，她打破紀錄，在學校的游泳校隊聯盟中名列前茅，她說：「能夠再度受到欣賞的感覺真好。」到了大學三年級，她的肩部發炎狀況再度惡化，她終於停止游泳，不過繼續待在隊上當隊長。讀完大學後，她依然沒有完全復原，於是到當地的游泳池當教練，教人游泳並且訓練游泳隊。不過到了最後，她也必須放棄這一些，因為教課所需的少量游泳也會引發肩膀不適。在蒂卓亞出現問題之後的第六年，她永遠放棄游泳了。

她的生理傷害依然存在。她說：「假如我側身靠著手臂睡覺，就會開始疼痛。天氣變化時，我的肩膀也會有感覺，就像退伍的老兵一樣。我幾乎不斷提醒自己，放棄也沒關係，該放手就要放手，放棄有時是好事，繼續下去可能會造成傷害。我並非天生傾向於放棄目標，而顯然需要某種重大打擊，才能讓我明白到這點，我會永遠記得這個教訓。」

蒂卓亞反省她在掙扎之餘，放棄了帶給她快樂又能界定自我的重要目標，不過這卻讓她深刻了解到放棄可能很困難，但是深具價值。她承認內在和外在壓力繼續在互相競爭：「大學時游泳可能對我的生理狀態來說，不是個好主意，即使我熱愛加入游泳隊。是的，我受到來自朋友和教練的壓力，不過說到底，我很容易被說服。游泳是競爭激烈的運動（對抗的是時間和對手），壓力很大，讓你不斷督促自己更努力。我的確擔心別人會認爲我缺乏勇氣而退出，不過最後最能接受我放棄的人，還是我自己。」

她聰明地指出，放棄有先後的因果連結：「放棄我生命中的重大部分，我的定位也在這裡面。不過整體來說，和那個如果繼續游泳的我相比，放棄讓我變成更有趣及更多樣化的人。假如我不曾放棄，我就不會擁有今天這麼多的經歷了。」

之後蒂卓亞善加運用所學成爲心理治療師，幫助受家暴的人，而其中大多數人都有無法離開現況的問題。她說：「透過我的自身經驗，我能明白他們面對的狀況。在某方面來說，我可以將個人學到的教訓派上用場。我十分明白要離開有多困難，即使你已經受傷了。我能看出這有多困難。」

放棄曾經爲你帶來快樂的事物，的確很不容易。不過幸福才是我們大家想要共享的目標。

追求幸福

假如你曾經歷過柯林頓和高爾角逐總統寶座的大選時期，你一定記得這句歌詞：「不要停止思考明天。」然而關於這點，其實大家根本無須擔心，因爲人類根本**無法**停止思考明天或未來。心理學家丹尼爾・吉伯特（Daniel Gilbert）在他的著作《快樂爲什麼不幸福》（*Stumbling on Happiness*）中寫著，我們的日常思緒中，約有百分之十二是關於未來，「換句話說，在每八個小時的思緒裡，就有一小時是關於尚未發生的事。」

我們爲什麼花這麼多時間去思考未來呢？首要的原因是，也正如吉伯特所指出的，就是因爲這會令人感到愉快。我們會去想像明天會比今天變得更好，這樣能滿足那些今天無法達成的欲望。但是（沒錯，總是有個「但是」），人類其實不擅長判定自己的夢想是否會成眞，或者更重要的是，萬一成眞了，是否就能讓他們感到更快樂。

我們來做個有趣的小測驗，在你繼續閱讀下文之前，先完成以下的句子，不管是在腦海裡憑空想像或寫在紙上都行：「假如________，我就會更快樂。」接著想像一個目標或計畫來實現這個夢想，可能是中樂透彩券、獲得職位升遷、成爲作家或股票交易員、找到對的另一半，或是其他能讓你的人生順遂如意的事都可。很顯然地，這個問題的答案應該是多如過江之鯽。你是否確定你塡寫的那個答案，眞的能爲你帶來那種幸福滿足感呢？等你點完了頭，接著要安撫自己說：「我會是那個例外的幸運兒，我沒有高估自己得到幸福的機會，以及我眞的知道要如何才能讓自己快樂」之前，請你先繼續閱讀下文。

還記得高於平均値效應嗎？大家都認爲自己高於平均値，因此比其他人更有機會達成目標。這種效應有許多必然的推論，其中之一是吉伯特描述的：「所有的美國人都期待未來會比現在更好。」此外，如同艾蜜莉・普南（Emily Pronin）、丹尼爾・林（Daniel Lin），以及里・羅斯（Lee Ross）在〈偏見盲點〉（The Bias Blind Spot）一文中指出，當人們反省自己以及對世界的觀點時，通常會傾向認爲自己比他人還要客觀，看事情的態度也更實際。我們對自己在想法上的偏見，顯然存在著盲點，不過卻很大方地把這些偏見都歸到他人身上。

高於平均値效應儘管有可能是美國人自戀的假象，但其實卻不然。就如同吉伯特的主張，它也許反映出我們傾向於認爲自己和他人的不同程度，比實際上來得大。如同他的說法：「我們不會經常自認**優越**，不過我們幾乎總是認爲自己**與衆不同**。」這種態度有部分是人類境況的產物；我們能夠從自己的內在親密又直接地了解自己的想法和情緒，卻只能藉由他人（即使是自己的另一半）外在的行爲和言語，拼湊出他們的感覺和想法。此外，正如吉伯特也指出，我們喜歡認爲自己獨一無二，並且因爲我們重視本身的獨特性，因此高估了我們究竟有多麼獨一無二。而出於同樣的原因，我們認爲他人也有相同程度的獨特性。這種對個體差異的欣賞，也就是反對把他人視爲和我們一樣，這從人類很小的時候就開始了，因爲即使是幼稚園學生也會表現出這點。這一切意味著，我們不僅對於自己如何回應明天，展現了過度興奮的自信，但卻不會去學習或運用別人的經驗，以判斷自己的可能感受。原因是什麼呢？因爲那些經驗**很不一樣**，所以派不上用場。

這裡頭還有另一個缺陷，即使我們一直在思考明天，但我們和我們的大腦其實受到今天的約束（約束是經過審愼選擇的字眼，因爲按照佛教的說法，人類在本質上既不受限、也不存在於今天），這就是預測未來幸福的問題。其他偏見會阻礙了專家所謂的情感預測，也就是知道我們在明天或是未來，會有什麼樣的感受。

心理學家提摩西・威爾森（Timothy Wilson）和吉伯特描繪出了預測幸福的四個面向：

未來情感的期望值（無論是正面或負面）、我們期望體驗的特定情緒、那些情感的強度，以及那些情緒會持續多久。我們身兼預言師，對某些部分的預言比其他部分要擅長一些。整體來說，我們很擅長預估某個未來事件是否會讓我們感到美好、很好、不好或很糟。所以我們在第一個面向，也就是期望值上，可以說是命中紅心。不過接下來幾項是在某些未來事件，我們預期會有的特定情緒方面，這些事件可能是爲了新工作而搬新家、從學校畢業，或是結婚，人們則傾向於過度簡化可能會出現的情緒，事實同樣也很明顯，大多數狀況都會激發各種混合情緒。你可能很開心換了新工作、很激動能提升地位、很興奮獲得高薪，不過也擔心這一切是否能順利成功，煩惱這種轉變，並且對於改變日常慣例感到焦慮。

當我們想到某個未來事件會讓我們有多快樂，比方說結婚或是迎接新生命，我們的想像力會過度簡化，尤其在那些會引發情緒的細節上。你想像自己，嫺靜地穿著白紗，在夢想的那一天白馬王子會在教堂的祭壇前等著你。但你沒有料到的是伴郎的粗野致詞，或是你的未來小姑對每件事挖苦批評等，現在你明白我的意思了嗎？

另外還有一個問題是，人們在想像自己對未來或假設性的情況有何反應時，往往也會過度簡化及高估的情況。我們對於自己如何行動及如何感受的投射，和假如情況眞的發生時，我們做出的實際反應，經常很不一樣。我們的預期會受到超出平均值效應的支持和影響。當我們預想未來，都會衷心地渴望最令人激賞（以及最高平均值）的那個自我會出現，對此我用一份十分有趣的性騷擾研究報告來說明。

研究者茱莉亞・伍齊卡（Julia Woodzicka）及瑪麗安・拉法朗斯（Marianne LaFrance）

首先詢問一百九十七名十八到二十一歲的女性，假如有位三十二歲的男性面試官，在徵求研究助理的面試中提出以下問題，她們會如何反應：第一、你有男朋友嗎？第二、有人覺得你很性感嗎？第三、你認爲女性上班時穿胸罩重要嗎？（女性讀者可以問自己，這些受試者會如何回答，男性讀者也可以想想看。）

不出所料地，有百分之六十二的女性認爲自己會和面試官起衝突，不是質問面試官他問這個要做什麼，就是告訴他這些問題太過分了。而這些人之中的百分之二十八表示，她們會直接離開，或是質問面試官；另外的百分之六十八則很肯定他們會拒絕回答其中至少一個問題。大部分的女性都說假如自己遇上那種狀況，一定會很生氣，只有百分之二的人認爲自己會感到害怕。

接著，研究者打造出一間實驗室，布置成進行面試的場景，並且找來一群受試者，讓她們相信自己是眞的來應徵助理職務。其中有半數的受試者會被問及理論實驗中的那三個問題；而控制組則被詢問奇怪又比較隨機的問題，但是沒有騷擾的意味在內：第一、你有最好的朋友嗎？第二、有人認爲你不健康嗎？第三、你認爲相信上帝重要嗎？

結果女性想像自己在受到騷擾時的反應，以及她們的眞實反應，兩者的差距非常驚人；每位女性都回答了每個問題、沒有任何人半途離去、沒有人質問面試官，或者甚至是對他說：「這不關你的事。」都沒有。事實上，有百分之五十二的女性忽略了問題本身的騷擾意味，她們沒有提出任何意見，直接回答問題。雖然有百分之三十六的女性的確問及爲何要提出這種問題，但其中的百分之八十只有在面試的最後才提出了這個疑問。最重要的是，女性在假想這些情況時認爲她們會生氣，不過實際情況中，只有百分之十六的女性感到生氣。但是有百分之四十的人的確感到害怕。

這項實驗所要強調的是，預測自己在某個簡單事件（「我的化學成績得到A」，或是「我的英文考試不及格」）中會有什麼情緒反應，爲何會相對容易，而要預測自己在一個比較複雜、情緒較微妙的生活情況時，爲何會困難許多。假設影響學生反應的是他們對於研究職位的渴望（畢竟他們以爲這場面試是眞的）、他們想討好別人的需求、或許是他們的冒失或不安全感，甚至是人生中的其他許多因素，於是產生了和我們預測自己的反應有極大差別的結果，不過事實上在其他的研究也確認了相同的結果。

關於明天的問題最大關鍵在於，我們還沒有經歷過。這說明了我們在考慮放棄或做其他決定的緊張時刻時，腦海中的那些情節爲何沒有依照我們預期的方式上演，並且還可能讓我們對自己感到失望。它也說明我們通常傾向於懷疑自己。

根據威爾森和吉伯特的說法，除了高估未來事件在生活中造成的衝擊之外，人們對於自己的情緒會持續多久，其實毫無頭緒。總括來說，這種現象稱爲「衝擊偏見」。威爾森和吉伯特主張：「人們將自己的世界合理化的方式，是從情緒事件中加速復原，並且這種合理化的歷程大多是自動且不自覺的。人類不帶情緒地說明並了解原本出乎意料及預期的事件，這種歷程降低了對該事件的情緒反應強度。」這種狀況帶來的好壞都有，我們先來探討壞的部分。

壞的部分是人們高估了一個理想的結果或事件，能夠帶給他們多久的快樂。這個目標可能是成爲合夥人、獲得升遷，或者是其他的不同事件。當你一步步向目標邁進時，那種壓力和焦慮會讓你毫不猶豫地相信，一旦達成目標便足以讓你快樂很長的一段時間。但不幸的是，這種你夢寐以求美妙的時刻，經過一段時間之後就會變成了普通的事件，不再帶來你期望的那種持續的快樂。

不過好的部分則是，人們也會高估了可怕的事件會讓他們不開心多久。好事帶來的快樂時光，不如我們預期中的久，而壞事也不會讓我們如預期般的長時間沮喪。大多數的讀者看到這裡時，都會想起生命中的某段時光，你正從某種傷痛中復原，那可能來自人生中任何領域。你也許會記得當時自己心想「我永遠無法復原」，或是「我再也不會感到快樂了」。不過你又快樂了起來，不是嗎？這就是威爾森和吉伯特稱爲「心理免疫系統」的功能，它能改善負面消息帶來的衝擊，不過同樣大多是在不自覺的基礎上。我們的心理防禦機制協助我們改善情緒，將負面事件合理化，並且重新建構我們對這個事件的想法（簡單地說，就是把它合理化）。這個系統在我們不自覺的情況下，更完善地保護我們。

這裡有一個案例，說明這個系統的運作方式，和威爾斯及吉伯特使用的案例也很類似。比方說你的愛人或配偶隨隨便便把你給甩了。一開始，你記得的都是對方美好卻又極度傷痛的回憶；不過後來有些其他更負面的細節，開始填補了空缺的部分。例如，他總是拿果汁盒直接就口喝，或是她會在洗臉盆旁邊堆滿數不完的化妝品；他老是控制談話的主題，或者她無法做到守時；他會毫無來由地忽然失控發火，或者她老是習慣性插嘴等。

這種自我保護機制的好處在於，我們並非有自覺地知道自己在做什麼。拋棄你的那個人當然沒有改變，但是你已經調整了對方在你心中的形象。同樣地，若毫無預警地被老闆開除的極度羞辱感，也會被某些認知取代，例如那個傢伙是混蛋、工作實在很無趣，或者公司反正運作不良等。

剩下的問題就是，對於什麼能讓我們快樂，我們擁有如此不精確的概念，這樣我們還能有什麼演化優勢呢？（吉伯特把自己的書取名爲《快樂爲什麼不幸福》，是有原因的。）

關於正向思考

不合常理的是，正向思考及樂觀看法向來顯得好處多多，例如，和那些以負面觀點去執行完成目標相關任務的人相比，正向思考的人似乎比較積極，表現也較出色；不過有些正向思考的型態其實會帶來傷害。在你忍不住想把一整個書架上的勵志書籍，加上這些年來牢記於心的勵志格言，還有數不盡的勵志引言扔出窗外之前，我們要先說明一項重要的區別。

在一系列的重要實驗中，心理學家羅倫•阿洛伊（Lauren B. Alloy）及林•艾布朗森（Lyn Y. Abramson）表示，抑鬱的學生在他們對結果能掌控多少的看法上，比那些非抑鬱的學生更精準；後者不只過於樂觀，並且也高估了他們擁有多少影響力及控制力。首先，受試者被要求按下（或者不要去按下）某個按鈕，看綠燈是否會亮起；接著他們要以百分比來評估自己對於亮燈有多少控制力。不過事實上這個燈是由一位實驗者所操控。但這並未阻止部分受試者做出推論，認爲他們對結果具有影響力。

阿洛伊和艾布朗森發現，抑鬱的學生比較能準確估計他們的行動會如何影響結果；另一方面，非抑鬱的受試者通常高估了自己的影響力。這些一九七九年的研究發現稱爲「抑鬱現實主義」（depressive realism），此後不斷在心理學界引發激烈爭辯。這種觀點不符合大眾普遍認爲抑鬱等同扭曲現實的看法，因爲抑鬱的人會以負面的有色眼光來看待這個世界，以及發生的事件。本書不表態支持哪一方，所要探討的重點在於一般說來，談到目標及成就時，健康的人傾向於過度樂觀（有時會稱爲「樂觀偏見」〔optimistic bias〕）。在這裡要告訴大家的是，正向思考在某些時候很有用處，不過它不是你**永遠的**盟友。

期望的禪學

在全美國，每天及每周都有數百萬人排隊買樂透彩券，男女老少、各種種族和教徒、不分貧富，全都會獨自或合資購買彩券。紐約州的樂透公司標語是「嘿，你永遠不會知道」，而且似乎很多人都贊同這種說法（沒錯，這就是可得性捷思法在作祟）。所以他們挑選幸運數字或隨機號碼、生日，以及各種神祕組合，一心盼望「今天就是我的幸運日」。當然了，諷刺的是，這些人在贏得大獎之後，和他們買彩券的那天相比，很少過得比較快樂。這就是「明天」和預期未來能力的問題。他們沒料到那些消失已久的揩油份子、久未聯絡的親戚，還有所謂的「友人」，全都想要分一杯羹；投資建議者看準他們對金融一無所知而虎視眈眈，最後他們落得需要搬家，或換一支未登記號碼的電話，以便過正常又不受騷擾的日子。更糟的是，就算這些可怕的事都沒發生，這些大獎得主對於平凡快樂的體驗，也從此消失不見，正如威爾森在引證了無數研究結果，顯示大多數樂透得主的眞實情況之後，他表示假如大家知道贏得樂透不會讓他們變得比較快樂，甚至可能導致眞正的災難，他們在把辛苦掙來的血汗錢投注下去買彩券之前，可能會三思而行（最能善加運用樂透大獎的是那些原本就有錢及投資經驗的人，他們不需要樂透獎金來實現夢想）。

假如贏得樂透是一場白日夢，那麼在白日夢和期待光明的未來之間，有什麼樣的差別呢（「白日夢」這個詞是來自十九世紀的美國詞彙，當時吸食鴉片及產生幻覺的情況十分盛行）？所有的白日夢是否都一樣呢？激勵人心的白日夢和純粹幻想之間，有任何的區別嗎？

因此可預料的是，在設定目標或決定何時及是否該放棄時，這會是一個恰當的問題。假如有人夢想能夠一舉成名，寫出偉大的美國小說，不過根本沒動筆寫過一個字，這種例子就不難分辨。但是假如是一名二十九歲、育有三個孩子的全職母親，大學畢業後就沒動過筆，不過有一天從夢中醒來，腦子裡塡滿了揮之不去的人物角色呢？這也是白日夢嗎？

她也會有自己的懷疑：「雖然有很多事要忙，我卻待在床上回想那個夢。我終於勉強起床，先是做完一些必須立刻處理的事，其他的事能拖就拖，然後坐在電腦前開始寫。我已經好久沒動筆了，甚至懷疑自己這麼做是何苦來哉。」她是爲了自己而寫，不是要寫給別人看，她想知道故事最後會有何結局。不過同時她也發現了一件事，寫作能讓她得到快樂。「自從那天開始動筆，我就深深沉迷在寫作的世界裡；這對我來說是全新的經驗。」她審視了現實狀況，看要如何能繼續進行，同時還要兼顧孩子。

最後她完成了草稿，並寄了十五封信給不同的出版經紀人，不過遭到其中九位回絕，而另外五位根本沒有回音。但有一位和她聯絡了，而且十分積極。這是白日夢還是契機？是由結果來判斷定義嗎？

不出所料，心理學家嘗試過回答這個問題。夢想是設定目標的一部分，假如你沒有想像或夢想，你就無法去追求。不過還記得吉伯特說過，我們每八個小時就有一個小時在思考明天嗎？哪一種關於明天的期望一定能達成呢？心理學家蓋布瑞埃兒•歐廷根（Gabriele Oettingen）及朵瑞斯•梅耶（Doris Mayer）試圖區別未來（期望）和描述未來的影像（幻想）之間的看法：期望是仰賴過去的經驗來評估未來，而幻想則和過去的經驗關係不大，並且通常把美好的未來想像得一帆風順又唾手可得。此外，幻想讓你在此時此地享受未來的果實；你沒有思考要花多久的時間努力才能完成那部小說，或者擔心你可能寫不成，因爲你的時間根本不夠用，或者你就是缺少那份才華。相反地，你的思考歷程會直接跳到看見自己的名字榮登暢銷排行榜榜首，或者更好的是，當小說拍成年度賣座電影之後，你走在紅地毯上的模樣。

其他關於純粹正向思考的研究結果也是一致，只要將一絲悲觀和一點現實主義相混合，這樣便足以區分有助益及毫無益處的夢想。歐廷根所說的「心理對比」（mental contrasting），無論對於夢想達成目標，或者是估算出可行性來說，都十分重要。心理對比是想像你渴望的未來，然後反思與達成目標相關的負面狀況；它和其他三種與目標設定相關的心理策略有所區別。心理對比主要是針對解決問題的策略。你能藉由它來評估阻擋你達成目的的障礙，同時將目標謹記在心——這有點像是以分隔畫面在觀看電視一樣——對比容許你去規畫並採取行動，修正那些阻礙你成功的因素，而在此同時，達成渴望目標的願景也在不斷地激勵你。

其他有可能但最終無效的策略，包括了歐廷根所謂的「耽溺」，也就是以大量的細節描繪出一種心理意象，無論是美好的未來或渴望的結果，並且經常反覆查看這幅意象，增添更多的細節或詳細說明。另外還有「停滯」，也就是當你停留在現況不動，並且大多在思考它的缺點。即使停滯和耽溺很不一樣，但這兩者都不會激發你去採取行動。最後就是歐廷根所說的「反向對比」（reverse contrasting），也就是當你先把焦點集中在目前的現實狀況，然後是渴望的未來，而不去考慮到這兩者之間的關係。和心理對比不同的是，這些其他的想像方式會讓人進退不得，一方面無法前進，另一方面又無法脫離。

歐廷根等人進行了一項實驗，要求受試者說出他們最重大的人際問題，除了各式各樣的答案，其中還有「認識我喜歡的人」、「改善我和伴侶之間的關係」，以及「更了解我的母親」。受試者接著必須以一到七分的方式，評量他們期望自己能夠多成功地解決問題；接著他們必須評量決心對自己來說有多重要，一樣是以一到七分表示；最後受試者則必須寫下快樂的決心會帶來的四種正面結果，以及阻擋這種決心的四種現實面阻礙。然後，受試者會分成三組，接受的任務對應心理對比、耽溺，以及停滯的狀況。第一組「心理對比組」的受試者要在心裡詳細規畫兩種正面狀況，兩種負面狀況；第二組「耽溺組」要規畫四種正面狀況；第三組「停滯組」則規畫四種負面狀況。在這些組別中，只有心理對比組的受試者訂定計畫，並且在他們對於成功有高期待時，對自己的行動負責；期待低的話，他們就不採取行動。

這些實驗結果也在之後的第二場實驗中得到證實。第二場實驗運用相同的人際關係主題和程序，不過測量的是哪一組會先採取行動，達成目標。受試者要評量自己的感受（有活力、積極，或空虛），然後在兩週後回來，報告他們在哪一天開始兩項最困難的步驟，執行計畫。同樣地，心理對比，**以及**對成功有高期待的受試者，較快採取行動。

我們在稍後的章節會對心理對比進行更詳細的探討，不過在這裡要明白的是，這是很辛苦的過程。正如詩人艾略特（T. S. Eliot）所寫：「人類無法承受太多事實。」這話是眞的。我們對白日夢的熱愛，從擁有六塊腹肌到由經理一步登天升爲總裁，變得有錢又出名等，毫無疑問地受到支持，因爲白日夢不需要我們對現實有太多的理解。光是想像擁有六塊腹肌看起來會有多迷人，實在太簡單了，你不必去想要做多少仰臥起坐、要放棄多少食物、要花多少時間上健身房，更別提失敗的眞實可能性。想像那些完美的六塊腹肌會帶來愉快，考慮伴隨目標而來的實際行動就完全是另一回事了。坦白地說，人們偏好純粹的快樂想法。

這讓我們回到那位家庭主婦的故事，她從睡夢中醒來後，出現了一個想法。很可能發生的情況是，因爲家裡有三個小孩，她必須採取心理對比的方式，找出阻擋她坐在電腦桌前的障礙，更別提有機會完成小說。假如你想知道的話，這名婦女的名字是史蒂芬妮•梅爾（Stephenie Meyer），至於那本在她的夢中成形的書，書名叫《暮光之城》。

跨出第一步

就任何標準來看，二十九歲的潔咪都稱得上表現出色。她在西岸一家小型但聲譽卓越的報社服務了兩年，而且六年前從一家頗負盛名的文學院畢業之後，就擔任記者至今。她從讀中學開始，就立下了當作家的志向；不過直到大學畢業，她才把焦點放在新聞工作方面，而且僅出於大學導師的建議，她接下一份記者的職務，當作是寫作入門訓練營。潔咪說：「那是我的指導教授的主意，他認爲新聞報導讓文筆變得更清晰易懂、訓練我每天坐下來的耐力、培養紀律，以及磨練我的功力。」他沒說錯，這一切的確也都發生了。

不過潔咪付出了料想不到的代價，日復一日的報紙新聞工作不曾爲她帶來快樂。這不是她想要從事的那種寫作，她想嘗試更有創意的內容，並且她很清楚這也不是她想過的人生。「我記不得最近一次週末不必工作（或者擔心我的工作），是什麼時候的事了；我每天早上都不想起床；一天結束之後，當我步出了辦公室，我的心理、身體和心靈都感到空虛；我的頸部疼痛、我的肩膀疼痛，我甚至對自己寫的報導都不感興趣。我連看見自己的名字印在報紙上，都無法感到眞正開心。」

不過她依然沒有放棄。部分原因是她對老闆和同事，以及報紙本身，都抱持著忠誠的態度。她不太確定，因爲她在前兩家報社工作時，同樣有這種不安的感受，不過她又想，自己可能天生不是當作家的料。而現在她知道自己想繼續寫作，不過焦點不同，而且是在不同的環境中。她說：「我擔心這樣代表我是個失敗者，無法堅持到底。不過其他的人提醒我，我也同樣提醒自己，我已經困在新聞業六年了。」潔咪花了幾個月的時間，想找出她應該做什麼。「我都快想破頭了，從每個角度去考慮。我快把自己給逼瘋，只想弄清楚哪種才是懦夫的決定：是離開這個職務，放棄我其實很擅長的工作，只因爲它辛苦又累人？還是忍耐維持現狀，全心投入一個讓我很不快樂的工作呢？」

在這個時候，她先不去決定是否要離職，而向報社請假去旅行和寫作，然後才拿定主意。她相信自由撰稿的工作，撰寫各種不同的主題可能會帶給她自由，讓她在需要的時候，有時間及能力去反省。「我要的是擁有彈性，且我不確定自己這輩子只想做一件事。」即使潔咪在理性上知道，這是她人生中應該往前跨一步的時刻，她雖已婚但沒有房貸或財務拖累，而且還沒準備好有小孩，不過她卻依然不確定。她說：「我是反芻專家。我對每件事都會再三考慮。當我嘗試去賦予正面意義，我會說自己是毫無偏見、有同理心的人，可以從任何角度看待事情。不過當然了，這代表我做再小的決定都會感到痛苦不已。」

很有意思的是，潔咪最近訂定的目標，也就是成爲自由撰稿作家，正好是她在大學畢業之後，首度爲自己訂定的幾個工作目標之一。她承認：「我不認爲自己是是太過目標取向的人。到目前爲止，我的人生大多是朝一個概括的目標前進，看哪一扇門會爲我開啓。我愈來愈清楚自己接下來要往哪個方向前進，這點讓我感到很開心。我希望自己正在朝我想要過的人生跨出一步。」

雖然潔咪並未離職，她努力聯絡各家報社的社論版，刊登她打算在休假期間寫的文章和評論，希望有一天能集結成書。簡言之，她開始去掌握放棄的技巧了。

在下一章，我們要探討擁有放棄的天賦需要哪些條件。

你和你的目標

下列的清單是為了啓發你去思考，該如何為自己設定目標、用什麼方法去完成，以及如何處理潛在的挫折。每一項請回答「同意」或「不同意」。

1. 有金錢或實體的獎勵下，我工作起來最起勁。
2. 感覺到刺激性及創造性，對我來說很重要，而且我會主動追求這類機會。
3. 衝突矛盾經常讓我喪失動力，最後我什麼也不做。
4. 當我對接下來該怎麼做感到矛盾時，我會考慮什麼才是最重要的，然後做出選擇。
5. 只要有機會，我就會拖拖拉拉，浪費時間。
6. 我非常自律，而且很擅長控制衝動。
7. 我花很多時間擔心未完成的任務。
8. 我會事先計畫。我盡力去做每件事，不過萬一做不成，我也不擔心。
9. 我具有前瞻性，我依循的思路是「假如我這麼做，那個就不會發生」。
10. 我會受到正向的激勵。我通常認爲「假如我做這個，接著就會發生那個」。

11. 和他人的成就相比，讓我感覺很有壓力。
12. 我通常把焦點集中在什麼能讓我快樂。
13. 我不喜歡和悲傷的人相處，而且我討厭自己當個掃興的人。
14. 悲傷是人生的一部分，我的處理方式是把它說出來。
15. 我是唯一能修復自己的問題的人。
16. 了解別人面對危機時如何處理問題，會非常有用處。
17. 如果有人批評我或我的工作，我就會想個不停。
18. 我設法從容面對批評。我會去考慮消息來源及眞實性。
19. 假如某件任務讓我感到挫折，無論如何我都會繼續下去。
20. 假如有某件事讓我抓狂，我會先暫停一下，考慮是否該繼續下去。
21. 我認爲無論如何都要以正向的態度去看待事情，這點很重要。
22. 有時候我得讓自己考慮，事情是否無法如我預期的發展下去。

你同意的單數項目愈多，就愈可能是你有許多目標都是外在或逃避型。

第四章　放棄的天賦

哈佛法學院和其他高等教育的學院會遵循一項傳統：學院院長或是主管階層會召集一年級的新鮮人，告訴每位學生：「請看看你的右手邊和左手邊的人，因爲他們之中有一個人，明年將不會出現在這裡。」事實上，我們也可以認眞而不虛張聲勢地要求你，下次在團體集會中時做一模一樣的事，明年你們有人不會在「這裡」，因爲你們其中有人會比其他人更擅長放棄。

是什麼樣的特質或特性，讓我們之中有些人如此守舊、對改變感到抗拒或態度敏感、無法放棄，就算堅持下去已經讓我們非常不快樂呢？爲什麼在面對信念的改變時，有些人只看見負面可能性的深淵，於是堅持守在原地呢？爲什麼我們有些人會以防禦姿態面對生活上的挑戰，並且總是想辦法減少可能的失敗呢？在管理負面情感時，爲什麼有些人似乎缺少「關閉」的按鈕？爲什麼有些人無論如何都要堅持到底呢？

當我們在生命中必須從一個目標轉移到另一個目標，無論是感情關係、工作或是抱負時，是什麼賦予某些人瑜伽大師般的優雅和技能？人類需要什麼樣的天賦去想像一個新的飛行計畫，而且順利著陸呢？爲什麼對有些人來說，找到現實和樂觀之間的平衡之道很容易，而他們又是如何取得這種技巧？他們是否知道某種難倒我們其他人的祕密，或是說他們擁有某種的內在調節器？他們又怎麼能放棄某個目標，另外找出能帶給他們眞正快樂的目標呢？他們是怎麼從失敗中復原的？爲什麼我們之中有些人擁有放棄的天賦，有些人則否？

這就是我們即將面對的問題，在接下來的內容裡，我們要探討這些特質、擁有這些特質的人、要怎麼做才能增強這類特質，或者必要的話，缺乏這類特質的你要如何才能取得。放棄的天賦和我們先前提到的徒勞無功、情緒取向型態的放棄有所區別。本書依循的理論是基於科學，不過我們先從較小規模的放棄開始說起。關於什麼時候才是適當的放棄時機，沒有任何一種評估方式或執行方程式可以解答這個問題，因爲每一種情況都有太多的不同選項。在眞實世界脫離某個目標或人生道路，歷程經常很複雜，這和實驗室裡設定背景、預設前提之後進行測試的狀況很不一樣。或許在人生的某些階段，決定改變道路比較容易一些，那是因爲對眞實世界的影響較小，因此更精確地說，當你對其他人要負起更多財務和情緒方面的義務時，就愈難找到對的時間去放棄一段感情、工作或是職涯道路。此外，也有可能某個時間點對你來說可能是對的，但是對你生命中其他的人來說則不然。

而放棄在人生中的某些階段相對簡單，例如青少年時期，因爲文化非難較少，而且眞實生活的複雜性通常也比較低。同理，開創新事業或其他創業活動的風險，在個人的職場生涯早期也比較容易承受；萬一這場冒險失敗了，相對也比較容易重新再設立目標。年輕的時候，大家容許你改變你對人生道路的想法，尤其是你不用承擔太多責任的話。千禧年世代，也就是那群出生於一九七七到一九九二年的年輕人，顯然至少欣然接受當下的流動性，甚至在經濟不景氣的時候也是如此。他們較晚婚（現在的平均結婚年齡是二十八歲），每份工作只待兩年（和嬰兒潮世代截然不同，他們至少會待上五年）。在人生較晚的時期放棄，你必須面對不同的複雜性，不僅是因爲個人責任的關係，同時也會受到長期堅持的目標，以及一種可能性遞減感受的影響。

儘管如此，一旦你明白自己的放棄天賦（或是缺乏這種天賦）、讓你停留在原地不動的心理習性，以及你評估和處理目標優先順序的能力，時機的問題就會迎刃而解了。當時機到來時，你會清楚知道並得到某種確定感。根據研究顯示，堅持雖然有它的價值，但知道何時蓋牌（這是借用撲克牌遊戲的說法）絕對更有價值。本章的重點之一在於鼓勵各位讀者，不但要自我評估你的目標和堅持，同時也要評估你天生的放棄能力。

活在當下

在大學畢業後，人生會邁入第三個十年，這段時間通常會被視為是為三十到四十多歲的生活，打下基礎的時間。在這種文化理解的前提下，穩定又能預測的放棄可能就被視為具有明確的高度危險性，放棄因此變成了一種困難的平衡動作。這就是詹姆士的狀況，他今年二十七歲，二〇〇九年大學畢業後，不但努力在金融業的全職工作崗位上奮鬥，也為了從事他熱愛的划船運動而接受訓練。划船和網球、滑雪或橄欖球等運動不同，它的本質上就是一種「業餘」運動；但它也和許多的運動一樣，沒有任何額外補貼，例如，代言的機會和獎金。不過這仍然是詹姆士想做的事，他想看看自己是否能挑戰全國或國際的最高等級比賽，包括奧運在內。划船運動一直是他自從九年級開始就熱愛的運動。不過他卻基於必要，只能把它擺在第二順位，填補工作之餘的閒暇時間。

只是隨著時間拉長，他發現壓力愈來愈大，因為划船訓練需要投注大量的時間，有時候每週甚至高達十六到二十小時，另外還要再加上每週四十小時的工作量。雖然詹姆士很享受公司的團體氣氛，但卻也逐漸明白，這個許多家族成員傳承從事的金融業，並不是他想追求的職場道路。後來他終於遇到了一個划船運動菁英階級的受訓機會，裡頭還附帶了住宿、保險、衣服和食物等福利。

雖然划船比賽是詹姆士心裡最渴望的事，但它畢竟不是一種職業。並且即使他成功挑戰賽事的最高等級，未來的發展依然渾沌不明，最大的機會也不過是當教練。要在景氣差的時候，放棄一份穩定的高薪工作，去追求一個可能無法爲他帶來穩定生活的夢想，大多數的人也都無法同意他的決定，不過如同詹姆士所說：「放棄是非常個人的決定。只有自己才能完全了解我的放棄動機。」同時，還有另一重困難是他交往了三年的女友，對於詹姆士把受訓擺在感情之前，感到很不開心，因爲這一來他得搬到數百哩之外。

爲了繼續向前，放棄一條道路、改走另一條的決定，詹姆士必須去管理各種層面的情緒。他自認對女友的情緒波動有責任，於是更努力去感受並理解女友的情緒，並且感激她盡力對這件事表示支持。不過當他被問及，萬一最後失敗了該怎麼辦，萬一他發現自己根本沒有那份能力或天賦呢？他的聲音透露著自信：「我不確定這是否有關係，不過我的焦點不是在最後的結果。我著重在自己目前的努力，以及盡力發揮自己最好的一面。因爲你很難去改變自己的思維，將全部的正念完全集中在單一任務上。而你必須讓自己從表現良好變成表現優異，這需要很多專注的清晰思緒。」他不認爲這是在繞道而行，或是會害他的表現不及同儕，因爲他們都追隨比較傳統的職涯弧線。「我在划船運動學到的精神可以輕易運用在其他地方；我會大膽地說，很少有人願意像菁英長期耐力運動員那樣辛苦付出。」此外，他相信當他找到一份和划船一樣令人愉快又能持續的工作時，他會知道自己未來該怎麼走。他要依照自己的腳步，慢慢走到那一天。

評估你的天賦

什麼樣的人格特質和氣質，能讓某些人比其他人更擅長訂定目標、評估目標，然後必要時脫離目標呢？不同的心理學理論各有不同的答案。我們會列舉許多觀點，取得較完整的概念，說明放棄的天賦是什麼模樣。這些理論雖然有部分一致，不過也各有些許不同。

因此請你在閱讀下文時，自己思考一下，決定你的放棄天賦是否能配合目標計畫。無論你發現自己的天賦如何，本章以及之後的內容都會爲你提供策略，打造你在放棄方面的技巧。

我們先前提過，艾略特和瑟瑞許在檢視人們的動機和目標，並且分爲趨近和逃避的性質時，曾經提出一種觀點：趨近（例如，保證正向結果）和逃避（例如，避免負面或痛苦的因果）的基本驅策力是人類本身的內建特質，並且也存在其他許多動物的身上，包括單細胞動物。他們將理論做更進一步的探討，辨識出趨向和逃避動機是人格的重要構成因素；在決定哪兩種氣質描繪出你如何掌握人生方向和設定目標時，早期的社會化扮演了重要的角色。

若你有機會待在操場或校園裡，就會看到眞實人生中的趨近和逃避氣質是什麼模樣。有個小女孩爬到了溜滑梯最上面，自信地微笑著，然後滑了下來，一面對媽媽揮手，一面和母親做眼神的接觸。另外有小男孩小心翼翼地在其他小孩和遊戲器材之間穿梭，彷彿操場是一個很不友善的地方。而他的母親就坐在附近講手機，不過小男孩既沒有抬頭看，也沒有對她揮手示意。他避開了溜滑梯，害怕在那些階梯上絆倒；他也躲開攀登架，因爲害怕自己會困在裡面，顯得很愚蠢。最終他心滿意足地坐在沙盒裡的硬地面上，自己一個人，避免和其他小孩接觸。一名小孩來到操場，除了正面的動機之外，什麼也沒有；另一名小孩看見完全不一樣的狀況，這些態度是與生俱來，或者每個孩子都是受到環境塑造而成呢？這些孩子長大成人之後，會有什麼樣的發展？他們的氣質會保持不變嗎？

艾略特和哈里•瑞斯（Harry T. Reis）主張的確是如此。他們在二〇〇三年的研究中，特別將依附理論所闡釋的家族模式關係，以及成年目標的探索與形成做連結。你必須先了解依附理論，以及你如何依附你的父母親，然後才會了解自己在一般生活中的堅持及放棄能力，特別是在情感關係上。依附理論同時也幫助說明舒適圈（情感上熟悉、因此覺得舒適自在的情境，不過事實上讓你感到不快樂）如何影響你的生活。

依附理論來自瑪莉•安沃斯（Mary Ainsworth）主導的一系列實驗，後來這些實驗重現了數百次，聚焦在母嬰關係的特質。這種模式稱爲陌生情境，在嬰兒的母親帶他們來到實驗室之後，觀察嬰兒看到母親離開、一名陌生人進來的反應，不過安沃斯的重點是觀察母親再回來之後，嬰兒會有什麼變化。正如她所預期，大多數嬰兒在母親離開後會不安哭泣，不過母親一回來便安心。他們和母親產生連結的方式是向母親伸出手、建立眼神接觸、咕噥低語，而且變得滿足。安沃斯把這些嬰兒貼上「安全依附」（securely attached）的標籤，並且推論他們的母親會配合孩子的需求，持續對孩子做出回應。

但是並非所有的嬰兒都對陌生情境做出這種反應。有些嬰兒在母親離開時，顯得有點不安或焦慮，直到母親回來才安靜下來；另外一些嬰兒則在母親離開時，沒有表現出任何情緒，而當母親回來後，也避免和她有任何接觸。安沃斯將這些嬰兒歸類爲「不安全依附」（insecurely attached），並且將不安全依附分爲三種類型：逃避型、矛盾焦慮型，以及紊亂型。逃避型依附是母親無法陪在孩子身邊，或是她拒絕孩子接近的結果；孩子藉由避免情緒及身體親近母親來調整適應。而不可信賴或不可預期的母親行爲則會導致矛盾焦慮型依附的產生；孩子永遠不知道母親是否會配合或拒絕，因此孩子就適應了這種不可信賴感。最後也是傷害最嚴重的不安全依附稱爲紊亂型依附，因爲它會讓孩子在得到他們想要的需求，以及恐懼或擔心母親之間，在心理上造成衝突，最後這一類通常是母親肢體或情緒的惡意行爲造成的後果。

兒童依附的模式是我們如何處理成人關係的可靠預測因子，包括愛情方面、處理壓力，以及管理情緒等。安全依附的兒童長大成人後，有能力挑選願意配合又忠誠的伴侶；他們比不安全依附的那一方，更有能力管理情緒。這些依附模式爲何如此持久？人類嬰兒天生就能去適應他們的周遭環境，藉此增加他們的生存機會。因爲這些早期的依附產生世界上情感關係運作方式的心理影像，以及神經模型，並且也形成動機和行動的基礎。

在一個十分有趣的實驗中，示範了嬰兒如何依賴從母親那裡接收到的信號，以及學會如何做出反應；這個實驗叫做「視覺懸崖」（visual cliff），後來經常在加入變異條件之後重現。在實驗中，嬰兒的母親站在視線範圍內的遠處，一名會爬行的嬰兒被放到檯面上；檯面有一半是實體，另一半是透明的樹脂玻璃。當嬰兒爬到樹脂玻璃的邊緣時，看起來就像是面臨陡峭的懸崖（畢竟嬰兒不懂樹脂玻璃的奧妙），此時嬰兒會完全停住不動，抬頭掃視母親的臉龐，想找出答案：這樣安全還是危險？停下來還是繼續爬？多虧了緣腦[1]和進化，孩子已經能讀取母親的表情；微笑或快樂的表情會讓孩子繼續往前爬，無論懸崖看起來是什麼模樣。而假如母親顯示出負面的表情，嬰兒的回應就大不相同了。

在一項由詹姆士・索爾斯（James F. Sorce）等人主持的實驗中，母親接受指示要表現出快樂或害怕的表情。當母親的表情顯得害怕時，沒有一名嬰兒爬過懸崖，而且大多數都退回到了起點。接下來，母親要表現出有趣或生氣的表情。在有趣表情的暗示下，大多數嬰兒都爬過了懸崖；不過在母親表現生氣時，十八名嬰兒中只有兩名依然大膽地繼續往前爬；而當母親展現悲傷的表情，只有三分之一的嬰兒會爬過懸崖。別忘了，只有恐懼的表情成功阻止了**每一個**嬰兒。

在嬰兒及孩童時期，我們都學會透過和主要照顧者的連結，如何去管理我們的情緒和引導行爲，這一切從襁褓時期就已經開始。而其他的研究也因此認爲嬰兒的探索能力及視野開啓，無論在字面意義或象徵意義上，全都和這個孩子的安全（或不安全）依附程度有關聯，並且這種傾向會延續到成人時期。

艾略特和瑞斯推論出安全依附的成人能把成就目標視爲正向挑戰，帶給他們勝任感。此外，研究者也主張這些成人在面對任務失敗的可能性時，也能以相對平靜的態度來回應。至

1 limbic brain，爲處理情緒、記憶的中樞。

於不安全依附的一方，他們會把成就目標視爲潛在威脅，帶來失敗的可能性，並且依照研究者的說法是，他們會「自我保護地尋求避免無法勝任」。在第一場實驗中，他們評估戀愛關係中的依附；百分之五十的受試者自認是安全依附，百分之三十自認是逃避型，另外有百分之二時是焦慮矛盾型。接著，受試者要塡寫一份成就目標問卷，要針對問卷的每項陳述回答同意與否，結果取得受試者的趨向或逃避立場。舉例來說：「對我而言，盡可能徹底了解目標是非常重要的。」（精熟趨近）；「對我而言，表現得比班上其他的人還要好是非常重要的。」（表現趨近）；「我只想要避免在這方面表現得太差勁。」（表現逃避），受試者需同時列出八項個人目標。

研究者在這項實驗及後續的實驗中發現，安全依附的人需要高成就，對失敗存有低恐懼，並且有強烈的個人趨近目標，以及精熟趨近目標。更白話地說，他們非常主動擴展情感關係、技能，以及成就等各種領域。相反地，不安全依附的受試者對成就有低需求，對失敗存有高恐懼；他們的目標大多會逃避精熟和表現。不過在這裡要強調一個重點：雖然自認是焦慮矛盾型以及逃避型的兩類受試者，全都恐懼失敗，可是焦慮矛盾型會選擇逃避目標，但逃避型則否。探討放棄的天賦時，焦慮矛盾型是很重要的類別：「焦慮依附會逐漸破壞樂觀成就動機，因爲它驅使個體去檢視成就任務的失敗面，並且感受到自己更需要有良好表現，這兩者都製造出一種逃避負面結果的防禦聚焦。」

抱持焦慮矛盾態度的人有其特殊的問題，他們傾向於聚焦在失敗上，不過卻也想要成功。這聽起來有些矛盾，不過話說回來，焦慮矛盾型的人本來就很矛盾。這些人很難放棄任何目標，尤其是情感關係。他們全心投入在關係中，忍受感情裡的起伏高低，而且無論如何都無法放棄。逃避依附的人正如同這個名詞本身的暗示，他們害怕親密關係，而且最重要的是，他們承受無法投入的苦惱。

心理專家菲力普・薛佛（Philip R. Shaver）及馬力歐・米寇林瑟（Mario Mikulincer）曾做過一項深入分析，清楚地說明了這些依附模式如何連結目標投入的歷程，以及改變目標所產生的壓力。至此，答案很清楚了，想要有技巧地放棄的能力首先需要思想及情緒管理，它們會帶來動機和行爲改變，以及新目標的形成。安全依附的人在沮喪的時候，懂得如何管理情緒。他們生氣時不會帶有敵意，而且能很快接受在壓力下修補關係的建設性目標。他們對認知層面也抱持開放態度，並且不必依賴扭曲事實，就能對自我產生良好的感覺。

至於焦慮依附個體使用的策略，傾向於加重而非減輕壓力事件產生的效應。他們會不斷反覆思考，由於聚焦在負面情緒上，於是讓自己更深陷其中。相同的狀況也發生在認知層面上，他們嘗試卻無法壓抑侵入性思考。而逃避依附的人則是自覺地讓自己遠離壓力，他們對威脅的反應是吹捧自己的正向觀點，不過他們也會情緒性地封閉自己。他們以這種方式武裝自己，卻也失去了接近正向情感的管道，以及可能協助他們應付狀況的連結。

現在我換個方式來說明薛佛和米寇林瑟的觀點：這種策略的代價非常高，也讓這類型的人失去接收環境中正面提示的機會，而這些機會可能會讓他們得到較好的感受，幫助他們度過危機。不用多說，這種策略對於解決他們感受的情緒波動，一點幫助都沒有。

那些原始童年的依附是如何影響我們的堅持以及放棄，其實都有其因果。安全依附個體訓練有素，在他們的努力開始動搖、甚至失敗時，比較有能力管理情緒並尋求支持。至於不安全依附的一方則大多會受到負面因素的啓發。焦慮矛盾依附的人只冀求**不要**失敗，無論是在情感關係或其他努力方面；這類型的人擁有的放棄天賦最少。

這也正是海瑟•林區（Heather C. Lench）及琳達•里凡（Linda J. Levine）的研究，研究者先給受試者三組各七題的重組字謎，在限定的時間內解答；而其中第一組的七個題目其實是無解。同時這個測驗有時間限制，所以最好不要把時間都用在解答第一組上面。此外，測驗的規則是你不能忽略任何一題或倒退回去，你必須完全脫離這一組字謎，才能繼續解答下去。

正如研究者的假設，自認爲受到趨近目標啓發的人會停止解答第一題，因爲他們了解到堅持不會有回饋。不過逃避目標的人不僅花更多時間在第一組令人沮喪又絕望的題目上，在趨近目標組繼續往下解答時，他們依然停滯不前，並且表現出強烈又持久的情緒困擾。

在第二場實驗時，這次研究者不再仰賴受試者自行表態，而是事先將受試者分成兩個組別。他們告訴趨近組，這次的測試是要「評估你在語言智商上的實力」，並且要他們「盡力達成目標」。同時他們告訴逃避組，這次的測試是要評估「你在語言智商上的弱點」，並且要他們盡力「避免失敗」。一如預期，在解答第一組無解的字謎時，所有受試者都產生負面情緒，不過預設爲逃避組別的受試者，負面情緒更大。事實上，受試者愈憤怒，堅持的程度就愈高。

研究者指出：「諷刺的是，他們聚焦在逃避負面結果的態度，其實關乎他們沒有能力去辨識出失敗無可避免，並且進行下一道字謎。」林區和里凡提出，趨近目標的人擁有更多認知彈性，可以產生更多替換策略來完成目標，不像那些只想避免負面結果的人：「違反直覺地，聚焦在目標的潛在失敗上的人，比較不可能承認失敗。」

這種逃避聚焦的態度，結合了我們思維裡都有的其他矛盾，包括沉沒成本謬誤，以及目標在無法達成時，反而變得更有價值等；於是我們可以清楚看見，有時堅持只是一條阻力最少的道路。這也就是放棄的技巧需要學習的緣故。無論你聽過什麼樣的說法，假如你總是堅持到底，很快就要思考是否該改變了。

失敗的恐懼

請你先花點時間想想自己的成長歷程，以及自己和他人交往的方式，你是安全或不安全依附型？同時也思考一下失敗的恐懼或失敗本身，在你的人生中扮演什麼樣的角色。美國人最珍愛的兩種文化譬喻就是「失敗爲成功之母」，以及「失敗的教訓就是成功的關鍵」，一般人的想法中也經常把失敗的恐懼當作是一種動力。它會有意地鼓勵學生多花點時間讀書、員工努力工作以取悅老闆，以及運動員多練習舉重。然而這些文化譬喻大部分都是謬誤，並且充其量是過度簡化的說法，接下來會討論到這點。現在我們已經知道失敗的恐懼不是一種動力，而是和選擇逃避目標及不安全型的依附緊密綑綁在一起。

艾略特及瑟瑞許進行了一項有趣的研究報告，對失敗的恐懼進行調查。他們假定失敗的恐懼是由家長傳給孩子，媒介則是家長在社會化中使用撤回關愛的方式。正如研究者的報告指出，這不是「失敗本身教人害怕或想逃避，而是伴隨失敗而來的是羞恥感」。羞恥感是一種情緒，它會吞噬掉整個自我，讓人感到不值得被愛與毫無價值。報告中說明，失敗的恐懼導致個體「在進行任務之前與進行的期間都會體驗焦慮；爲了想保護自己免於失敗，會在生理（放棄）及心理（撤回努力）上逃避這種狀況，或是盡力完成目標（以避免失敗）」。文化鄙視的那種放棄說明了這三種回應中的前兩種，只有第三種回應，也是可能性最低的一種，支持文化譬喻。我們稍後會說明，打造前往實現自我的新目標及成就的道路，不是藉由失敗，而是經由掌握放棄的技巧而來。

艾略特及瑟瑞許假設家長本身對失敗的恐懼，會引導他們對孩子的反應，無論是孩子犯錯、有疏失或是失敗時；而這些反應就會教導下一代，一定要不惜代價避免失敗。研究者特別進行一項教養子女的練習，主題是撤回關愛。撤回關愛的威脅，尤其是對年紀小的孩子來說，可能非常難以捉摸；也許只是冷冷地看一眼、板起臉、肢體上轉身背對孩子、把孩子帶離房間，或者威脅要他出去（你可以仔細想想，是否有許多家長用來管教小孩的傳統暫時隔離法，假如以某種特定的方式進行，對孩子來說也可能像是撤回關愛）。很明顯地，研究者不相信大多數父母採用撤回關愛是有自覺的策略：「大多數使用這種方式的人，只是以一種單純的反應來回應他們的孩子，而這種反應是出自於他們根深蒂固的自我評價歷程。」

研究者進一步還發現，一位母親對失敗的恐懼以及撤回關愛，和她讀大學的孩子對失敗的恐懼有直接關聯。若父親和母親對失敗的恐懼是採用逃避目標的預測因子；就父親方面來說，便可以預測他的孩子不會採用精熟目標。嫌惡動機可能從上一代傳給下一代嗎？艾略特及瑟瑞許認爲這是有可能的。撤回關愛或威脅可能要撤回關愛，也並不是反覆灌輸逃避目標及失敗恐懼的唯一行爲，其他的教養形式，例如權威式或控制行爲等，也都會直接影響脫離的能力。我們在一項稱爲主動與狀態取向的研究結果中，會看到這種結論。

所以，我們可以在成就的動機中刪掉失敗的恐懼這一項。假如你把你的堅持歸因於對失敗的恐懼上，那麼你是該重新評估的時候了。

逃避的代價

無論在人生中的哪個階段，我們一定都混合了趨近及逃避目標，而若聚焦在逃避上則會影響到你的幸福感。比方說，艾略特及馬西•邱吉爾（Marcy A. Church）在一場接受治療的病患研究中表示，採取逃避目標進入療程的病患，體驗到的幸福感增加程度不如採取趨近目標的病患來得高；他們也認爲治療者和治療經驗的成效比較差。別忘了，這兩組的實際目標也許相同，不過他們的趨近和逃避態度卻造成了結果的差異。研究中的一些範例可以說明這種差異：

- 「了解自己和自己的感覺」與「停止對自己的感覺感到困惑」
- 「和朋友建立較親密的關係」與「避免感覺孤單疏離」
- 「變得更穩定和快樂」與「避免變得沮喪」

花點時間想一下你是如何架構自己的目標，以及當你決定是放棄還是繼續時，你會傾向於如何看待這些目標？你的習慣想法是「假如我做甲，乙就不會發生嗎？」還是你通常會想「假如我做甲，乙就會發生嗎？」

在現實生活中，外表看起來像是堅持的立場，其實可能是出自逃避。成長在不穩定家庭的人，例如，家中經常發生摩擦爭執、家長酗酒，或是其他型態的家庭功能障礙的人，他們便會經常不自覺地選擇逃避策略，避免發生爭執。

以下就是亨利的案例：亨利是一名五十五歲的律師，根據他自己的說法，他從未放棄任何事。從外在來看，他維持婚姻關係二十五年、工作穩定成長、在同一家律師事務所服務了二十九年等，這樣的人生證實了驚人的穩定性和堅持力。他在舒適的環境中長大，不過卻經歷一段混亂的童年時期。亨利的父親酗酒，並且不告而別；後來又突然回來了，但是家人之間不曾討論或公開承認這件事。而亨利也不自覺地將這種經歷應用在人生上，不計代價地避免任何衝突。不過，他終於還是走到了臨界點，明白自己有多不快樂。他以粗糙的手法花了好幾年的時間解決他的婚姻，而且和孩子的關係破裂。他後來表示，眞希望早一點學會處理事情的方法，因爲這樣對大家來說都比較好。

而在有時候，表現目標的人所採取的逃避策略，也會對幸福感造成影響。和實驗室不同，放棄在眞實世界中有時候是很複雜的事，也是一個承載了許多後果的決定。就拿莎拉來說，她今年二十二歲，大學畢業，在舊金山一家大型公關公司任職。她有理由相信自己的能力，因爲在這些年來，她當過六次的實習生，所以她認爲這是適得其所。畢業後的夏天，她投遞了數十封履歷，得到幾家公司的面試機會，最後她也帶著無比的希望和充沛的活力展開新工作，成為初階的新雇員之一。她的主管採取愛之深責之切的領導方式，因此使她和其他新進員工經常受到批評（其實是責罵）。在六個月後，她得到的第一份評核結果令人大感氣餒：在這份六、七頁長的書面評核中，沒有一句讚美的評語。因此在接下來的六個月，莎拉加倍努力，不過主管依然嚴格批評，甚至抱持敵意。即便是莎拉表現良好，為公司的某位客戶爭取到成功的宣傳，卻也因為其他疏失而被挑毛病。於是，莎拉開始害怕去上班。

但是畢竟她才從學校畢業一年，而且現在經濟又這麼不景氣，因此不敢貿然離職。她一有機會就找其他工作，但是卻遇到了不上不下的窘況，即便不再是新手，卻也缺乏足夠的能力讓她更上一層樓。莎拉迫切想要離職，然而又擔心別人對這樣的履歷會有什麼看法，以及她要如何負擔生活的費用，而她的父母也鼓勵她不要離職。她盡全力在情緒上脫離，採取逃避的策略，盡可能不要和主管有接觸，並且開始聚焦在尋找新工作上。不過堅持下去卻損耗了她的健康，接下來的六個月裡，她出現了各種和壓力相關的健康問題。在大約開始工作了十八個月後，她拿到另一份評核結果，情況因此變得明朗，上頭寫：假如她依然毫無「進步」，他們打算讓她另尋出路。這份評核完全是針對個人的評語，沒有對她的成績多做著墨。在這個時候，尋找新工作已經變成她的唯一目標；三個月後，她便找到了新工作，辭去現職。

她說假如有機會重來，她會在找到退路之前，更早辭去工作：「假如再有這種情況發生，我會冒更大的風險，想辦法解決。這樣長期的不快樂實在很不值得，而且害我都病了。

我早該放棄，另尋出路。我認爲應該可以找到新工作，只不過是遲早的問題罷了。」

莎拉很年輕，而且事業才剛起步，不過她的故事依然說明在眞實世界裡，你一旦決定要脫離目標，如何去處理其實是個更複雜的問題。眞實情境更微妙也更令人擔心，不像你在心理學研究裡看到的那些圖表所顯示，一個框格標示「目標脫離」，然後有一個箭頭指向另一個框格，上面標示著「新目標／正向結果」。莎拉很幸運，她是表現及目標取向的人，即使有些氣餒和沮喪，她依然能打起精神繼續尋找新工作。

就如同卡斯頓等人所主張，假如目標脫離是適應性自我規範的一部分，能夠降低壓力並提高正向結果的潛能，我們也必須明白，在現實生活裡，管理你的情緒需要技巧和一致的努力。

從另一種觀點來看放棄的天賦

當生活走下坡時，你的因應方式是什麼？或者當你面對龐大的壓力時呢？你是會受到壓抑，還是說壓力會加速你的動力引擎？當你明白自己搞砸了一個大好機會，你會做何反應呢？你是會想辦法再次爭取這個機會，還是退回原地懊惱悔恨呢？你又是如何解決衝突的目標或要求呢？萬一你的主管要求你週末留下來加班，不過你已經答應身邊的人要共度一個不受打擾的週末，你會怎麼做呢？你是要取消還是照舊成行？當你必須放棄某個目標時，你是鼓勵自己提出自信，大步往前走，還是感覺氣餒，以至於無法採取任何行動呢？

這些就是另一個心理學理論，「人格系統交互作用」（personality systems interactions）

在過去三十年來所提出並解答的問題，聚焦在兩種因應方式：「行動取向」（Action-oriented）及「狀態取向」（State-oriented behavior）。這套理論是審視目標投入和脫離的另一種方法；儘管它和依附理論及教養方式有關聯，不過和趨近、逃避理論有所區別。無論行動或狀態取向，都是在早期的生活就成形了。據估計，西方世界約有半數的人都是行動取向，另一半則顯然是狀態取向。這些取向代表了一種連續行為，可能在某種特定的狀態或領域產生，或者可能是一種顯著的特點。而在極度的壓力下，幾乎每個人都會成為狀態取向。

我們先來為幾個名詞下定義。行動取向就字面上的意思是指，在壓力之下有能力管理負面情緒，並且提出正面與堅定的自我形象的人，通常較果斷；他們不仰賴外在的提示，採取積極行動，無論是面對目標投入或目標脫離。另一方面，狀態取向行為意指在壓力的狀態下，個體的情緒狀態如何掌控了本身的行動表現。面對壓力和衝突，或者稱為高要求和脅迫情境時，狀態取向的人會被負面情緒淹沒，無力管理這些情緒。當他們必須在壓力下選擇一條新道路，他們會傾向於猶豫不決。他們會反覆思考，對於外在提示很敏感，依賴關係結構和期限，而且傾向於拖延。他們無法聚焦在自己身上，並且很難做到脫離。

當行動取向的人在追求某個目標並忽略分散注意力的事物時，他們會脫離失敗的想法，而狀態取向的人則全神貫注在失敗的可能性上。在壓力之下，行動取向的人會展開行動，至於狀態取向的人會猶豫不決。行動取向的人專注在任務上，狀態取向的人比較易變。後者可能變得無法專注、容易離題，或者在思想及情緒層面都沒有放棄的狀況下，直接放棄目標了。

正如詹姆士•狄凡朵夫（James M. Diefendorff）等人提及，行動和狀態取向之間的差異也許可以說明「為什麼兩個擁有相同目標、學識、能力，以及良好欲望的個體，卻無法達到相同程度的表現」。

這些取向在現實生活中的模樣，在運動場上立即就一目了然。想像兩位實力相當的高爾夫球運動員在進行一場比賽，到了最後一洞，兩人的桿數相同，而最後的球洞是在沙坑後方。其中一位選手聚焦在球洞上，在心裡演練揮桿，並且思考要怎麼做才能揮桿進洞，贏得比賽。他把平分的壓力和沙坑全都拋在腦後，提醒自己曾經像這樣揮桿幾十遍了，藉此激勵自己。他聽不到也看不到一旁的觀眾群，重點只有揮桿。至於另一位選手在比賽初期成績領先，現在只想專心避開沙坑。他滿腦子想的都是平手的分數、他是如何失去領先的優勢、眞是不該發生這種事，以及萬一他把球打進了沙坑，他就輸定了。像這樣反覆思考令他分心，他的聚焦從贏球轉移到避免輸球上頭。他無法專心揮桿，因為他察覺到人群的動作和低語。以上兩人就是行動和狀態取向在高爾夫球場上呈現的模樣，不過致勝球員現象，也就是在壓力下表現得最好的人，幾乎在各類型的運動中、談判桌上、法庭裡，以及許多努力的企圖中都會出現。

人格系統交互作用假設目標實施在有自覺的自願層面，以及無自覺的狀態下都會發生。同樣地，影響也是受到有自覺和不自覺的規範。行動取向的識別特點是有能力運用直覺情緒調節，這是一種大部分為自動化的歷程，操作外在意識知覺，並且快速又不費力地發生，和思考及情緒的有自覺運作歷程不同。

簡單來說，假如一個人能在壓力下成功地管理情緒，他就能夠獲得那些直覺程序，包括他個人的情緒喜好、自我呈現，以及個人經歷等。我們舉例的第一位高爾夫選手就是如此，他在壓力下做出了最好的表現。他運用他的內在自我形象，包括他的技巧、高爾夫選手的經歷、自信等，執行揮出的那一桿。換個方式來說，行動取向的人和自我的關係較緊密，並且能夠取得在完全不自覺的層面中，足以激發自我的因素，然後與有自覺的動機結合。

相反地，狀態取向的人會表現出第二位高爾夫球選手的行為。他陷入負面思考，有效地阻絕他取得對自我長處的認知。他從環境中得到暗示，從他的觀點看來，主要是搞砸了領先的地位。這種行為是典型的狀態取向；在壓力之下，他們無法將最佳自我的意象帶到心中，也無法取得那些不自覺及直覺的動機。

在實驗室的背景下評估行動及狀態取向時，提出的問題如下方的敘述，這是由朱立斯‧庫爾（Julius Kuhl）在一九九四年提出的量表。你可以在閱讀後自行回答。

一、當我知道我必須盡快完成某件事，（A）我必須督促自己盡快開始，或是（B）我覺得應該會很容易就做完了。

二、如果我被告知我的工作完全無法令人滿意，（A）我不會讓這件事困擾自己太久，或是（B）我完全無法回應。

三、假如我有很多事要做，而且必須一次完成，（A）我通常不知道從哪裡開始，或是（B）我可以輕鬆做好計畫，再按部就班完成。

第一道問題描述了高要求情境，行動取向的回答是（B）。第二及第三道問題是脅迫情境，而行動取向的答案依序是（A）和（B）。

這些取向顯然是由童年時期的社會化塑造而成，而非基因因素。孩童在嬰兒及兒童時期學習如何自我規範。嬰兒在感覺困擾時會向父母尋求安慰，母親以安全及配合的依附感協助嬰兒前後一致地自我規範。在這種安全及有幫助的環境中，嬰兒最後學會了自我安慰，於是內化了嬰兒從母親身上學到的提示，使用那些由初期母親行爲塑造的相同神經路徑。如此一來，安全依附的個體在自我規範方面變得能夠自主，不過依然需要連結。而在不安全依附下，假如母親的安慰或配合行爲不一致或缺乏，自我規範的歷程將會產生阻礙。

自我規範的發展會延續經過整個嬰兒期，以及早期的童年時期，同時，父母的教養方式也可能會促進或妨礙兒童管理自我情緒的能力。提供關係結構而非控制的環境，以及爲孩子設下堅定界線、同時鼓勵探索的協調教養方式，都會養成具有自我規範能力的人，以及行動取向者。相反地，在威權式的教養方式下，提出高要求、堅持順從父母規矩，並且讓孩子對於自己的不一致或缺乏成就而不滿意自己，這些因素都會造成狀態取向。忽略孩子的環境也會造成相同的結果。專家已經做出推論，父母離婚也可能會導致孩子出現狀態取向。

阿姆斯特丹的研究者主持一項實驗，並將研究結果寫成了一篇巧妙命名的文章〈掌握你的感覺〉（Getting a Grip on Your Feelings），以此來說明行動和狀態取向的人如何因應相同的情境。塡寫完行動或狀態取向及自尊的問卷之後，有半數受試者被要求想出在自己的一生中，某個要求嚴苛的人。除了回想如何與這位難以取悅的人相處的插曲之外，還要想到當時的感受。而爲了讓這些想像畫面更鮮活，受試者也要說出這個人的姓名縮寫，並且寫下一些他們的經歷。至於另外一半的受試者也被要求進行了相同練習，不過他們要回想的是一位接受度高的人。接著所有的受試者都觀賞交替螢幕顯示的系統化臉部表情（快樂、悲傷、無表情），並且測試他們能多快辨識出顯示差異的臉部，也就是在一堆生氣的表情中有一張開心的臉，或者是一張生氣的臉混在一大堆開心的臉之間。最後所有的受試者都要辨識或不辨識（「我」或「非我」）一系列相關特質的字，字義平均劃分爲正向（有創意、可信賴等）與負面（安靜、衝動等）兩方面。

試想一段要求嚴苛的關係，會導致行動取向的人能夠更快從開心的臉之中，挑出那張生氣的臉；研究者斷定，這是因爲這些人有能力在缺乏自覺的歷程中，依直覺去自我規範他們的情緒；此外，想像一段要求嚴苛的關係中的細節，並不會影響行動取向者的心情，或是他們對負面特性的自我規範。相反地，狀態取向的受試者在回想要求嚴苛的關係，試圖從生氣的臉之間挑出開心的臉時，速度相當慢，不過他們能很快地辨識自身的負面特性。這項研究結果反映出型態取向的人習慣於內化其他人的負面期待。這點也受到其他觀察的支持。而在想像一段接受度高的關係時，型態取向的人會提出更正面的影響，並且辨識出更多自身的正向特性。相反地，行動取向者的心情不受接受度高的關係影響。

萬一你發現自己擁有型態取向清單上的特徵，別感到絕望。這些人在壓力下無法做出回應，不過在較友善的環境中很正常，所以別擔心。事實上，儘管在有技巧地放棄方面，他們可能比較處於弱勢，但是他們的取向會讓他們在其他的環境中處於優勢。

其實狀態取向的人常常會表現得比行動取向者更好。他們對壓力產生猶豫的回應有時也不算一件壞事，尤其在可能過早採取行動時。他們靜以待變的舉止有時候反而有加分作用（別忘了，行動取向的人在面對重大決定時，可能也會花較多的時間考慮）。此外，狀態取向的人會從他人身上得到支持，通常比行動取向的人更能享受較親密的關係。他們所缺乏自我規範的技能，可以藉由他人的支持而加強。

因爲狀態取向的人依賴外在提示（而非自我的內在呈現），他們很擅長接受指導，並且相對較能容忍挫折。他們在需要專注的任務上加倍努力，花的時間也更長，不過並不是特別有創意或有趣。他們在這類任務上的表現，以及需要自律的目標上，比行動取向的人要來得出色。但也很不幸地，就是因爲他們仰賴外在提示，他們通常很容易受到自我滲透效應的影響；他們會把外來目標當作自我的選擇，即使它不符合個人所需或偏好，也就是自我的內在形象。

我們都受到環境中的促發因子影響，那些和心理自動化歷程互動的外在提示。我們也會接受一些目標和策略，雖然我們以爲是有自覺選取，不過其實是在缺乏自覺意識下，受到外在的提示而做出選擇。因爲狀態取向的人對提示深具敏感度，對此山德・庫爾（Sander L. Koole）及大衛・法肯伯格（David A. Fockenberg）於是進行一系列的實驗，檢視這類型的人是否比行動取向的一方，更容易受到負面促發因子的影響。受試者經過詳細記錄以決定取向，並且執行一項限時的任務之後，他們必須把字彙分類爲正向及負面。這些字彙出現在電腦螢幕之前，會有一個促發字彙（既非正向也非負面）先在螢幕上閃現。假如這些促發字彙和目標字彙的分類一致，受試者在進行分類時，通常會較快而且較準確。結果也正如研究者所假設，狀態取向受試者的表現較容易受負面促發的影響，這就是他們對外在提示的一般依賴發揮作用。

不過第三項實驗才是眞正描繪出，狀態取向在眞實生活中能如何得到支持。一半的受試者必須回想生活中某段要求嚴苛的時期，另一半則是回想生活中輕鬆愜意的時期。他們接受另一項情感促發測試，這次的測試中有數量相等的正向和負面目標字彙，以及促發字。不出所料，負面促發導致行動取向者翻轉促發效應，運用他們的能力來推翻及規範來自環境的負面提示。不過，重要的部分來了，在想像生活中一段毫無壓力又輕鬆愜意的時光之後，狀態取向的人受到負面促發因子的影響，居然比行動取向的一方更少。這種結論除了強調出狀態取向的人對於情境有多敏感，以及情境對他們的感覺和行動的影響有多大之外，同時也顯示出他們能在面臨壓力時，幫助自己改變焦點。有自覺地改變情境，例如在面對壓力時想像輕鬆快樂的時刻，或是在需要規範負面情緒時尋求支持等，也許就是狀態取向的人在推翻他們的潛在不足時，唯一需要的技能了。

談到掌握思想和感覺，也就是有技巧放棄的第一步。狀態取向的人和行動取向者相較之下處於劣勢，所以假如你自認是行動取向者，那先恭喜你，你略勝一籌。萬一你不是的話，那就繼續看下去，我們會告訴你該如何有效管理那些討人厭的情緒和思想，學習如何設定自己的最後期限和計畫，並且更仔細地傾聽你內在的聲音。

第五章　管理想法與情緒

莉莎貝絲的職場生涯十分漫長，其中充滿各種轉折，而且與眾不同。她今年六十二歲，曾經擔任緊急救護技術員、心肺復甦術急救員、專業飛盤選手、全人健康中心經營者、教師，現在是農人、作家，以及養蜂人。她在這些方面的努力都很成功，因此她的前進模式很少遭遇失敗。她一直都有一種準確無誤的感覺，告訴她何時該放棄、繼續往前進。而她把這種特質歸功在父母身上，尤其是父親，她說：「他教導我，獨立思考和具有創業精神是很重要的。這讓我有能力去判斷自己是否享受工作，以及它對我而言是否已不再重要了。我一直覺得自己可以自由地去做其他事，而不會被逼著繼續做我不再喜歡，或是我認為不值得花時間和精神去做的事。」莉莎貝絲身為家中四個小孩的老大，童年充滿了溫暖與支持。她感受到來自父母及祖父母的溫暖與關愛，以及他們帶給她的不同力量。她的父親個性務實、腳踏實地、白手起家，母親教她要相信自己的直覺，而祖母是她的啦啦隊。當然她的青少年時期一路走來也有煩惱，不過她一直相信自己和自己的直覺。

莉莎貝絲的故事說明了她的目標都是發自內在，也就是由內而外，而不是來自外在的來源；而這些目標都是較重大又高遠的目標，比較像是一種生活哲學：「我的觀念是我要活到老，學到老。要在生活中實踐這種概念，就是要踏入新的情境，依照自己的需求待在這個情境裡，然後再繼續往前。」她認為放棄是生活中的必要技能：「每次我放棄某件事，就等於是開啓了另一扇門。我每次踏入了接下來的情境，都是朝我個人成長跨出了更好的一步。我很喜歡自己在生命中的成長，我把知道何時該離開一個不再適合我的情境，視為教育的一部分。我認為放棄需要勇氣，往前跨出一步不如想像中簡單。我喜歡考驗自己，走向追求幸福的另一個方向。」

不過，有時當她決定放棄某一項努力，接下來的發展也並不是那麼顯而易見。「我並不是毫無畏懼，我只是在決定下一步該如何的時候，盡量遠離恐懼和懷疑。我希望這不會演變成傲慢或自私。我喜歡自己擁有的身體和腦袋，並且看自己如何以自信的態度，結合這些部分度過人生。」但是這不代表莉莎貝絲從不會反芻。「我對如何做決定及採取行動，通常有種直覺。假如這個決定需要考慮更多層面，我會慢慢來，仔細想清楚。」

她承認多變化的生活比較輕鬆，因爲她直到四十歲才步入婚姻，她失去一個孩子，而後來再度懷孕讓她發揮了無比的母愛。不過她卻說：「假如我有更多的個人責任感，我會希望當自己知道改變是個好主意時，就有勇氣這麼做。」然而她依然把嫁給她先生當成是一生中最重要的決定。「因爲我轉換得很輕鬆，許下一個下半輩子都要遵守的承諾是如此光明又美好。」她和她的先生在過去十年來，共同經營了一家生機農場。

不過，她重新建構能量的能力不應該和缺乏堅持混爲一談。因爲正如她的看法：「假如你因爲無力讓某件事達到有成效的結果而放棄，這是一種懦弱。」她寫了一封電子郵件，在此和大家分享：「放棄的替代方案是堅持駕馭目標，直到獲得有成效的結果。堅守原有的目標，直到一、你抵達了終點；二、目標已經不正確了；或是三、你發現自己找到了更好的新目標。在這些方案中，三項裡面有兩項都是和放棄原有目標有關。但我的清單上不會有四、因爲這樣太困難了；或是五、因爲路上的障礙太多了，這樣的選項。」

莉莎貝絲的安全依附史，以及她管理自我情緒及信任自己的直覺部分，包含了許多與放棄的內在天賦有關的特質。她很幸運，不僅是因爲在成長過程中培養了這些能力，還有她的自主權，讓她有能力爲自己訂定目標，而且必要的話，也有能力脫離。那些目標都是出自內在，反映出她的目前及長期需求；當目標已經不符需求，她也能夠放棄。她也有能力自我安慰及管理感覺，尤其是在令人焦慮的轉換期，有時候感覺就像是自由落體。

不過放棄是可以學習的，技巧也能大大提升，接下來將會說明。

情緒智能和自我知識

這些技能，尤其是在自我調整的部分，對於有技巧的放棄和有技巧的設定目標都很重要；心理學家約翰・梅耶（John Mayer）及彼得・薩洛威（Peter Salovey）提供了另一種看待這些技能的方式，把它們稱爲「情緒智商」（emotional intelligence）。這個理論的早期版本中有一部分成爲丹尼爾・寇曼（Daniel Coleman）廣受歡迎又影響深鉅的同名著作的基礎，不過這兩位心理學家已經公開否認書中的概括表達方式，以及歸納性說法。而因爲本書是在探討放棄及放棄所需的特定技能，所以爲了保持簡單，我們只討論他們對情緒智能的定義：「理解情緒的能力，接近並產生情緒以協助思考，了解情緒及情緒知識，以及在思考之下調整情緒，以便促進智能思考。」梅耶及薩洛威總結他們的敘述：「這個定義結合了情緒使思考更聰明，以及以智慧思考情緒的概念。」

擁有情緒智能不僅能幫助你管理情緒，也能讓你有自覺地調整情緒，增進你的思考能力，並且預測什麼能讓你更快樂；因爲如我們所見，有些人不太擅長做到這點。培養情緒智能，不但能協助你處理評估目標及抱負時引起的情緒及感情，還有在你放棄自認想要的目標之後所引發的情緒餘波。

我們先來簡單地思考一下，孩童如何學習管理情緒，尤其是負面的情感。會這樣說的原因是，因爲這一切都是在童年早期發生。我們要提出的案例是來自丹尼爾・塞吉爾（Daniel J. Siegel, M.D.）及瑪莉・哈特賽爾（Mary Hartzell, M.Ed.）的著作，《由內而外的教養方式》（暫譯，*Parenting from the Inside Out*）。假如你是爲人父母，這個情節應該很熟悉；但如果你不是的話應該也能夠理解，因爲你也當過小孩。在一段名爲〈加速器和煞車〉（**The Accelerator and the Brakes**）的章節，塞吉爾和哈特賽爾運用汽車的隱喻，說明腦部的前額葉皮質如何透過經驗而塑造成形。在這個隱喻中，父母的「可以」是加速器，「不行」是煞車，孩童發展情緒調整的能力是離合器。請想像一個小孩，充滿活力，年紀大到足以說出自己想要什麼，並且採取行動。

父母的「可以」之中的正向情感傳達熱忱，讓孩子得以確認刺激及自我感，並且許可孩子去進行探索。另一方面來說「不行」這個詞彙則是煞車器，帶來實質的掃興感覺，孩童會感到傷心及受挫。「可以」引發正向情緒，「不行」帶來負面情緒。觀念上，父母會說不行，是因爲孩子想做的事很危險、不健康或者不適當。在完美的世界中，通情達理的父母會引導孩子遠離超出限制的活動（攀爬書架、對手足扔積木等），說明原因，並且辨識出孩童需要消耗體力去做一些事，於是重新引導孩子去做其他更適合的活動（例如到戶外打球），而在這樣的情節中，孩童學會如何使用本身的情緒離合器。

不過這不是唯一的情節。世上還有其他的父母親，他們說不行，只是因爲他們可以這麼做，爲了控制而控制，並且讓孩子爲了自己的情緒反應感到羞愧，無論是淚水或怒氣，這等於是在教導孩子這類的情緒不值得尊重，或者這是一種可恥的回應（想像一下，從孩子的觀點來看，當父母說：「你這麼愛哭的話，我就讓你哭個夠。」對孩子會造成什麼樣的衝擊）。塞吉爾和哈特賽爾描述，當孩子正在哭泣，但是卻遇上父母因爲孩子受挫落淚而大發雷霆，這就像是「一種有毒的情境，如同開車時同時踩著加速器和煞車」。相同地，那些從不對孩子設限的父母，在某種程度來說是忽略了孩子，或是總是對孩子說可以的父母，一樣不曾去教導孩子調整情緒。

最後的結果是，在情緒智能的競賽場上，不是每個人的起跑點都一樣。我們有些人會從家庭背景中得到比其他人更多的情緒智能，而其他人無論在兒童時期或成年之後，這方面都會相對的比較缺乏。然而精確地了解那些技能構成情緒智商，可以協助精準找出我們的強項和弱點。

情緒智能的第一個及最底層的分支，是從嬰兒辨識正向和負面情緒的能力開始，包括：

- **辨識自己的情緒**
- **辨識他人的情緒**
- **精準表達情緒和需求的能力**
- **辨識誠實與不誠實、精準與不精準表達情緒的能力**

這部分的理論相當直截了當，而這些能力發展的程度顯然反映在我們的各種關係上，無論是在家、在工作，甚至是整個世界而言。我們在社會背景下設定的每個目標，都會受到我們擁有多少這類技能，以及我們能多純熟掌控這類技能的影響。

情緒智能的第二個分支包括運用情緒告知思考及行動的能力：

- **運用情緒優先處理思考**
- **運用情緒協助處理判斷、評估及記憶**
- **理解並管理情緒起伏（樂觀及悲觀）以培養多重觀點**
- **運用情緒狀態刺激新方式以解決問題**

這一組能力的好壞，將直接影響到我們能多精準預測自己在未來某些情境中的感覺。能夠運用這些情緒去告知自己思考未來的事件，在我們決定追求某個目標，或是放棄目標時，將會有莫大助益。別忘了，根據丹尼爾‧吉伯特等人的研究報告，在諸多原因影響之下，預測並非人類的強項。我們的情緒智能愈高，所做的選擇就愈能反映出我們眞正想要的事物。了解我們的情緒，並且把它視爲是思考的一部分，而不是和它對立，這樣也能和過度樂觀及先前提過的一些成見相抗衡。同樣地，清楚負面情緒（比方說，辨識出那是來自外在的提示）讓我們能夠後退一步，以不同的方式考慮我們的選擇。了解我們的感受和思考之間的連結，對於設定目標的各方面及有技巧的放棄，都會大有助益。

情緒智能的第三個分支更加微妙，並且暗示情緒在我們有自覺及無自覺的決定歷程中，扮演的複雜角色，無論是決定設定目標、堅持追求或者是放棄。這些理解的歷程及分析情緒依序產生了情緒知識，包括事件、情境，以及我們生活中的人等。以下這些能力是從最簡單到最複雜的順序排列：

- **描述情緒，並且辨識文字和情感之間的關係的能力**
- **理解情緒的能力**
- **理解複雜或混合情緒的能力**
- **辨識情緒之間可能轉變的能力**

這部分的理論說明的是，情緒知識仰賴我們明確知道自己眞正感覺的能力。有時我們可以輕鬆地描述一種情緒，因爲情境相較之下很簡單，起因及情緒效應很容易看出來。舉例來說，朋友搬家了或是家裡的貓咪死了，我們很難過；我們害怕自己會錯過最後期限，因爲進度落後很多；我們很生氣，因爲努力了幾個月的案子沒談成，而錯不在我們身上。

不過有時候要精確地辨識出感受並不簡單。例如，遭到解雇一開始可能會引發怒氣，接著是感到羞愧、難堪或難過；和另一半吵架可能會讓我們感到憤怒或沮喪，不過同時我們也會覺得愧疚或悲傷。有時候，我們可能會同時受到不同的情緒衝擊，這時我們就更難分辨出眞正的感受和原因。這種情緒混淆會讓我們不確定自己該如何因應。

情緒知識的理論主張，描述及明白自己的感受是一種技能，並且不見得是每個人與生俱來的能力。麗莎・費德曼・巴瑞特（Lisa Feldman Barrett）等人的研究提出假設，能夠詳細分辨情緒差異的個體，比那些以比較基本的方式去思考情緒經驗的人，更有能力管理負面的情緒。如同研究者指出，有些人面對情緒時，是「以單一的不愉快／愉快方面」去思考；其他人會分辨出更細微的情緒差異。辨識出情緒並且正確地說明（例如，分辨難堪和羞愧的差異，並且知道每種情緒的感受），這就是情緒智能的重點，劃分出能夠更細微了解自身感受的人，以及那些無法做到這點的人。研究者提出假設，能夠細微區分自身感受的人，事實上更有能力管理負面情緒，也能想出特定對策來處理特定的感受。

參加巴瑞特等人研究的受試者每天寫日記，記下過去兩週以來最強烈的正面及負面情緒經歷，並且說明他們管理負面情緒的方式。研究假設得到證實：比較了解自身感受的個體，能夠以技巧和效率來管理負面情緒。就如同我們先前一再提及，這部分的情緒智能對目標脫離有絕大的好處。管理負面情緒（與壓抑負面情緒相比）是有技巧的放棄中，最關鍵的一部分。

情緒智能的最後的一個分支，也就是管理情緒的能力，以及將它應用在情緒和智能的成長上，這些也是有技巧的放棄的中心點：

●對不愉快和愉快的感受都保持開放態度的能力

- 判斷某種情緒是否有用處而決定投入或脫離的能力
- 監控與自身及他人相關的情緒之能力
- 緩和正面及負面的情緒，而不會壓抑或誇大這些情緒傳遞的訊息之能力

這個理論裡的智慧在這部分即表露無遺。最後的分支是關於運用情緒及情緒理解，告知你對自我的認識、你的決定，以及你在何處找到自己。對情緒保持開放態度是這個歷程的關鍵，即便它可能不必然是愉快或無痛的情緒，還有就是掌握放棄的技巧。這個情緒智能的分支包括思考你的想法、思考你的感受，並且也如同我們在這章提到的，它是放棄的才能所不可或缺的一部分。既然目標脫離是關於脫離你的思考和感受，你能以多少智能來承擔這個過程，就成了一大加分的要素了。它有個華麗的名稱叫做「後設認知」（metacognition），不過這一切都要歸結到你在這個歷程的任何一個時刻，都有能力明白你的感受和想法。我們在本書稍後會探討，如何支持你擁有的任何一種程度的情緒智能。

棉花糖和你

學習管理情緒和規範衝動的能力（或者以另一種方式來說，為了另一個目標而延遲立即滿足），兩者之間息息相關，這便是本段標題中的「棉花糖」由來。

一九六〇年代有一場著名的實驗，心理學家華特・米契爾（Walter Mischel）等人找來一大群四歲的小朋友（他們都是史丹佛大學教職員、畢業生及員工等的子女），進行實驗。

這些小朋友被帶到一個房間裡，研究者告訴小朋友要乖乖坐在桌旁，並在他們的面前放了一個盤子，上頭有一顆棉花糖。他們可以吃掉棉花糖，不過假如他們能忍住不吃，等到研究者離開後再進來，他們就能得到第二顆棉花糖；而若假如他們決定要馬上吃掉棉花糖，就要搖鈴。接著研究者會離開十五分鐘，不過這短短的十五分鐘對於四歲小孩來說簡直像是一世紀之久，尤其他們的面前還擺了美味的零食。

這場實驗有一些錄影片段，看這些小孩如何掙扎做選擇，令人覺得又好笑又不忍心。他們之中有很多人直接伸手去拿，立即獲取可能的獎勵，甚至在研究者還沒走出門之前，就把糖扔進了嘴裡。還有些孩子則是坐立難安，渴望地撫摸棉花糖，舔著它的邊緣，他們的小臉蛋皺成一團，極力忍耐，不過最後仍向誘惑投降。結果大約只有百分之三十的孩子忍住了；他們撥弄頭髮或衣服，把頭靠在桌面上，或是拿手遮住了臉，很努力要讓自己分心；直到門再次打開，研究員進來，他們就得到了第二顆棉花糖。

這場實驗能晉升到心理學名人堂的原因是，米契爾等人繼續記錄這群四歲的小孩許多年，直到他們成年爲止。透過父母的報告、學術評估測驗成績、心理側寫以及其他證據，研究者發現拒絕棉花糖誘惑並延遲滿足的那一小群人，最後發展出的技能範圍和立刻吃掉棉花糖的一方很不一樣。結果顯示，在學齡前就能做到延遲滿足的小孩，等到成年之後遇上挫折時，會顯示出自我控制的能力，同時也比較聰明，專注力較高，嘗試專注時較不容易分心，並且也比較不容易屈服在衝動之下。他們會做規畫，能夠提早思考、專心、因應及運用理性，和那些無法延遲滿足的小孩不同。研究者做出的結論是：「學齡前的延遲行爲和成年後的能力之間的關聯，可能有部分反映在『認知建構能力』上。以這個觀點來看，構成學齡前有效自願延遲的特質，可能是廣泛結構的社會智能行爲中非常重要的一個因素；這些智能行爲包括與社會相關的部分，以及智能知識、因應方式，以及解決問題的能力。」

所以，你可以問你們家四歲的小孩這個問題（假如你們家有四歲的小孩的話）：你會直接吃掉棉花糖，還是會等待？或者你可以問成年的自己，當你面對「棉花糖」挑戰時，你會怎麼做（你也可以把它換成你想要的糖果）。你是會等待報酬，或者是直接享用的類型呢？

開列清單

花點時間回答以下的問題。我們認爲思考答案的過程，能讓你更了解自己在放棄方面的技能。

- 我通常聚焦在長期目標，或者是當我感到沮喪時，我會抓住短期的解決方案？
- 情況不順利時，我會如何反應？處理自己的情緒是容易或困難的事？
- 開始行動對我來說很簡單或很困難？
- 我有多擅長分辨自己的想法是否受到情感影響？在生活中，我的正向或負面的反應較多？
- 我有多常懷疑自己的決定？
- 承受壓力時，我會尋求支持，或是單獨面對？

- 我有多擅長判讀情勢或其他人的感受？我有多擅長了解自己在事發當下的感覺？

培養你的放棄傾向

有技巧地放棄有其應用方式，而不只是有能力將自己從情境中或已經失去效用的努力中抽離。這樣說來似乎違反直覺，不過要在遭到開除或解雇，或者是離開一段感情關係之後能夠做到放棄，一樣很重要，以下的故事會說明這種情境。

許多年前，傑克曾遭到開除；當時他才三十出頭，已婚，但是還沒有小孩。他憶及當時他有多憤怒，因爲主管告訴他，他必須去爭取公關方面的職務晉升，顯示他對公司效力的忠誠，讓他成爲有企圖心的一份子。事實上，他很愛自己在公司的職務及每天的例行公事，不過他卻直接被告知，想在公司待下去的話，就得表現眞正的野心給老闆看。因此他照辦了，但不到一年內，他卻遭到公司開除。經過了這些年，當他在敘述這個故事時，依然面帶慍色。

不過因爲他在那家公司待了六年，所以憑藉他的銷售能力之後還是獲得了另一份職務。傑克是家中五個小孩的老大，下面還有三個弟弟；這個家向來具有運動員的精神，堅持是他們的座右銘。他在接下來的這份工作待了十七年，這在現代的美國文化看來，似乎是回到了另一個世代。在這段過程中不時會有跡象出現，傑克可以做些改變，例如生意不再以他剛開始入行時的速度成長，以及有新的競爭對手和管理團隊出現，不過傑克仍覺得自己沒理由擔心。他知道自己很擅長現在做的事，而且他的天性不喜歡重大變化，於是停在原地不動。然後有更年輕的人，薪資想必比傑克少很多，進入這個部門當主管。六個月後，在毫無預警之下，傑克先被請出了辦公室，然後出了這棟大樓，離開那扇他十七年來每天早上進入、傍晚走出的大門。

傑克的心中毫無疑問，他遭到解雇是因爲他的年紀大、薪資高。他認眞考慮提出訴訟，不過當別人告訴他，這類訴訟可能要花兩到三年的時間才上得了法庭，他又感到遲疑。他既生氣又忿恨，不斷回想他遭受了什麼樣的對待，提出訴訟顯得適當又公平。不過和家人朋友商討之後，他明白提出訴訟只會讓他深陷目前的境況，讓開除這件事成爲他的人生重心。他眞的想要過這種生活嗎？他從未放棄過生命中任何重要的事，不過現在，他很顯然需要「放棄」發生在他身上的事。

就某種意義而言，傑克很幸運，他說：「我不想要反芻，因此我一發現自己必須將這一切拋在腦後時，就開始做其他的規畫。我不是很清楚自己的下一步要怎麼走，不過只是走出這種境況，去找人談其他的可能性，這樣就足以使我繼續前進了。我沒有把這次的經驗當作是放棄，不過就眞實的意義來說，這的確是放棄。我能找回生活的唯一方式，就是離開我這些年來的環境；不是因爲他們把我踢出來，而是我決定把這一切拋在腦後。這聽起來像是打心理戰，不過其實不然。」他停頓了一下之後又說：「也許我對自我的評價向來過高，可能是由於優秀的學歷，以及過去幾份出色的工作帶給我的自信。因爲當一個人開除我，在那個當下我會覺得這是他的損失，公司懷念我會多過我懷念這家公司，我會找到一個比這裡更好的地方。」

他所談論的當然是情感與認知脫離。他決定不要提出訴訟，並且認清這麼做會讓他陷溺在那個情境中；這和許多離婚的案例正好相反，離婚訴訟很可能讓人年復一年地陷入某個停滯不前的模式中，因爲他們相信應該要堅持下去，而且他們要「贏」。

德莉亞也同樣面臨一個決定，而且對她來說更難以取決。她是四個孩子的母親，而且曾經很幸運地維持遠距工作將近二十年，基本上就是在家中的廚房上班，爲一家販售有機嬰兒用品的郵購公司服務。開設這家公司是某位朋友的主意，德莉亞起初是不支薪的志工，不過她全心投入這項職務，不久後便成爲領取時薪的員工。之後隨著公司逐漸成長，德莉亞也愈發投入。然而經過一段時間之後，德莉亞爲公司的付出及她所得到的報酬之間的落差，不斷困擾著她。問題是她無法捍衛自己的權利，並且十分矛盾是否該提出要求，她說：「我不知道要如何讓自己得到平衡。我熱愛我的工作、人群，以及目標，基本上我愛這份工作的一切；不過我同時也感到自己吃虧了。我不知道要如何要求公平待遇，或者如何說不。我面對大部分的事情都是採用忠誠及堅持的態度，繼續投入，而不是抽身設定界線。我不知該如何是好。」想當然耳，她和友人及公司老闆的關係會變得愈來愈緊繃。

後來的狀況是，在這種懸而未決的衝突壓力下，德莉亞生病了。許多研究顯示，因爲擔心或壓力大到生病，已經不再只是一種比喻說法，而是發生在眞實層面的事。最後德莉亞離職了，不過是在她的醫生堅持下才這麼做。她仍然想要理出頭緒，找出這段經歷中得到和失去些什麼，不過她現在也明白自己在未來一定要學會放棄的技能。

即使在不是由你造成的環境或境況下，也可以做到放棄，這其實是拿回生活主導權的方式之一。

假動作的反芻

而接下來莉塔的故事也讓我們更加了解，爲什麼有時候很難放棄。她說明：「我和一位老朋友一起設立一個非營利機構。一開始很刺激，腦力激盪、想出使命宣言、爲組織及它的功能做規畫、奠定基礎、進行公關，並且廣爲宣傳等。我覺得非常開心，因爲過去二十年來在企業工作時培養及鍛鍊的技能，終於可以派上用場，而且是爲了更遠大的目標，而不是銷售成績。不過三年後，我明白自己也成了某種的非營利乞丐，向那些應該要支持我們但實際上卻不想給我們什麼的企業，乞求金錢贊助。」

她描述她的職場生涯如何惡化。「我的朋友是我的老闆，她當然會感到難過又沮喪，不過她確信只要我再努力一些，就能達成目標。她把我逼得更緊，而且不聽我出去開會回來的報告，當我在外面努力打拚又陪笑臉，對方也笑容滿面、滿口承諾，不過卻沒有開出支票時，她把這些責任都歸在我頭上。」

莉塔想離職，不過她很猶豫：「堅持到底是我向來的作風，我覺得自己應該爲了這個組織和老闆繼續努力。不過每次一想到放棄，我就擔心不已。我的腦海裡浮現的都是那些離職後找不到新工作的故事，更可怕的是離職數年後都還在尋尋覓覓。我計算少了我的收入，家裡的財務狀況會如何之後，便緊急踩下煞車。我無法阻止自己不斷想起最糟的情節，即使到了晚上也是如此。我陷入了動彈不得的困境。」

然而，反省生活中發生的事，無論是挫折、障礙或徹底失敗，以及反芻這些事，這兩者之間有所差異。反芻是被動的，打造出一種封閉的環境，充滿負面的影像、感覺以及思緒，有效地阻止你重新建構你的願景、想出解決方式，以及採取行動等。這是心理的密閉空間，沒有門窗。我們大多數人都會發現自己偶爾會陷入這種時刻，陷在靈魂的暗夜之中；對有些人來說，這是一種慣性的問題。

研究顯示女人比男人更容易反芻，雖然原因仍不是很清楚。心理學家蘇珊•諾倫•霍克斯瑪（Susan Nolen-Hoeksema）等人主張，女性傾向反芻可能是由於生活中的壓力比男性大（教養的壓力、多重角色的負擔等），或者也可能是反映出女性社會化的過程。研究顯示，母親會在男嬰的襁褓時期，教導他們要控制及壓抑情緒，部分是因爲他們通常比女嬰吵鬧一些。文化規範要求男性不得表現出負面情感，特別是流淚，因爲這是懦弱的象徵；這點毫無疑問地也扮演了重要的角色。此外，母親和女兒談論到一般的情緒，尤其是悲傷方面，也比她們和兒子談到這部分的時間點來得早，頻率也較高。

諾倫•霍克斯瑪及貝妮塔•傑克森（Benita Jackson）進行一系列的研究，調查爲何女性比男性更容易反芻，結果發現了幾項因素。首先，和男性相較之下，女性傾向於相信負面情緒（恐懼、悲傷、憤怒）較難掌控，而這種信念導致她們在掌控那些情緒上，出現更多的問題。這種信念也可能造成了文化上普遍相信，女性天生比男性更情緒化。其次，女性受到社會化的影響，自認對情感關係中的情緒走向有責任；研究者假設，這「可能使得女性警覺地將自身的情緒狀態當成是感情關係的晴雨表，增加她們反芻的機會」。最後，女性在生活中的重大議題上，掌控能力不及男性的文化信念，可能也有助於增加反芻的狀況。無論眞正的構成原因爲何，女性應該要特別注意，反芻在她們的生活中扮演什麼角色，以及它會如何影響到她們有技巧地放棄的能力。

你需要的是在反芻時打開門窗，假如你陷入某種模式之中，取得支持能讓境況大不相同。找一些你信任對方判斷的朋友，和他們談談你身處的境況，聆聽他們對於你的境況的看法，並且設法重新引導你的想法。當然了，一位好的心理治療師也能幫助你擺脫反芻的困境。把重點放在以新的想法打破反芻的範疇，而不只是分散注意力。別忘了，告訴自己別擔心，基本上等於是邀請這些擔憂繼續逗留的策略。有自覺地聚焦在正面提示上，推動自己採取行動，哪怕只是列出清單，寫下你打算如何讓自己跨出反芻的範疇都行。實驗的結果清楚顯示，想像生活中發生過的快樂與無壓力事件，也能幫助你應付反芻的危機。

對於自己如何堆積負面情緒要有自覺，同時列出一張擔憂的清單。把清單整理分類：哪些可能會發生，哪些不會？對付重複及侵入性思考的策略之一是正面迎敵；面對恐懼是削弱恐懼的方式之一。在你不斷想像中的最糟情節裡，想想看你會怎麼做。萬一你無法改善境況，兩人的關係就到此結束了？萬一你必須承認，你努力進行的企畫案很有可能會失敗呢？或者你根本不是推動這項企畫案的正確人選？

莉塔回答了最後一個問題：「我是推動這件事的人選嗎？」之後，她得到了她所謂的放棄許可：「我明白我讓自己承擔起工作上一切大小事情的責任，不過當我認眞檢視我的工作內容如何轉變，我只不過是個募款者，我明白這份工作根本不適合我。這個職務讓我感到不自在，而且外人可能也看得出來。一旦明白了這點，我就停止懊悔，列出生活清單以及我自己想要些什麼。我該怎麼做，其實很清楚，我放棄了。」

追逐白熊：打敗你的弱點

丹尼爾・威格納，發現白熊在我們的思維中如何作祟的研究者，提出要如何應付白熊的建議，文章名稱叫做〈釋放白熊〉（Setting Free the Bears）。文中大多數的建議都十分實際，值得追求；不過他自己也隨即承認，這些建議都沒有經過科學證實。首先他提出，你要知道壓力及過度負擔會減少自我控制的能力，因此無論你做什麼來減輕心理負擔，結果都會有幫助。要讓自己清楚知道，你正在同時應付的多重記憶任務，釋放壓力以便做出更快的回應。你也可以運用狀態取向的人所使用的技巧，想像生命中一段放鬆或快樂的時光。威格納提及有自覺地為自己規畫一段擔心時間，這種特定的時段稱為「思維延緩」（thought postponement），對某些人來說也能發揮作用。

這麼做雖然可能有違直覺，不過邀請白熊前來可能是最佳的策略。刻意引發這種思維是揭發它的方式之一。你可以大聲說出來，或只是在心裡想著。

嘗試冥想或其他反覆灌輸正念的練習。這原是佛教的方式，將心思刻意引導至目前的時刻，一種「當下」的體認，讓占據心中重要位置的翻騰思緒或擔憂能夠沉澱下來。許多能啓發正念的課程可能包含了各種不同的元素，其中包括呼吸技巧、瑜伽，以及其他的練習，不過最終的目標殊途同歸。

學習曲線

根據吉兒的說法，她花了十三年的時間才放棄從事法律的工作。她和許多年輕人一樣，大學畢業後，對未來的職涯道路感到不確定。即使她讀的是科學相關學位，但卻知道自己並不想讀醫學院或取得博士學位，教職似乎吸引著她，可是她需要償還學貸，因此認爲選擇教職這條路會造成經濟上的困難。最後在別無選擇的情況下，她去讀了法學院；然而她現在終於明白了一點：「其實我對法律或是當律師，沒有太多的熱情。」

不過她其實很擅長法律相關的事。她在法學院的表現優異，畢業後加入一家事務所，負責訴訟案件。她喜歡工作的同事，大家也都喜歡她，問題是她討厭這份工作的敵對本質。「我知道這聽起來很瘋狂，不過這是我能挑選的最糟的職業，因爲我討厭爭執。我從一開始就明白這點。不過我投注了這麼多時間成爲律師，然後又在這裡工作，我想都不敢想要放棄。此外，我想不到有其他的選擇，所以就繼續做下去了。」

五年後，她跳槽到另一家薪資更高的大型事務所。而在她第一次休產假時，很認眞地考慮要放棄這份職業，不過她在家人和朋友之間尋求不到支持。她的收入高，工作地位也高，大家的共同想法是她應該自認很幸運，於是她便將這個想法束之高閣。日子一天天過去，情況並未好轉。只要她一開始考慮轉換跑道，尋找她的熱情所在，便會遭遇到嚴重的阻力，即使她的丈夫也認爲放棄的想法不合理。假如她能撐到成爲合夥人，她就能減少出差，縮短工時，花更多時間在家裡。再說，假如她再投入十年的時間，她就能有足夠的錢，想要的話甚至還可以選擇退休。

吉兒輕聲地說：「你必須明白，我討厭上班的時間，討厭離開家裡。就如同某些婦女的想法一樣，我想離職並不是爲了回家當全職主婦，事實上我的孩子過得開心又健康，我不在家時，我的丈夫會照顧他們，而我的薪水讓家人過得很舒服。我覺得困難的部分在於，想要放棄的原因是爲了我自己，我的需求，而這點讓我覺得自己很自私。我工作得愈久，就愈覺得自己對每個人都有義務，包括我的丈夫、孩子、父母等，所以我又繼續堅持下去。但是我同時討厭這個工作，因此我把焦點放在成爲合夥人，當作階段性目標，希望這就像其他的事一樣，有一天我的感受會有所改變。」

這些年來，吉兒因爲憂鬱的緣故接受治療，有時需服藥控制。她說：「很不幸地，這不是化學不平衡的緣故。我只是討厭我的工作，以及它讓我感到不自在，就算我的事業其實很成功。」最後，吉兒終於當上了合夥人，並且即使她的收入大幅增加，但一切依然如故。後來管理階層對合夥人提出一項建議，他們可以選擇兼職上班。吉兒立刻抓住這個機會，不過卻遭到嚴重的反對意見。她說：「他們取消提議，彷彿是我跨越了某條界線似的。基本上他們告訴我，我的工作部分必須依照原有的方式進行。」

這一刻迫使吉兒認清，她只有兩條路好走：留下或離開。她決定提出辭呈，整整提前一年，讓她能完成對客戶及同事該盡的所有義務和責任，而這個舉動已經讓她感覺好過多了。事務所很感激她處理這件事的方式，而且給予她豐厚的回報。

她說：「在這個漫長的放棄過程中，我感覺我更了解自己。我終於可以逼迫自己去找出眞正想要什麼，而不是繼續走一條我不想要的道路。」即使她當時沒有備用計畫，因此她給了自己一年的時間去探索。她決定要嘗試教育事業，這是她很久以前就想做的事，不過卻因爲在當時來說不實際而拒絕了。但是現在，她有多年累積的存款做後盾，教書似乎變得有可能，她開始有系統地探索這方面。她到學校當志工，看別人上課，然後代課教學。她確認這是她要走的道路之後，於是回到學校去拿教育碩士的學位。

吉兒現在樂在工作中，她教科學，而且喜歡成爲團體中的一份子，指導年輕人，感覺自己是這個大家庭的一部分，爲更崇高的理想付出。她很高興自己有足夠的時間陪家人，而不是到處出差，或是到另一個城市出庭而回不來。她說：「很多人認爲我的選擇是一種財務上的犧牲，我接受過很多嚴厲的批評，不過前同事說她們很羨慕我。我現在的生活在財務上的確不像以前穩定或輕鬆，不過我同時也認爲，能夠每天做自己喜愛的事，實在是一種福氣。」

有自覺的目標設定

我們在這一章中強調認知與感情脫離，不過掌握放棄的技巧時，還包括了將思想、感情以及精力重新引導到新的目標上，還有完成目標所需的策略。在下一章，我們要進行的任務是達成我們的目標，以及我們將爲自己設定的目標。

你的放棄傾向

這項練習是為了讓你能更了解，自己在管理情緒時會採用何種方式。閱讀以下的敘述，將各項歸為「我」或「不是我」的類別。

1. 我自認是現實主義者，不過我認爲自己的樂觀對我有幫助。
2. 我自認是現實主義者，想到負面的事不會讓我難以承受。
3. 我一完成某件事，就會開始擔心其他要做的事。
4. 假如我對某個境況已經盡了最大的努力，就不會再去多想了。
5. 工作時，我會聚焦在盡量少犯錯。
6. 我會在任何情況下盡力做到最好。
7. 當我很沮喪，很難去注意到正向的部分。
8. 我處理壓力的方式是去回想較快樂的時光。
9. 當我和人爭吵，會很快發火，大發脾氣。
10. 就算和人發生爭執，我也盡量不要產生敵意或貶低別人。

11. 我在面對壓力時，會有自覺地抽離，不去做回應。
12. 我在面對壓力時，會設法對他人的觀點採取開放的心態。
13. 別指望我吵完就沒事了，我絕不會這樣就算了。
14. 面對爭執或意見不合，我會設法找出有建設性的解決方法。
15. 我很擔心失敗，以及萬一失敗了，別人會如何看待我。
16. 每個人遲早都會遇上某些挫敗。
17. 我在失望之餘，很難往前繼續走下去。
18. 我一直努力要放開那些舊傷痛及令自己失望的事。
19. 我討厭感到緊張、焦慮或害怕。我會盡力阻止自己有這種感受。
20. 當我沮喪或害怕時，我會傾聽內在的聲音。
21. 如果我失去良機或出現失誤，會非常生氣。我很好強，無法不去想發生的狀況。
22. 當情況不如預期時，我會盡量提醒自己我的專長，以及總是會有下一次的機會。
23. 我不相信直覺，只憑思考行事。
24. 我認爲傾聽我的直覺及注意自己的感覺是很重要的。
25. 面對壓力時，我會沉溺在情緒中。
26. 我可以藉由運動或是和朋友談話，讓自己冷靜下來。

27. 我認爲流露情緒是懦弱的象徵。

28. 我在採取行動之前，會把焦點放在自己的感覺上。

你在雙數題目回答「我」的次數多寡，反映出你培養了多少放棄的傾向。

第六章　評估狀況

在開始閱讀這本書之前，你可能會認爲開車的是自己；不過你現在應該已經了解到，自己對於這部車的控制程度其實不如你所想的那麼大。現在，就要來幫助你調整煞車、方向盤以及加速器（你的自覺行爲），讓你重新評估自己的目標，看它們是否可行、合適、有衝突，以及最重要的，讓你感到快樂。不過首先，要讓你知道有隻看不見的大猩猩的事，或許這也會讓你再次感覺到，開車的人並不是自己。在現階段，看不見的大猩猩很重要，因爲這證明了我們之中至少有一半以上的人，在全神貫注於某個目標時，焦點會變得狹隘，因此對呈現在眼前的某些重要資訊卻視而不見。

我們並不如自己心中所想的那麼注意細節，而假如我們打算評估自己的目標，以及考慮是否該放棄某些目標，了解其中原因便很重要。

你有沒有看見大猩猩？

一九九〇年代末期，兩位哈佛的研究學者：丹尼爾•希孟（Daniel J. Simons）及克里斯多夫•夏布里（Christopher F. Chabris）決定就厄瑞克•尼瑟（Ulric Neisser）在一九七〇年代首度對注意力做出的驚人觀察，進行深入的探討。他們錄影拍下兩組學生，一組身穿黑衣，另一組穿白衣，兩組人員互傳一顆橘色籃球。在錄影中間的過程，大約有九秒鐘的時間（整支影片長度約一分鐘），一名身穿大猩猩道具服的女生，會走到兩組球員之間，面對鏡頭猛捶胸口，然後離去。接著，希孟和夏布里在實驗室播放影片給受試者看，受試者分成兩組，分別負責計算黑衣球員或白衣球員的傳球次數。調查者進行許多不同變數的實驗，有時要受試者計算傳球數，或者是傳球加上反彈球的次數。接著他們詢問受試者是否注意到影片中有任何不尋常之處，最後引出了最終的問題：「你是否看見了大猩猩？」令人驚訝的是，大約有半數的受試者完全沒注意到大猩猩，事實上他們很驚訝影片中居然有大猩猩（你可以在YouTube上看到這段影片，或者是連結到希孟及夏布里的同名書籍網站，www.theinvisiblegorilla.com。不過你當然會看到大猩猩，因爲你已經知道牠會出現了）。

現在已經明白我們「看見」的和判斷的，事實上有多少是受到自動化歷程的控制，或者是由於大腦接收由感官提供的大量刺激與外來資訊時，能力有限而產生影響。這種讓半數的人錯過大猩猩的專有名詞叫做「不注意視盲」（inattentional blindness）。重點是半數的受試者全副精神都集中在計算傳球和彈跳球，以至於對顯而易見的大猩猩視而不見。然而對於他們看不見大猩猩，其實也無須太過驚訝，因爲人類傾向於高估自己會注意到的細節多寡，對於能承擔的多重任務也是如此。不注意視盲說明了爲何目擊者的說詞很不可靠（我們完全高估了自己接收細節的能力），以及爲何對於事件或情境的記憶經常有誤。

研究者之一希孟和其他人不禁懷疑，究竟錯過大猩猩和被動觀賞影片是否有關？觀賞二度空間的畫面是否會令人產生某種程度的視盲，在眞實世界的三度空間卻不會發生這種情況？於是他們再進行了一項實驗，由一名實驗者扮演在校園中迷路的人，手上拿著地圖向路過的行人問路，最後的結果也非常令人驚訝。當實驗者和協助的路人正在交談，這時出現兩個人扛著一扇門，從正在交談的兩人之間經過。當這扇門暫時擋住了拿地圖的實驗者時，另一名實驗者會進來取代了第一位實驗者的位置，手上拿著相同的地圖，繼續先前的交談。補充說明一點，協助的路人年紀落在二十到六十五歲之間。

同樣地，只有半數的路人注意到問路者換了人。很有意思的是，注意到這種交換的所有路人，年紀都和實驗者相仿，而年紀較長的路人都沒注意到這點。研究者提出假設，是否注意到這種交換，其實和他們是否屬於相同的社群有關（比較接近學生的年紀），所以他們會多留意個體的特徵。換句話說，年紀較長的人只是自動將實驗者歸類爲「其他人」（年輕人），然後就不再多留意了。同樣地，別忘了人類天生會去評估狀況（危險或不危險，友善或不友善），而不會有自覺地察覺這個歷程。

爲了測試這種假設，他們再次進行實驗。這次他們把實驗者打扮成建築工人；當然對校園裡的學生來說，這些是「其他人」，也就是他們的社群中的「外來者」。這兩名建築工人雖然打扮得差不多，不過在視覺上依然可以明顯區分。其中一名頭戴印有字樣的工地安全帽，繫著工具帶，身穿淺藍色襯衫；另一名工人的安全帽沒有標誌，沒有工具帶，並且穿著黑襯衫。這次所有被攔下來問路的對象都是年輕人，並且這次只有三分之一的路人注意到問路的對象換人了，比上次的人數更少。

假如你正在搖頭，認爲這一定是一群心不在焉的路人，如果是你的話，一定會注意到對方換了人（就像你自認一定會看見大猩猩一樣），其實和你有相同想法的人可不少。事實上，在後續的實驗中，丹尼爾・里文（Daniel T. Levin）等人以靜止圖片的型態表達改變偵測的場景，然後向受試者描述圖片內容，或是展示圖片給他們看。此時有高達百分之八十三的人自信滿滿地表示，他們會注意到談話對象換人了；然而他們參與眞正的實驗時，卻只有百分之十一的人注意到交談的對象換人了。而談到問路時從門板後換人的實驗時，則幾乎有百分之九十八的人都肯定自己會注意到換人這件事。

了解不注意視盲及改變視盲很有用處，尤其是和目標追求產生關聯時。它讓我們了解到，當自己聚焦在一個目標上，可能不會去注意到顯而易見的事。事實上，當你一心追求某個目標，而且心無旁騖時，看不見的大猩猩可能就是最適合用來解釋實際狀況的隱喻了。你可以把大猩猩換成任何你想表達的事，例如你在婚姻狀況中視而不見的緊繃關係，或是儘管你付出再多努力也無法達成目標的警訊；你的聚焦會讓你自己和其他人看不見眞實境況，甚至是能夠爲生活帶來更多滿足、更容易取得的目標。這樣你大概就能了解看不見那隻大猩猩，可能要付出什麼代價了。相同的，你過度相信自己察覺細節及正確評估狀況的能力，也可能會讓你忽略追尋目標的其他方面。假如你能意識到那隻大猩猩的存在，即使你可能看不見，或者簡單來說，當你意識到自己見樹不見林，像是你沒注意到和你交談的對象已經換人了，這就是自我修正的第一步。

即使你堅定地自認爲是屬於看見大猩猩的那百分之五十的人，但還是要請你謹記大猩猩的存在。相同的道理也可以運用在那些肯定自己會注意到當下環境的所有改變，幾乎高達百分之九十八的人。請記住你在設定目標及追求目標時，都會受到不自覺及自動歷程的影響，如同我們在第一章及其他章節曾說明過。當你評估自己的努力有多成功時，你的注意力大多放在成就而非失誤上，而這也會使得你將某些失誤視爲是有驚無險。畢竟你是個人類。

因爲有許多關於目標、設定目標，以及動機的傳統看法，不僅堅持偏差的觀點，而且過度簡化好處，所以你不太會去依照需要的方式考慮你的目標。我們來看幾個例子，並且檢視面對任務時有哪些可用方法。

「目標失控」：當自己的主人

「目標失控」（Goals Gone Wild）聽起來雖然似乎危言聳聽，但這其實是哈佛商學院白皮書的標題，它對於過去二十五年來的研究培養的論點，以及在工作環境中設定目標的建議，提出了質疑。其中的一些觀點不僅違反直覺，而且很適合應用在評估目標方面，以及分析你服務的公司如何運用動機。假如你想要開始從事某種企業，或是和某人合作生意的話，這些觀察就很值得重視，並且在人際關係上也同樣適用。重點是讓你有自覺地思考目標，而最適合研究目標的地方就是商業界了。

我們先從理論學者提出的看法開始，這是艾德溫・拉克（Edwin A. Locke）及蓋瑞・賴登（Gary P. Latham）在一項重要的摘要中所探討的議題：

「特定的高遠（困難）目標所產生的工作表現，會優於模糊或抽象的簡單目標，例如盡力而為的規勸。」這種說法基本上是重述「要求愈高，成就愈大」的眞言。不過很重要的前提是：要完成目標的這個人必須擁有完成任務的能力或技巧，並且不能有任何衝突目標。關於衝突目標的問題尤其重要（因爲在工作環境中也許能排除生活中的衝突目標，特別是有第三方在支配這些目標），卻經常很難做到。一致性也很重要。和簡單目標相較之下，眞言假設較難的目標不但能激發更多動機，還有個人成功及滿足的更偉大情操。

不過高遠目標的優點，有部分卻和某些適用於你為自己設定目標時的重要警告，產生矛盾與牴觸。這些部分也值得重視。

了解目標不會因為要求提高而變得更有價值。這一點是每個人，尤其為人父母者，更應該要謹記在心。就表現方面來說，聚焦在學習目標上只會導致狹隘視野，擔心的是成績而非習得技能。舉例來說，有一項研究結果顯示，擁有較廣泛的學習目標，而非只注重好成績的企業管理碩士，最後的學業平均成績會高過於只注重成績的學生（這可能也足以說明為何注重考試成績的中學和大專院校，結果不僅既能習得的程度較低，並且普遍出現作弊的行為）。

正確架構目標很重要。基於前述章節對於架構、逃避，以及趨近目標的討論，這項警告要探討的是如何將各式胡蘿蔔和棍子方法，運用在實際的生活狀況。你需要將這裡面蘊含的智慧應用在你為自己設定的目標上（要先確定標準不會太高），以及其他人為你設定的目標，無論在感情關係或工作上都是如此。這也是你為何需要擺脫失敗為成功之母的想法，因為大多數人都沒有從失敗中得到教訓。此外，具有挑戰性的目標所達到的成果，勝過具有失敗威脅的目標。

包括心理學家安娜特‧德拉契薩哈維（Anat Drach-Zahavy）及米莉安‧伊蘭茲（Miriam

Erez）在內的許多研究顯示，目標的架構會直接影響表現。在這兩人的研究中，受試者需要依據商業資料來預測股市表現，結果顯示具有挑戰性的任務能鼓勵受試者提出策略，產生較好的成效；具有威脅性的任務則會讓受試者聚焦在即時表現，以及失敗的可能性。實驗是這樣進行的：研究者架構任務的挑戰性，告訴受試者提供他們的姓名和電話，以便他們聯絡表現最好的人；同時也告訴受試者，先前接受實驗的人之中，只有百分之十五達成任務。相反地，在架構威脅時，他們則告訴受試者提供姓名電話，以便聯絡表現最差的人，並且將先前實驗中的失敗受試者人數，增加到百分之八十五。最後，受試者被要求：一、盡力而為（簡單模糊的目標）；二、達到百分之八時的正確預測率（具挑戰性，表現本位的目標）；或者三、在長達一小時的測試中，將前面二十分鐘拿來找出能成功完成任務的策略（具有挑戰性的廣泛目標）。結果挑戰組的受試者表現遠勝於威脅組，而全體表現最佳的是聚焦在策略的受試者。

由此可知，如何架構目標確實很重要。

勿忘品托

為自己設定高標準目標是好的策略嗎？根據寫出〈目標失控〉的歐多內茲（Ordonez）等人來看，不必然是如此。

也許「勿忘品托」（Pinto）沒有「勿忘緬因號戰艦」來得令人難忘，不過這卻是歐多內茲和其他共同作者所呈現的最佳範例（他們的白皮書發表日期早於二〇〇八到二〇〇九年的金融風暴，因此無法探討次級房貸危機的內幕消息及銀行訂定的目標，不過他們的確提及金融風暴初期的危機，也就是伊利諾大陸國家銀行的倒閉事件）。

關於品托的故事是這樣的：一九六〇年代末期，暢銷書作家、福特汽車總裁、行銷大師，傳奇又誇張的李•艾科卡（Lee Iacocca）因爲外來競爭而憂心不已。他宣布公司要製造價位低於兩千美元、重量不到兩千磅的汽車——品托——而且很快就會上市。因此公司員工開始疲於奔命，實踐這項承諾。在目標和時間的雙重壓力下，主管不得不抄捷徑，以便如期推出新車上市。不過這條捷徑跳過了安全檢查的程序，結果造成了不小的問題：品托在發生車禍時容易起火燃燒。但是主管階層沒有因此歇手下台，他們將艾科卡的目標謹記在心，所以不曾計算汽車設計不良引發的訴訟賠償，其實遠超過銷售汽車的獲利，當然更別提艾科卡的目標想達到的成果了。

品托和其他幾個案例，引發了作者們對於高標準目標的審慎態度。由單一的困難目標造成的狹隘聚焦，不僅鼓勵人們像福特公司主管那樣走捷徑，同時也會引發欺騙和作弊。有趣的是，文章裡提到的一項案例是聖母峰遠征隊的悲慘失敗經歷，後來被強•克拉庫爾（Jon Krakauer）寫成了《超越巔峰》（*Into Thin Air*）一書。在這個例子裡，遠征隊的領隊是經驗豐富的登山者，爲了達成登山客攻頂的目標，他們和福特的主管一樣，聚焦在目標上而忽略了謹慎與判斷。

完成目標的時間限制如何影響人類的行爲，除了品托之外還有許多案例能說明；相同的，太具有挑戰性的目標同樣會鼓勵人接受難以想像的高風險，一次設定太多目標也是如此。為求公平起見，我們也必須補充拉克及賴登對〈目標失控〉所做的回應，他們在文章中批評了作者引用趣聞軼事的作法。

我們其他人如果想要管理自己的目標，又該怎麼做呢？這裡有一些建議，雖然沒有經過科學檢視，不過完全是依照研究中的主張提出。

設定表現目標不見得是好事。思考一下你想達到什麼樣的學習目標（一個需要純熟技能或策略安排才能完成的目標），也許比單純設定表現目標更有幫助。當然了，傳統文化的堅持傾向於強調表現，其結果就是人們也傾向於以這種條件來思考目標。在職場中，這種目標可能是年薪要達到十五萬美元、五年內成為公司副總裁或合夥人、銷售業績達到某個目標等。不過聚焦在你如何達到目標，對於策略多一點彈性，這樣會比光是聚焦在表現上，更有可能增加你的成功機率。

這種論點對於人際關係中設定的目標也一樣適用，無論是解決問題、加強溝通、關係更親密、結識新朋友等，如果你把焦點放在如何達成目標，而不是目標本身，成效可能會更好。你需要做到心理轉換：與其想著要如何找到另一半，不如在遇到考慮交往的人時，讓自己變得更開放，更好溝通。在下一章，我們會說明心理對比如何協助你在追求目標時，達到更好的成績。

如何架構目標可能便是成功的目標設定關鍵。假如你想開始評估自己的個人目標，以及它們如何與你的個人幸福產生關聯，那麼了解自己如何回應人生中的挑戰是你必須跨出的第一步。如同先前的探討，你以趨向或逃避的態度看待事情的習性，會影響到你為自己設定的目標，以及你如何回應完成目標所需的努力。除了有自覺地明確表達自己的目標之外，還需要徹底察覺自己如何架構目標，或者對外在目標而言，他人如何為你架構目標。想像你接受了一份任務，並且得知接受過這項任務的人之中，有百分之八十五都失敗了，那麼你會傾向於認定自己是成功的那百分之十五嗎？挑戰的壓力是否讓你充滿鬥志，或者是阻止你繼續前進呢（這是在轉個彎詢問你是行動或狀態取向的人）？

假如你在人際關係中遇到問題，對象可能是配偶、朋友、親戚或職場同事，你會把這種問題看成是挑戰（假如我們學會不為小事爭執，我們可以相處得更融洽），或是你經常把它視為威脅（假如我們不停止爭執這些瑣碎小事，我實在不知道我們要如何繼續下去）？你會對這兩種看待方式做何回應呢？在任何一種型態的夥伴關係中，無論是職場或愛情，很重要的一點是，你不只要注意自己如何看待你的問題，還要注意另一個人如何看待你們的共同問題。我們提倡的這種有自覺的目標評估，仰賴的是將架構當作是一種歷程。

心無旁騖也不見得是好事。除了堅強獨立的個人主義之外，我們的文化神話也讚揚我們把焦點放在獎勵上；不過如同看不見的大猩猩和品托的範例顯示，這不見得是最好的方式。事實上，心無旁騖在許多方面來說，和你需要學習表現出最佳的一面，正好是相反的心理對比。這也是一種狹隘焦點，讓你難以抵擋其他型態的認知扭曲，例如，計算成就而非失誤、間歇性增強、沉默成本謬誤，以及根據一篇心理學家斯金納（B. F. Skinner）所寫的文章，一項叫做「迷信的鴿子」的全新理論。

在此要先對動物愛好者及擁護者致歉，並說明這項實驗是在六十年前所進行。斯金納的作法是，將一隻十分飢餓、而且是故意讓牠挨餓的鴿子放進籠子裡，接著會有一碟食物會以隨機的時間間隔轉入籠中。此時，斯金納發現有四分之三的鴿子會認爲自己的行爲和食物的出現有因果關係。儘管牠們的行爲和食物的出現毫不相關，不過假如食物出現時，牠們正好在做某一項行爲，那麼牠們就會重複這項行爲，「促使」食物再次出現。這些行爲十分明確又明顯，某隻鴿子可能會轉動身體、伸長脖子，另一隻則是左右不停跳動等。斯金納由觀察鴿子的重複行爲，歸納出這個結論。

斯金納對鴿子的行爲和人類從事的迷信儀式，例如，穿某條幸運裙子或戴幸運帽等，提出了類比。斯金納以打保齡球的人爲例，儘管他們已經把球擲出去，手臂和肩部依然會繼續動作，讓球遠離球溝，往擊倒球瓶的方向前進。這種行爲對任何曾經打過保齡球，或者是看過別人打球的人來說，應該都很熟悉。

試著把打保齡球的人當成隱喻，然後自問你在一心一意追求某個目標時，是否就像打保齡球的人一樣？每次認爲自己有進展了，是否都會假設某種因果關係呢？你的專心一志是否讓你的大腦進入自動狀態，以快速思考提出推論，而事實上根本沒有任何推論存在，或者你會把注意力放在策略上呢？這種一心一意的方式會讓你像打保齡球的人對球做出手勢那樣，而不管「把焦點放在獎勵上」的神話怎麼說。

也許更重要的是，這種狹隘焦點鼓勵你注視單一目標，卻忽略它和你生命中其他重要目標的關係。

你的諸多目標都能同步化嗎？接下來你也會發現，幸福事實上不是只靠完成單一目標，而是在於我們能多接近完成任何時刻擁有的各種目標。對於我們大多數人來說，人的一生會有短期和長期的志向、個人及專業目標，還有可能是趨近或逃避取向的學習和成就目標。因此聚焦在單一目標的簡化法思考，引發出了許多關於擁有一切的文化探討。

從目標理論的觀點來看，我們是否能擁有一切，其實和重要目標之間的衝突或一致有極大的關係。安瑪莉・斯拉特（Anne-Marie Slaughter）在二〇一二年的《大西洋月刊》（*Atlantic*）發表了一篇名爲〈爲何女性無法擁有全部〉（Why Women Can't Have It All）的文章，引發了一場激辯。斯拉特是普林斯頓大學教授，有一段時間在美國國務院擔任主任職務，因此必須到華盛頓特區上班，經常往來兩地。同時她也是兩個男孩的母親；在她的兩年任期內，兒子就和他們任職教授的父親同住在普林斯頓，而後由於其中一個孩子面臨的危機，迫使她放棄國務院的職務，這就是「無法擁有全部」一文的主旨。

從我們的觀點看來，眞正的問題在於她爲何沒有事先考慮到，自己的孩子已經接近青少年時期，因此在維持國務院高職務的工作目標，以及身爲人母的責任之間，可能會有所衝突。爲什麼我們並不感到意外，原本就算不一致、但似乎在掌控之下的目標，後來卻產生了衝突，以及她必須因此做出抉擇？如此看來，假如打算追求擁有全部，那可要仔細檢視我們的目標之間的關係，而不是把它們當作願望清單上各不相干的單一目標。以這種方式將我們的單一焦點改成更廣泛的觀點，就可能比較有機會接近擁有全部的目標，不管你所謂的「全部」範圍是什麼。

不要把我們的目標視為單一志向，而是互有關聯，就像環環相扣的設計一樣，這能幫助我們在做決定時，衡量是否有可能一次達成多個目標，或者我們是否應該運用更多的智慧，堅持下去或是退出。假如我們想要的目標大多數一致，那麼情況就很樂觀；不過我們依然要時時謹記，其中可能會有衝突發生（這就是斯拉特應該要預想到的情況）。同時我們也要有心理準備，有時達成的目標會無法繼續滿足我們。

這也是羅伯特的例子，他是一名房地產律師，主要的人生目標是擁有高薪和具有挑戰性的工作環境，許多年來，他的兩項目標都達到了。不過在執業數年後，他開始發現自己容易感到不滿和無趣。此外，這份工作需要投注大量的精神在細節上，所以在他愈感到無趣時，就愈擔心自己會犯錯。他因為焦慮而失眠，半夜裡在腦海中不斷重溫那些細節，而這使得他對工作更不滿意。他明白與其為客戶管理房地產事宜，自己更想從事的是買賣本身，於是他找到合作的夥伴，一名設計師，並且買下了他的第一棟房地產，打算整理之後再出售。但就和生命中的其他轉變一樣，他因為這項改變而需要重新定義其他目標，並且管理新壓力，其中之一便是失敗的風險。新事業的起步需要耐心和遠見，這是他需要慢慢習慣的部分，再加上失去了多年來習慣擁有的固定收入來源，這更是對他自己的信心也是一項新考驗。不過他依然對生命中的改變感到開心。

而在有些時候，一項目標的完成則需要調整配合其他的優先順序。以黛安娜爲例，她在擔任小兒科住院醫生時結了婚，迫使她去重新思考自己的專科和職場弧線。她是獨生女，一直嚮往能擁有自己的小孩，她對小孩子的愛也是最初讓她投身小兒科的原因。不過她卻嫁給了從事國際金融業的馬丁，他經常出差旅行。她明白自己想要一個不必占用長時間的專科，這等於她基本上得從頭開始，轉換到放射線科。但她從不後悔做的這個選擇，她說：「在我的例子來說，最高目標是能在工作及家庭之間保持平衡的生活。我從一開始就很清楚這點。放射線科能像小兒科一樣滿足我的心靈嗎？也許不能。不過我的選擇是經過審慎考慮，假如我不轉換跑道，我在爲人母時一定會犧牲掉很多。」

我們很多人都發現自己生活在不斷的衝突中，這是因爲我們無法有自覺地抉擇哪些是眞正的優先目標。

目標與自我認同

一個男孩看起來約六、七歲，正和父親等著服務生送午餐過來。男孩身穿蝙蝠俠的衣服，露出開心的笑容，手上拿著蝙蝠俠的玩具人偶，一邊比畫一邊說：「我知道我長大要當什麼，我要當蝙蝠俠。」父親微笑著對他說：「傑克，你不能當蝙蝠俠，因爲蝙蝠俠不是眞的，他只是故事裡的角色。」小男孩停頓了一下說：「這樣啊，我還是想當他，我要去抓壞人。」

父親回答：「那麼你可以當警察，或是警探。」小男孩堅定地說：「不要，我不要當警察，我要當蝙蝠俠。」這話讓父親嚇了一跳，不過他還是這樣說：「你應該像我一樣當醫生，傑克。我在你這個年紀時，就決定要當醫生。不過你有很多時間來決定你長大要當什麼。」小男孩說：「不要，我要當蝙蝠俠，不要當什麼蠢醫生。」父親抬頭看服務生是否就在附近，彷彿她的出現可以替他解圍似的。他繼續說：「傑克，蝙蝠俠不是眞的，你不能當蝙蝠俠。」年輕的女服務生送餐來的時候，男孩正好回答說：「才不是這樣，我要當蝙蝠俠。你以後就知道了。」

我們小時候總幻想自己長大以後要做什麼，是獸醫還是馬術家；芭蕾舞者或是太空人；公車司機還是飛行員；或者是當爸爸媽媽，教授或警察；或者是小美人魚，還是蝙蝠俠。我們之中也的確有少數人所挑選的軌道，是我們的文化最喜愛的那一種，及早設定目標，過程確定安穩，最後成就令人尊敬（這就是史蒂芬•史匹柏的人生劇本：他還小的時候就知道自己想當製片，並且依照這個目標訂定計畫，年少有成，而且事業持續不斷）。堅持的迷思讓我們想像上升的軌道，同時擁有最好的發展，事業成功，感情順利，並且一輩子都這樣繼續下去。不過這些年少時找到一生志向、毫無挫折一帆風順的故事，其實是人生常態的例外。

大多數的人一生會選擇不同的道路，做出各種嘗試，例如不同的工作、不同的交往對象等，試圖找出什麼才能使自己快樂。即便有些人找到了自己喜歡的工作，不過卻也發現他無法同時滿足其他重要的目標，這是因爲我們的自我認同在生命的不同階段會不斷變動，我們的目標也會因此改變。這也是丹尼爾的案例，他目前年近六十，二十多歲時在私校任教得很開心，但對於薪資以及這個角色對他的定義感到不滿。他說：「我不希望自己在二十年後，穿著磨損的花呢外套，依舊在教十六歲的學生莎士比亞。因此我重新為自己找方向，起先在報社撰稿，後來透過朋友的介紹，到一家廣告公司上班。說眞的，我想要建立聲望，這對我來說很重要，我想要和朋友一樣追逐名利、功成名就，而且我賺多少錢很重要。不過等到我的孩子長大了，我的視野也改變了，事實上教書讓我的靈魂得到滿足，這是其他工作無法辦到的。廣告業很有趣、競爭性強，而且收入高，不過我還想要別的。」孩子長大後，丹尼爾費了一番功夫之後回去學校教書，而且執教至今。

令人分心的事物、只能擇一或同時存在的目標，以及日常生活的壓力，這些都會削弱或瓦解我們完成預期目標的能力。卡洛琳就是其中的案例：她今年五十三歲，在二十四歲那年決定中斷研究所學業，據她表示，這個決定成了她目前生活的「禍根」。「我愛我的課業，而且在三十六個學分中，我修完了二十四個學分，只差十二個就畢業了。不過我對自己想要什麼感到迷惘又毫無頭緒。我去讀書，然後找工作，極力想了解自己，歷經所有二十幾歲的人面對未來無所適從的種種波動。最後我離開了研究所。」之後她結了婚，上了一些諮商課程，找到自己熱愛的工作，為青少年進行預防工作並提供諮商；她一路念了研究所又當上藥物諮詢師，最後為了三個孩子辭職回家。她說：「在當時，考量到經濟和情感方面，這麼做似乎是對的，不過我感到悲慘不已。我覺得自己一無是處，因此當我接到一通可能有工作機會的電話便立刻行動。我毫不後悔辭去全職母親的工作。」接下來的十年，她在公立學校體系擔任藥物及其他諮商工作，直到學校預算緊縮，不再提供這個職務為止。

不過，將近三十年前的決定，此時開始產生效應了。卡洛琳找不到諮商師的職位，雖然她從事這類職務將近二十年，但她並沒有社工方面的碩士學位或其他進修學位。很顯然地，她最重要的目標，也就是想和人接觸、爲他們提供諮商，在這些年來都沒改變，即使她在一開始及一路走來的過程中，幾度忘掉了這個理想。也就和我們許多人一樣，她爲了配合日常生活做出決定，其他同時出現的目標分散她的注意力，因此她忽略了自己更重大的目標。

事實上，卡洛琳的狀況不算特殊。她說的話反映出她學到的教訓：「我認爲最重要的是發現什麼對你來說很重要，而不是先去找出什麼對別人來說很重要。我離開研究所時，我不知道自己眞正想要什麼，也沒有長期的願景，更不知道要如何注意自己或自己的直覺，這些年來我一直在這部分感到掙扎。我試著回去念書，因爲金錢和其他因素，然後又轉移目標。現在我最小的孩子就要從高中畢業了，我終於知道自己要做什麼，也知道要怎麼做以達成目標。」

我們都在日常生活中努力應付優先順序和目標，因此我們更有理由弄清楚自己的志向。如同心理學家丹尼爾•吉伯特（Daniel Gilbert）主張，我們不僅陷入追求幸福的泥沼，也陷入工作、人際關係，以及其他各種境況中。生活比進行實驗及測試理論的實驗室還要紊亂，因此有自覺地評估我們的目標是必須的，如同蘭妮的新手婚姻故事一樣。

蘭妮說：「我在二十二歲時，嫁給了我父母介紹的男子。他比我大六歲，這是個相當的年紀差距。他在上班，生活穩定，我則剛從大學畢業。雖然我心存疑慮，不過卻被熱情淹沒了。他在三十個人的面前向我求婚，我還能說什麼呢？我想過不要踏入結婚禮堂，但我不認爲自己有能力做出決定。而結婚後，我開始感到窒息又不自由。很顯然地，他和我對於我們抱持不同的目標，對世界的看法不同，對事情的優先順序也不一樣。我撐了兩年，想看自己是否有辦法解決，但是最後仍舊落荒而逃。這是我第一次、也是唯一的一次放棄重大的事情。我在二十八歲時再婚，到現在已經結婚三十一年了。我依然希望當初我能採取不同的處理方式，直接和我的前夫談，而不是當個落跑新娘，不過當時我並沒有能力這麼做。後來我感到寂寞又糟糕，不過那份寂寞感遠不及我在那兩年婚姻生活中，所感受到的。」

經過了這許多年，她擁有令自己滿意的職業，能夠兼顧養育三名子女。她說：「我從這次的經驗中學到，我需要擁有比第一段婚姻更多的自主權。這一點成爲我的目標之一，而且對我非常有幫助。」

想要清楚了解自己眞正想要什麼，需要經過時間、努力，以及不同的策略。

轉移自我認同的代價

有自覺地考慮衡量自己的目標，也許甚至更進一步地脫離某些目標，這可能需要在我們如何爲自己定位時，進行一些眞實的、甚至是痛苦的轉換。還記得蒂卓亞嗎？那個從孩童到青少年時期都以游泳比賽來替自己定位的年輕女子，她曾問過自己：「假如我不游泳了，那麼我是誰呢？」她的問題反映出轉變的情緒和心理代價：避免我們重新評價我們的目標，以及脫離這些目標。

這也是心理學家威廉・布里吉（William Bridges）在他的經典著作《轉變》（*Transitions*）中所提出的重點，而本書的靈感啓發則是他放棄自己的文學教授之路。布里吉描述這種「不認同歷程」是「內部的脫離過程……這種損失的衝突可能比遠超出我們的想像」。在他個人的經驗中，他很確定不再稱自己是文學教授，對他來說完全沒問題。這些稱謂只是我們在遇到陌生人，或是自己認識的人之間所採用的一種簡單速記法。直到有一天，他的女兒回家問他：「爸爸，你是做什麼的？」其實她提出這個問題的背後原因是無害的，那是因為學校課程在討論學生父親的職業。不過布里吉無法以幾個字來說明自己，例如在過去他會以「大學教授」帶過，為此他感到很不自在。相反地，他擁有所謂的身分稱謂，也就是以現在目前在做什麼來為自己定位，例如，他目前在寫作、提供諮商、授課等，但他明白女兒想要的不是一堆稱謂，而是正常又具體的答案，這點讓他感到很難受。

這種潛在損失阻止了我們許多人為自己的目標分類，以及決定是否要繼續前進。脫離的潛在痛苦是可以轉移的，每個人在失去自我定義時也一樣，無論是「房地產律師」、「彼得的老婆或女友」、「藝術家」、「股票經紀人」，或者是其他身分。當你在非自願的情況下，失去這種標籤附帶的安慰時，例如，你被開除、資遣，或是被愛人或伴侶拋棄，會讓人更難承受。然而，脫離失去自我定位的能力不但是有技巧脫離的一部分，同時也是管理遺憾的一部分。

每當我們必須脫離某個目標，並且投入新目標，我們都必須從安全的陸地踏入搖晃不穩、甚至是可怕的未知領域，這通常是一條崎嶇道路。

另一種詳細清單

因爲人類生活大部分都是靠自動化的反應進行，因此將你所有的自覺目標列出詳細清單（也就是比喻性地檢視你的志向收納櫃），等於是邁出有幫助的第一步，成爲自己人生的最佳管理員。我們知道這個自動化歷程的概念讓人有點不安，所以如果能想成是你在開這部車，感覺會比較安心一些。不過到頭來，承認自動化歷程會帶給你更多的掌控權。你的有自覺目標可以更清晰可見，同時你也能更了解那些你毫未察覺的力量，如何影響你對目標抱持的心情、情緒，以及態度。

生活中自動化歷程的證據處處可見，也許某一天，你會有自覺地選擇一條較長的路線開車去上班，因爲你可以有更多時間思考今天；不過也許在另一天，你根本不知道自己爲何要開上主街，即使聖保羅街的交通比較不擁塞。當你第一次遇見傑克和菲力普時，是什麼原因讓你覺得菲力普是好人，而傑克卻一事無成呢？是什麼讓你在某個環境中立即感到舒適自在，而到了另一個環境卻讓你心情大壞呢？爲什麼在週二時，你的情緒高昂，目標看起來很有希望，不過到了週四，你卻只感到所有努力注定要白費呢？爲什麼有些夜晚，無論你有多努力不去胡思亂想，就是無法停止擔心明天呢？

這些問題的答案都是自動化歷程，以及我們的大腦和心理爲何總是「預期」各種方式達成目標，即使是不自覺的那些目標。有一項研究說明了這種歷程是如何運作，研究中主要探討的問題是當你想要安然入睡時，爲何清除心裡的侵入性思緒如此困難。研究者假設，這些思緒似乎是隨機或者毫無來由地出現，但事實上是受到未來任務的引發，因為至少在心理上的認知是，預先思考對這些任務會有所助益。換句話說，心理或大腦其實會促使你去思考，而你的自覺願望卻只有睡覺。研究者設計出一種實驗，測試如果讓受試者預期未來任務在事先考慮的情況下，能做出更好的表現，以及事先考慮也無法增進未來任務的表現相比，前者是否會引發更多的自動化侵入性思考。研究者為受試者挑選的實驗是地理學考試。

他們告訴一組受試者，在專注力練習之後要接受一場考試，盡量寫出他們記得的美國州名。不過事實上，研究者根本沒打算為他們進行這場考試。專注力練習包括聆聽八分鐘的錄音帶，進行冥想和呼吸練習。由於丹尼爾•威格納曾提過，告訴人們不要去想到白熊，只會讓他們更常想起白熊的指標性歷程效應，因此這次的受試者不曾接受指示去清除心中思緒，或是忽略讓他們分心的思維，他們只是被要求把注意力放在呼吸練習，不過事後要寫下一項在這段時間內出現的侵入性思緒。他們聆聽的錄音帶當然只提及呼吸，而沒有談到地理學部分。

這場實驗有兩個控制組：一個接受與實驗組相同的指示，不過被告知不會有地理考試，只有專注力練習；第二組控制組則被告知，他們將會接受州名字母計算的速度競賽，例如 New York（紐約）是七個字母。既然事前思考不會增加計算速度的能力，因此研究者假設第二個控制組和那些知道不必測試州名的組別一樣，都不會產生侵入性思維。

結果也證明的確是如此。只有以為要測試州名的第一組，全部都出現侵入性思維；另外以為要測試州名的那一組，則有六位出現這種情況。此外，這些侵入性思維沒有經過刻意演練，不過和毫無來由出現的思緒一樣具有隨機的本質。更值得注意的是，正如研究者記載，儘管受試者接受短期的注意力測試，並且在這段期間不斷被提醒，只要專注在呼吸上就好，不過他們依然體驗到侵入性思維，「更別提那些原先就預測會侵入意識的思維了（錄音帶只有八分鐘的長度而已）。」其研究結果證實了心靈自動化歷程的堅持本質。

你當然無法改變心理運作的機制，不過藉由加強體認你如何及爲何追求某一目標，而非另一個目標，可以讓自己更能阻擋自動化歷程的影響。當你的思維讓自己保持清醒時，你應該檢視那是否是隨機發生，或者是你的心裡在爲你計畫打算。以有自覺的計畫取代那些思維，可以讓你冷靜下來，同時也能讓你的思維歷程重新聚焦。同樣地，假如你不僅能更清楚自己的感覺，而且還知道爲什麼有這種感覺，就能藉此強化自己對目標的控制程度。研究者顯示心情（和情緒不一樣）會影響你爲自己設定的目標，以及對目標的追求。

爲了達到這樣的目的，我們在分類目標之前，需要先仔細審視那些「神祕的」心情。

心情和情緒

我們已經知道，情緒管理及運用情緒來推動思考歷程的能力鍛鍊，兩者都是設定目標及目標脫離的重要關鍵。而檢視心情（也就是另一種情感狀態）如何影響目標追求及評價，則是在這種理解上往前更進一步。

心情究竟是什麼？我們都體驗過不同心情，有好的、壞的，或是糟不可言的，不過這些和情緒的不同處在哪裡？我們也都體驗過心情會影響判斷力和管理情緒的能力，同時亦會挑戰我們的客觀性。心情的好壞會影響你在工作上的表現、你在派對上玩得有多愉快、你在孩子踰矩時會有多快發脾氣，以及當你遇到壓力或問題時會做何反應。我們可以從心情的科學分析上學到什麼，尤其是那些神祕的心情方面？

情緒和心情相反，它是一種有自覺的體驗，而且是來自可辨識的來源：你感到快樂是因爲你受到讚美，或是你的愛人溫柔地看著你；你感到憂鬱是因爲你讓朋友失望，或是你的狗兒死掉了。心情就不同了，它的範圍可能擴散得更大，有時候你知道自己處於何種心情，有時候可能不太清楚，這就是所謂的「神祕心情」（mystery mood）。你應該有過類似的經驗，當朋友或配偶問我們，心情爲何這麼好或這麼差，而我們毫無自我防禦或憤慨之意，卻直覺地回答：「我哪有啊。」這顯示我們一旦被別人指出心情如何時，可能就會有所察覺，不過依然不清楚爲什麼會有這種感覺。這種神祕心情的不自覺本質在兩個方面產生影響：個人缺乏對心情的察覺能力，以及缺乏對心情來源的有自覺體認。

當你知道自己心情好或是不好，而且也知道原因（例如你的老闆無緣無故對你大小聲，或是你等了很久終於獲得升遷），你是有自覺地意識到心情會受影響，不只是因爲對生活的一般看法，這是因爲你處理並思考了某些訊息。然而這種說法並不適用於神祕心情；在這種情況下，你要先拿掉你的樂觀態度（或是你的悲觀心態），然後不僅要檢視一般狀況，還有你的目標和決定。當然了，只因爲你沒有察覺到自己的神祕心情和它的來源，不代表這其中沒有原因。其中一項可能的原因是心理學家譚雅•夏特蘭（Tanya Chartrand）等人所說的「非自覺」目標。這究竟是什麼意思呢？

這可能是一個你追求已久的目標，例如和老闆攀談或吹捧對方，嘗試更外向一些等，最後卻成爲一種自動化的舉動，或是一個你不曾有自覺地思考的目標。夏特蘭等人使用的例子是一個叫約翰的男子，他多年來都熱衷派對，不過偶爾也會有自覺地收斂行爲，想獲得社會上的認同。但是因爲他參加過無數派對，他甚至在未察覺自己的作爲下，便切換到派對模式。此時即使他不再對自己多年前訂定的目標有任何自覺，但那個希望自己廣受歡迎和欣賞的目標卻依然存在，而且只要去參加派對便足以啓動。然而在某一天晚上，沒有人對他露出欣賞的微笑，他說的笑話也沒人捧場，於是他的心情盪到谷底，不過他卻無法明確指出爲何這場派對讓他感到如此無精打采。

神祕心情會影響我們的情緒和認知兩方面，因爲我們不清楚自己爲何有這種感受，我們會想把那些感受歸因在隨機的原因上（這就是斯金納迷信的鴿子理論的另一種版本），而不是眞正的肇因。我們的心情無論是好是壞，都會影響我們如何處理訊息，以及我們思想的主旨和對於目標的判斷力。根據過度樂觀造成影響的其他證據顯示，「正向神祕心情比起負面心情能產生較不費力的處理程序」，導致我們會誤判努力能協助我們達成某個沒有實質根據的目標。神祕心情能說服我們繼續追求某個目標，或者是暗示我們應該脫離。更重要的是，藉由嘗試管理我們的感受並擺脫某種心情，就有可能有辦法想出新目標。

假如要處理神祕心情，你可以透過有自覺的自我意識去應付，或是讓自己專注在可能的提示上，也許就能觸發心情，並且有效地管理你的感受。這是當你需要脫離目標、將努力投入另一個方向時，你在學習過程中所跨出的另一步。

接下來，我們要開始探討詳細計畫目標，審視我們的意願、需求，以及志向範疇。

第七章 詳細計畫目標

多年來，在許多書和演講經常會提及一項著名又具權威性的研究；這項研究要歸功於哈佛大學的一九五四年企業管理碩士班或耶魯大學的一九七九年畢業班，內容說明在畢業十年之後，爲何班上百分之三的同學所賺的錢，遠多過其他百分之九十七的同學？答案十分簡單又有趣：這百分之三的同學都曾寫下他們的目標。我們不難看出爲何這項研究會經常受到引用，因爲裡面的數據簡單易記，又出自名校，而且還是個保證成功的簡單方式。

不是都會傳說

雖然沒有人針對這個結論進行過研究，不過就像紐約的下水道鱷魚傳說，這種都會傳說也已經成爲某種眞實了。碰巧在二〇一一年，一項由麥基爾大學和多倫多大學進行的研究顯示，寫下目標的確是有所益處，而且詳細說明及思考個人目標實際上可以加強苦讀學生的表現。寫下你的目標能增進你的能力，評估你爲了達成目標的努力是否有效，以及達成目標是否可行；它也能幫助你釐清是否該繼續追求目標，或者是脫離。詳細計畫能讓你清楚每個目標之間的關聯，這是極具價值的部分。

這裡說的詳細計畫目標意思很直接，就是拿起紙和筆或是找一台電腦（假如你十分擅長運用想像力，也可以選擇在腦海中進行）記錄下。對於大多數的人來說，拿筆寫下內容能夠以重要的方式幫助釐清思考歷程，強迫將自己的願望及志向能更清楚地表達，並且加以具體化。假如你願意的話，也可以先閱讀本章內容，不必急著拿紙筆或在電腦上詳細寫下你的目標，然後再回頭去看，或者是你可以在閱讀的時候，依照每個步驟詳細計畫你的目標。

列出你的目標

使用以下的分類整理你的目標。列出兩欄，一欄是短期目標，另一個是長期目標。若你喜歡的話，還可以進一步將分類進行個人化，分類的方式只是起點而已。請隨意加入你認為重要的目標，至於如何定義長期或短期目標，全都由你決定。你也可以把短期目標訂在幾個月到幾年的時間範圍內。

・生活目標（個人努力）

你的生活目標包括與自我成長相關的個人志向（比方說成為更好的領導者、變得比較不衝動、對自己的選擇更滿意、和你的極限妥協等）。這些目標可以是廣泛或抽象的（成為更好的傾聽者、能夠更細心、懂得感激、對他人更關心），或是具體的（讀更多書、不要浪費太多時間上網、少花一點錢、努力解決紛爭、學會新語言）；它們包括趨近目標（例如生育下一代、經濟穩定、擁有一個家、環遊世界，或是做任何對你來說很重要的事），以及聚焦在逃避的目標。

・職場或工作目標

你的職場或工作目標可能很多樣化，例如，成為小說家或避險基金經理人、找到更有趣的工作、回去讀書以轉換工作跑道、賺更多錢，或是找一個更有同理心的老闆等。你也可以訂下特定目標，除了對工作內容的描述之外，還可以增加你希望工作能為自己的生命帶來什麼，例如，意義、社群及歸屬感、日常滿足感，以及智能挑戰等。當然，你也能以相同的方式來增列你的逃避目標，例如遠離棘手或苛求的環境等。

•人際關係目標

在人際關係目標方面，可以列出你希望建立的連結和關係（例如，建立親密又能帶來滿足感的人際關係、結婚、擴展社交圈、增進友誼，或加強家庭溝通等）。增加具體的步驟，協助你達成抽象目標（例如增加社交活動、當志工、加入運動團隊、創立讀書俱樂部，或是輔導小朋友）。逃避目標（例如不要和家人爭執）也可能會出現在你的清單上。

•學習及成就目標

學習和成就目標應該要更具體，而且能反映出其他三項類別。假如個人目標是財務穩定，那麼獲得高薪工作、清償學生貸款，或是不要增加新債務可能就是過渡時期的目標。假如你考慮轉換職場跑道，回去學校或上網進修可能就是你的短期目標之一。

在這第一部分的互動中，寫下你的目標，但是不要有特定順序。假如你想參考目標清單的範例，可以查看本章最後附上的目標清單範例一和二。

內在或外在？

複習你的目標清單，開始問自己每個目標是來自內在或外在。正如心理學家理查•雷恩（Richard M. Ryan）等人敘述，外在目標不只是由第三方所強加的目標（例如，你的父母親、導師，或配偶希望你成爲律師，或者你的教練希望你繼續練游泳等），還有那些要仰賴第三方的反應或認可的目標。外在目標也傾向是達成目標的手段，而不是目標本身。當然了，我們的文化著重的成功定義，取決於外在目標，也就是金錢、名聲，以及形象。

在一項名爲「進一步檢視美國夢」的研究中，心理學家提姆・凱瑟（Tim Kasser）及雷恩要求成年人及大專院校學生提出生活中最重要的目標及原則，包括四項內在志向及三項外在志向。四項內在志向的範圍包括自我接受（達到心理成長、自我管理，以及自愛）、親和感（和家人及朋友維持令人滿足的關係）、社群感（透過行動或付出來改善世界），以及體能（感覺健康而且沒有疾病）；三項外在原則包括財務成功（擁有財富及物質滿足）、社會認可（成名或受人讚賞）、外表出眾（體格、打扮及時尚感都很迷人）。和注重外在目標的人相比，注重內在目標的人擁有較高的幸福感、較低的焦慮或沮喪感，以及較少疾病。

但這並不是代表外在目標都是不好的，或是追求外在目標會讓你一輩子不幸福，千萬別害怕：你可以安全地繼續渴望擁有一整個鞋櫃的魯布托紅底鞋（Christian Louboutin），或者是一部全配備的保時捷。重點在於：第一，你是否自主地追求外在目標；其次是，這些外在目標對你的自我意識來說有多重要。很不幸地，外在目標無法滿足靈魂。如同研究者提出的報告：「它們的魅力通常在於伴隨它們而來的假設性讚賞，或是來自達到這些目標而獲得的權力及價值感。」其結果正如披頭四在他們的歌曲中所唱的：「金錢無法爲你買到愛情。」名氣、金錢、美貌，似乎都無法保證獲得幸福或滿足的人生，不像你在電視上或者《時人》雜誌所看到的那樣，最快樂和最健康的人是那些擁有諸多內在目標，並且努力經營自我意識的人。

在你的每一項目標旁邊寫下代表內在（intrinsic）的I或代表外在（extrinsic）的E。再次提醒，即使內在目標也可能在一段時間後變得陳舊而無趣，長期以來抱持的內在目標也可能無法再令你感到快樂，因爲你的自我意識和需求會隨時間改變。這對個人成長來說是件好事，不過會使人生變得複雜，而且你有時候必須對目標做些痛苦的改變，甚至是放棄。

瑪莉就是典型的案例：她在當了二十年的藝術家之後，明白自己該放棄了。她從大約是三、四歲起就知道自己想當藝術家，而且也擁有當藝術家所需的天分、動力，以及完美主義。她在一所著名的藝術學校就讀，二十二歲時開始當起商業藝術家，不久後就結了婚。瑪莉的事業很成功，從繪製一次性插畫到創作四色圖書，爲她帶來固定的版稅收入；接著她開始製作卡片和月曆。瑪莉希望她的職業能帶給她自主權，容許她獨自進行自己喜愛的工作，並且讓她能自行安排工作時間。不過多年後，她一開始想要的那些卻讓她愈來愈不快樂。因爲她無法妥善管理自己的時間，每個案子都不斷推延交稿，她感覺自己被困在工作室裡，與外界逐漸失聯。

現在回頭看，瑪莉表示：「我工作的方式是在自我破壞，而且令人精疲力竭，包括生理、情緒，以及藝術方面都是如此。當然我的工作很棒，不過它也吞噬了我的生活，我錯過許多婚禮、喪禮、洗禮，以及家庭假日等。同時市場需求改變了，禮物書逐漸沒落，我工作酬勞也愈來愈低。」於是她開始逐漸重新想像自己的目標，逐步驅策自己在生命中找出不同的志向。更重要的是，她想要參與這個世界，和人群聯繫，遠離她藝術家的單獨工作生活。

有時候，一個似乎是內在的目標，最後卻會只得到外在的回饋。例如，大衛小時候歷經父母離婚，因此長大後刻意挑選家事法為他的專業，目標是協助夫妻，減緩家人因離婚過程而承受的壓力和痛苦。不過十年之後，他卻發現自己為客戶付出的努力，經常只是延長了他們的離婚過程，而且不時會增加他們家人所承受的傷害。這種領悟為他帶來了危機，於是他辭去律師事務所的合夥人職務，重新接受訓練，成為調停者。大衛花了兩年的時間下定決心離職，然後又花了三年時間創立自己的調停事務所，現在的謀生工作是來自內在動機。他的工作不但反映出他的自我意識，而且也是自我意識的一部分。

明確表達並詳細計畫目標，同時預期你未來可能需要做出的改變，這些都是有效的策略。

衝突或一致？

這個過程的下一個步驟是溫習你的短期和長期目標，檢視這些目標之間是否存在的衝突或一致性。你要自問自己的短期目標是否和長期目標有關聯，或者可以成為更遠大的目標的墊腳石。最好的狀況是，你的短期目標能幫助你更有機會達成某些長期目標；最糟的狀況則是，你會發現你的個人或職場方面，有某些目標是有衝突的。

先前已經探討過，衝突目標是不快樂和壓力的來源。當然了，完成某些長期目標，例如，在大公司當上合夥人、從無到有創立一番事業、上醫學院並成為專科醫生等，這些可能需要投注大量的時間和精力，而且不可避免地會和其他目標產生衝突，因為那些目標也需要你付出相同的有限時間和精力。在賺取足夠金錢的要求，以及渴望得到內在回饋和令人滿足的工作之間存在的衝突，相信大家早已耳熟能詳；另外還有成為親力親為的父母，以及追求需要投入大量時間和勤奮努力的工作，這兩者之間也經常出現衝突。同樣地，假如你全心投入職場，也就等於無法有太多時間去培養你的興趣，例如，打高爾夫、研究書籍裝訂、學習木工手藝等，無論這些活動能帶給你多少個人的回饋。至於這兩種衝突目標，哪種對你而言比較重要，這個問題只有你自己能回答，沒有一套通用的規則可以套用。

就拿瑞克來說，他在威斯康辛度過貧困的童年，遭父親遺棄，由母親獨力撫養他長大，靠著橄欖球獎學金他終於讀完大學，並且在一家常春藤盟校取得企業管理碩士的學位。瑞克在二十出頭時便定下目標，期許自己財務成功、情緒穩定又有安全感，以及有能力在工作上得到某種程度的自主性。他擁有堅強的意志，而且十分堅定，大學一畢業就結婚，迫切想要建立他不曾擁有的那種家庭。讀完商學院後，他在一家知名的顧問公司任職，每週工作六十到七十個小時，表現遠勝同儕，而且持續獲得一連串的晉升和加薪，並受到老闆的賞識和重用。不過在工作上的長時間付出卻危及他的婚姻，並且在公司的傳統背景下，他毫無自主權，這點也教他感到十分惱火，他的工作只是用來取悅老闆和客戶而已。不過瑞克依然繼續這樣生活下去，直到有一天，妻子離他而去，他才意識到事情不能再這樣下去了。

雖然這可能是他的轉捩點，但是他並沒有選擇改變。因為他的大多數朋友都和他一樣長時間工作，而他們的妻子也把焦點放在長期的獎勵上，例如，大房子和豪華汽車，因此毫無怨言。結果瑞克接受了這樣的觀點：這一切錯誤都在他的妻子的態度上。他在三年後再婚，而這次的婚姻持續不到一年便告終。他在三十七歲時遭遇到人生的困境，除了銀行的高額存款之外，其他什麼也沒有。之後他花了將近兩年的時間，找到他有信心的創業機會，然後開始找投資者。最後他成功地創業了，調整每週工作四十個小時，讓他有時間開始去投注一段新的感情。他終於找到方法兼顧職場及個人目標，而無須犧牲其中一項。

因此，假如你已經發現潛在的衝突目標，不妨開始一個取名為「衝突」的新欄位，把這些目標寫下來。假如你的目標具有一致性，那麼就先放著不動。

趨近和逃避

你的目標已經詳細安排好了，現在來想一下你要如何架構這些目標。你習慣把自己的目標視為趨近或逃避目標呢？這些目標之間是否能取得平衡，或者是有哪些比其他更具優勢呢？留意自己如何架構你的志向，可以幫助你更精準地判斷是否應該繼續朝同一個方向前進，或者需要改變跑道，即使只是做部分的改變。

優先順序的問題

為了讓你更了解自己的目標，請依照接下來敘述的步驟去做。這個延伸的詳細計畫練習有三個不同的部分，第一個部分具有創造性，並且是受到多倫多和麥基爾研究的啓發。

步驟一：描述在理想的狀況下，你的未來會是什麼模樣？盡量完整地想像，並且盡可能詳細描述細節。描述內容應該要包括理想中的你，所有個人努力都已經達成目標；還要包括你希望能夠擁有的舉止與特性，以及學習和精熟的目標。

盡可能確實寫出你的實際目標。想像你的個人和工作生活，你要住在哪裡，如何生活，還有你要怎樣使用時間和精力？想想看你已經達成哪些目標、休閒和工作之間如何保持平衡，以及你所體驗的個人滿意程度有多少？想像你的社會環境，以及你的家人和朋友圈。同時別忘了，你的財務狀況也要包含在這些想像的情節中。

步驟二：回到你的目標清單，依照重要性的順序複習，並且給予排序。假如你有衝突目標清單，也要把它們依照優先順序排列。每個欄位下面要預留足夠空間，讓你能寫幾個字或幾句話。劃掉一些經過思考後，你覺得不值得保留的目標，然後添加你認爲當初漏掉的目標。在排列優先順序時要盡量精確；假如有目標太過接近，不易分辨，就在旁邊註記（a）和（b）。

步驟三：在每個目標底下，寫下幾句話，說明這個目標爲何對你來說很重要，以及達成目標可以如何增加你的幸福感或成就感。假如你有衝突目標，在你認爲你會放棄的目標下面，寫下一、兩句說明，以及脫離這些目標會如何影響你的生活。同樣地，對於你認爲會繼續追求的目標，也要寫下幾句話，說明完成目標將如何讓你的生活更豐富，或者是改變你的生活。

完成這三個步驟之後，重新閱讀你寫下的理想未來生活，並且依序複習你的目標。最後自問以下的問題：

- 我的目標是否反映出自己對理想未來的願景？
- 我的短期目標是否對自己的長期目標有幫助？
- 我有多少目標是抽象而非具體的？我的心中是否有具體步驟來完成它們？
- 我的策略是否能有效達成自己的目標？如果不是的話，我有其他替代方案嗎？
- 假如不同目標之間產生衝突，我會考慮放棄哪一個？我用什麼樣的準則來做出選擇？
- 假如我想要脫離一個目標，我的計畫是什麼？我的心目中是否有替代目標？
- 我的內在動機目標和大部分是外在啓發的目標之間，是否有個平衡點呢？
- 我所有的目標和志向之中，哪些最可能讓我變得比現在更快樂？

使用心流來評估目標

書裡不止一次提到，人類其實不是很擅長察覺什麼才能讓自己快樂。個人幸福雖然沒有制式標準，也無法按圖索驥，不過仍有些原則可以幫助你更了解如何辨識幸福的來源。其中一項原則是心理學家米哈里・齊克森米哈里（Mihaly Csikszentmihalyi）提出的「心流」（flow）概念；可以運用這個概念來強化效果，無論是在詳細計畫目標、評估目標，或者是取決是否應該繼續追求或放棄。

解釋心流概念最簡單的方式是舉例說明。你是否還記得當自己全心投入某項活動，你是如此專注，以至於周遭的一切彷彿都消失不見了，當下全心全意、心無旁鶩。這項活動可能是任何一種任務，只要你從事時感到快樂，甚至是平靜，專注程度讓你忘了時間的存在；

除了與這種活動合而爲一的感覺之外，你在從事的過程中也能感受到相當的滿足及意義。這一刻賦予你一種掌控的感覺，以及自由感，把那些時常伴隨我們的日常憂慮和猶豫都拋到九霄雲外，這就是齊克森米哈里所謂的心流。他的說法是，心流的感受是一種全世界共通的經驗，沒有文化界限，也不受年齡或性別限制。

運動員常以心流來說明他們進行運動時的感受；你可能還記得本書中提過的游泳選手蒂卓亞，她曾描述游泳比賽帶給她「既疲憊又愉快，同時充滿活力的無可比擬感受」，而划船健將詹姆士則談到「將全部正念完全集中在單一任務上」，這些都是心流的描述。作家談到書中人物「在故事中自行發展」，音樂家則說到如何「沉浸」在音樂中；編織者描述工作時感受到的輕快感，以及她如何全然沉浸在編織過程中。當詩人葉慈寫出「我們如何能從舞蹈中認識舞者」時，心中想的可能也就是心流。

不過，心流的體驗不僅限於本質和創意有關的活動，也不需要是位藝術家或運動員，一般人在工作時也能體會到心流，甚至是進行編織或園藝等活動時也能體會到。你也可能是和朋友進行熱烈談話，或者是花時間陪伴孩子時，都能體驗到心流。

根據齊克森米哈里的概述，心流的體驗需要某種特定情境，從所謂的「自發經驗」（autotelic experience）開始，這個名詞是源自希臘文（auto代表自我，telos代表目標），與心流經驗的主要活動有關。根據齊克森米哈里的說法，這種活動的「本身就是目的」，並且「即使原先是因爲其他理由而從事這項活動，最後都能得到內在的獎勵」。他對具有內在價值及獎勵的目標的看法，吻合我們先前檢視過關於目標的其他理論。不過齊克森米哈里最獨特的貢獻是他提出的主張；首先，大多數活動都不是單純的自發導向，也不是單純的「外在導向」（exotelic，這個名詞是他用來形容出於外在原因而從事的活動），而是兩者的結合。他的說明也讓我們能明白，原先大多是基於外在原因而追求的目標，如何能變成滿足內在意義和價值的目標，以及這些目標如何能讓我們達到心流的狀態。

他列舉的案例之一是有些人接受訓練成為外科醫生，其外在導向原因包括幫助他人、賺錢，以及得到名聲。不過他說：「假如這些人運氣好的話，他們過一陣子之後會開始享受工作的樂趣，外科專業在很大的程度上也會變成自發導向。」心流讓我們超脫日常生活，改變我們的感受，因為我們和自身的行動息息相關。

一位出庭律師說明他的心流經驗：「我經歷的心流體驗，是在我某次向陪審團陳詞時，我忽然明白自己掌控了法庭。陪審團的每個人都在注視我、觀看我，聆聽並注意我說的每個字。在那一刻，時間似乎減緩了腳步，我沒有感到絲毫的猶豫不安，我有餘裕謹慎地選擇我的用詞，挑選精確的正確字眼來建立我的論證。我說的每句話都經過事先思考，因為我的心思轉動得比口中吐出的言語更快。我完全沉浸在那個時刻，一切都在我的掌控中。我知道這聽起來有些奇怪，一個人怎麼能同時『擁有掌控權』，卻又『完全沉浸在那個時刻中』呢？不過這就是我在當時的感受。」

一名女子也描述了她在大學教授文學課程時，體驗了心流經驗：「這種體驗當然不是在每個班級都會出現，不過它的出現有某種規律性。當我們在探討詩作或小說時，氣氛忽然轉變，我的學生全心投入並且心無旁騖，我知道在那一刻，他們全都體驗到這種經驗。我能看見他們臉上呈現的光采，他們明白了某些文字和其中涵義，或者出乎意料地直接領悟到書中角色及他們的情感。當下課鐘聲響起的那一刻，他們和我一樣顯得驚訝。他們又坐了一會兒，然後不情願地站起來。這種感覺彷彿是某種咒語剛消失了。」這也是心流體驗的敘述。

心流的最佳體驗不只需要你所從事的活動具有自發導向本質，更需要其他因素。這些因素包括有：

- **目標清楚，沒有矛盾對立的需求，需要做的事要很明確。**
- **目標的挑戰度和我們的能力要達到平衡，不像日常生活中，要求過高的情境可能會產生挫折感或焦慮，甚至是對缺乏挑戰性的任務感到厭煩。**
- **有立即的回饋。可以馬上知道自己的表現，並且很安心地知道我們的作為正確無誤。**
- **可以完全專心從事活動，不受任何干擾分心。**
- **能全心投入活動，對於外面周遭的事毫無察覺。**
- **不必去思考或擔心失敗。**
- **體驗到自我意識逐漸消失，不會去想其他人如何看待或評斷我們，也不會擔心要如何讓他人印象深刻，或是如何去影響他人。**
- **體驗到時間失真的感覺。**

從所從事的工作、為了自我滿足及樂趣而追求的活動或興趣、目前的人際關係，或者簡言之是每個人詳細計畫的許多目標，都可以用心流來評估。齊克斯米哈里的理論中，很重要的一項觀點是在目標的挑戰和你的技能之間取得平衡。心流源自平衡的觀點和文化觀點中，人們獲得成功和快樂的原因背道而馳，這也是放棄傳統智慧中「要求愈高，成就愈大」的有力論點。

從心流的角度想一下你從事的活動，或是你為自己設定的目標。你能為你的人生做怎樣的調整，才能更常體驗到心流呢？就心流的方面來說，你是否有需要更積極追求的目標呢？你能為你從事工作的方式，或是你從事的工作本身做出怎樣的改變呢？

一名四十多歲的婦女描述她如何修正目標：「我是在意外的狀況下開始從事行銷工作。我在大學畢業後的第一份工作是助理，之後依循公司的晉升制度不斷往上爬，沒有去多想自己是否熱愛這份工作。我很快樂，也賺了足夠的錢，還有餘力去旅行，一切都很美好。不過當公司易手經營，我遭到解雇之後，終於坐下來問自己：『接下來呢？』我有興趣的工作其實不多，我開始思考要自己創業。我明白自己真正喜愛的是規畫和解決問題，而不是執行行銷計畫。因此我投身顧問這一行，為小型公司做一對一服務。這真是讓我感到興奮不已的腦力激盪工作。」

這名女子沒有使用心流這個名詞，不過這正是她的體驗。我們提過的許多故事，包括辭去訴訟律師的職務之後，當上老師的律師吉兒，全都和心流以及個人需求（例如體驗滿足及與工作和其他活動等息息相關）有關。

除了檢視你的目標之外，無論這些目標是否能實現心流的體驗，很重要的一點是檢視這些目標是否有可能達成。這一點也關乎平衡的問題。

掌握心理對比

詳細規畫目標的第一部分完成後，現在該來檢視目標，看它們是否能夠達成。別忘了，決定目標是否能達成的因素有很多，例如，有充裕的時間、精力及其他資源，擁有達成目標的足夠技能和策略，以及該目標是否與其他重要目標出現衝突等。我們用來取決是否應該決心完成目標，或者是脫離目標的技能，就稱之爲「心理對比」（mental contrasting）。

心理對比需要你先在心中設定期待的未來，並且聚焦在可能阻礙實現這種未來的現實因素。這是一種心理練習，讓你在心中抱持對未來的願景，同時又能實際評估現在的狀況。若假如你以其他兩種可能的方式進行思考，可能會失去未來和現在的平衡點，這兩種方式包括只有正向思考未來（沉溺想像），或只有聚焦在目前實際狀況的負面部分（思考停滯）。根據心理學家蓋比瑞兒·歐廷根（Gabriele Oettingen）等人的研究顯示，沉溺想像和思考停滯都只會帶來中等的目標承諾，即使你很有機會可以成功。相同地，一味沉溺於想像未來或者是不斷思考目前的障礙，這些都會讓人投入一項成功機率微乎其微的目標，而這些人只有透過心理對比才能脫離這樣的目標。此外，心理對比能幫助落實長期和短期目標，以及完成這些目標的可能性。

短期目標可能像是，老闆給你選擇權去拒絕或接受在公司業務會議上做出精彩的四十分鐘會報。應付這種挑戰的傳統方式是給自己一番鼓勵（「你可以辦到的，丹！」），提醒自己以前曾經成功應付的挑戰，或者想像你在會報結束後得到的如雷掌聲以及老闆的笑臉。這種沉溺想像的方式當然會蓋過你的任何心理習性，或是可能阻礙驚人成功的傾向。另一方面來說，你可能會擔心害怕，你發現自己只能想像自己站在圖表和簡報面前，面對眼前一張張厭煩的臉，一句話也說不出來；這就是思考停滯。

此時如果運用心理對比，就可以把目標聚焦在做出一場驚人簡報，同時應付可能面對的潛在阻礙，包括你對公開談話的焦慮、你在壓力之下可能感到煩躁不安、你的拖延習慣、你在壓力之下說話會速度過快或口齒不清，或者是你在說每個句子時，都會習慣加上「嗯」當語助詞。

以具體的方式思考潛在困難，能幫助你考慮這些困難是否有辦法克服，以及進行會報可能帶來的好處（得到老闆的讚賞、讓公司總裁或高階主管有機會注意到你，以及也許能爲日後晉升鋪路）。你的正向思考是基於實際層面，強迫你將注意力放在需要怎麼做才能成功的部分，像是事前準備會幫助你減輕會報的焦慮，因此你會多練習報告，讓自己感覺更輕鬆。你會做筆記，寫下會報內容，然後調整配合你的論點，並且找人幫忙指導你。心理對比讓你能以全方位朝目標前進，包括認知（思考和計畫）、情感（對任務產生責任感及指揮感）、動機（由於潛在益處而激發動力），以及行爲（投注時間和努力）等方面。

心理對比可以用來評估並執行任何範疇的目標，可能是打造一座社區花園（障礙可能在於研究分區法、取得政府許可、籌措基金、進行公關宣傳、尋找志工，以及尋找護根物等）或轉換職場跑道（研究需要的證照、規畫如何取得這些證照、取得需要的經驗、上網搜尋或找人推薦、尋找工作）。在每個領域中，心理對比都能推動「如果／那麼」的思考模式，例如，「如果甲發生，那麼我就進行乙來對應」、「如果甲沒發生，那麼我就進行乙」，或者是「如果他或她以甲的方式行動，那麼我就以回答乙來因應」，然後規畫某些方式來克服達成目標的障礙。它會促使你採取行動，而非停滯不前，或困在舊模式中。這種歷程能釐清所有可能性，包括堅持可能無用的領悟。

對照來看，沉溺想像（抱持樂觀態度幻想你的夢想未來會如奇蹟般地實現）或思考停滯（聚焦在負面境況，並且陷溺於這種想法中）則都是完全自我參照的效果。它們會將你的選擇限定在人際關係的範圍內。這種來自心理對照的如果／那麼思考方式能幫助你事前規畫面對狀況時的回應方式，運用你所知的去預期問題。

試想一下，你的目標是停止和配偶或伴侶爭執錢的問題。此時若沉溺想像的觀點，可能會讓你想像一個沒有爭執、並且有無限資金的人生；而思考停滯的觀點會讓你聚焦在多年前發生的爭執，以及對方是如何揮霍成性或小氣吝嗇。但心理對比則能讓你思考，在面對不同的提示，提醒你過去曾經引發爭執的引爆點時，你該如何因應。在解決問題時，聚焦於當下的實際狀況，想想看你能說哪些話來解除狀況的危機，或是讓這場對話更有收穫；如此一來，你也會變成一位更專注的傾聽者。如果／那麼的思考方式讓你能以行動和回應，重新架構任何的狀況。

情緒智能可以幫助我們管理情緒，並且用來告知我們的思考歷程；同樣地，心理對比也能幫助我們提升動機和行為方面的智能。無論成功的機率有多低，我們天性都會選擇堅持下去，但是心理對比能爲我們提供一個平衡點；它也能讓我們免於服從更高的權威，打造行動的計畫；甚至在必要的時候，它可以帶給我們力量和鼓勵以脫離目標。

由內而外的心理對比

測量腦部活動的研究顯示，心理對比不只是一種理論構造，也是一種不同於沉溺想像、思考停滯，或是靜止的活動。研究也顯示，心理對比只能在某些特定的境況下測量。而這些研究發現也符合了鮑米斯特等人在自我耗損及其他能力的報告內容。

研究者運用腦部影像，發現心理對比和沉溺想像是兩種不同的活動。心理對比會導致和工作記憶及意向形成相關的腦部區塊產生增強活動；而很有趣的是，負責情節記憶及鮮明清晰心像的區塊也出現腦部活動增強，「這代表心理對比是基於提取過去的個人事件，以及複雜的刺激歷程，例如重新體驗過去事件等。」

研究者進一步表示，這些研究結果顯示因爲心理對比耗損工作記憶，因此需要在認知需求不大的時候進行；它應該是一個單獨進行的活動，無法與其他任務合併處理，也不能在當事者有壓力或感到疲憊時進行。

所以當你能清楚計畫你的目標，心理對比便成爲有力的工具，幫助你決定是否要持續投入、重新定義，或者是脫離目標。無論你最終的意向爲何，這都會成爲你擁有的工具之一。

忘記小火車

談到爲達成目標做好心理準備時，那些別人一再告訴我們眞的很有用的啦啦隊式宣言，例如「你辦得到！」或是「我認爲我可以」，其實根本不管用。在一項自我對話的研究中，亞伯拉罕・西奈（Ibrahim Senay）和他的研究小組提出假設，疑問句（我是否會）比直述句（我會）能產生更多追求目標的動力，因爲這種句型能啓發人們去思考追求目標的內在理由，因此產生較佳的任務表現。而他們的研究結果也證實了這點。

那些被問及「是否會」解開重組字謎的受試者，比起那些單純認爲自己「會」解開字謎的受試者，表現的成績要好很多。接著在第二場實驗中，受試者先接受促發，書寫「我是否會」、「我會」、「我」、「會」等字二十遍，然後拿到十題重組字謎進行解答，結果只有接受「我是否會」促發的那一組有較好的表現成績。而在第三場實驗中，受試者首先被要求寫下研究者朗誦的一組二十四個數字；這些可能是隨機數字，也可能有模式可依循。受試者被告知這項練習可以幫助他們淨空思緒，以便進行手寫測試（這次測試只使用兩個詞：「我是否會」或是「我會」），接著他們要報告自己在接下來一週內的運動計畫，以及他們打算花多少時間進行。研究者認爲依隨機順序書寫會減弱重複書寫「我是否會」的效能，而研究結果也證實了這點。受到「我是否會」促發的那一組加上有模式可循的數字練習，最後得到的成效最佳。在第四場，也是最後一場實驗中，受試者則在接受「我是否會」或是「我會」的促發之後，被問及他們繼續規律做運動或開始做運動的計畫，接著他們要評量十二項運動的理由如何反映出他們的想法。其中有六項是內在理由（例如「我要爲個人健康負責」），另外有六項是外在理由（「因爲假如不這麼做，我會感到有罪惡感，或是以自己爲恥」）。受到「我是否會」促發的那一組絲毫不受外在理由影響，不過卻因爲內在理由而運動。

因此，假如你想進行自我對話以便激勵自己，不要使用「我能」或「我會」這樣的句型。相反地，你應該拿只有你能回答的問題：「我是否會？」來激勵自己。這樣能引發你追求目標的所有內在理由，並且增強你的自主感。

信心大躍進

讓我們回到藝術家瑪莉的故事，在獨立工作了二十年之後，她終於明白自己的原始目標已經無法再帶給她快樂了。起初，她想不出來自己接下來還能做些什麼；除了當畫家，她沒有其他的實際工作經驗。她拼湊出一些暫時的解決方案，以滿足她謀生及追求快樂的雙重要求。她繼續接案，不過也開始進行一些新企畫，讓自己能走出工作室，和外界有所接觸。接著她成爲藝術家的擁護者，取得調停者的證照；她也開辦研習會，爲藝術家提供建議，解決他們與客戶之間的紛爭，談判權益，以及了解複雜難懂的版權法。雖然瑪莉從事這份能和外界接觸的工作，並且明白和他人接觸並提供協助是她的主要目標之一，不過卻不打算把所有時間都花在這上面。她同時繼續創作藝術，還沒準備要停止當一位藝術家，至少目前還沒有。

瑪莉的兩難是典型的狀況，發生在當我們定位自我的重大目標無法達成，而放棄的時機又還不夠成熟時。當堅持下去的念頭和脫離的能力無法達成平衡，根本沒有機會使人去想像一個不同的未來。

在瑪莉的案例中，行動的動力來自外在，也就是可怕的九一一事件及那些犧牲的生命。因爲瑪莉是一個土生土長的紐約人，那次事件啓發一種新的迫切感，爲她的生命帶來意義與安定。於是她停止創作藝術，聚焦在從事零售業的新職場道路，運用結合她的設計感及與人相處的能力，後來更成爲一名成功的商店經理。這種經驗也逐漸引導她走向另一份工作，滿足她向來追求的使命感：她最後在非營利機構工作，協助弱勢的青少年。她到現在爲止已經有十年不曾自稱是藝術家了，而且她也不想念作畫的時光，她將二十年來的作品全部數位化，偶爾會有機會授權那些畫作。當藝術家已經不再是她自我定位的首要方式，而且她毫不後悔。

然而，很不幸地，並不是每個人的狀況都如此，尤其當這個目標是某人的內在及中心目標。在這種時刻，掌握放棄的技巧便是絕對不可或缺，尤其是非自願的情況下喪失了自我定位，例如有人被資遣或解雇，或者是遭到配偶遺棄時。你必須做到管理失去、後悔，以及不適應的情感，以便完全脫離目標或是從頭來過，準備重新投入並設定新目標。接下來我們要追求的，是以自我知識及有自覺的策略，排除追求目標過程中的難題。

詳細計畫目標範例一

這一份目標計畫範例是由一名二十五歲的單身女子所填寫，她大學畢業，從事公關及社會媒體工作。這是她第一次記錄下的目標清單，沒有順序或排名。

	短期	長期
生活目標	對自己誠實 更能體諒他人 不要為了過去的決定苛責自己	依據真正的價值過著真誠的生活 對於自我的抉擇感到自在 接受過去已經過去的事實 了解人都是從錯誤中學習
職場／工作	培養精進技能 加強寫作能力及媒體關係 和那些不是為了獲利而參與的人互動聯繫 在能給予鼓勵的環境中找到工作 成為完全自給自足的人 感受到挑戰性，努力工作	在非營利機構工作 聚焦在幫助他人 每天醒來都對自己的職業感到滿意
人際關係	更常出去約會 加強現有的友誼 主動解決問題 去除表面化的友誼，精簡為真誠的小團體	建立並維持親密又互信的婚姻 生養小孩
學習／成就	更常投入志工工作 進修藝術史的碩士學位 對於自己有興趣學習的事物更主動	環遊世界 學會另一種語言 嘗試搬到其他都市生活

詳細計畫目標範例二

這份目標計畫範例是由一名三十八歲的已婚男子所填寫。他育有一名幼兒，大學畢業，從事記者及編輯工作。這是他的第一份版本，沒有排名或優先順序。

	短期	長期
生活目標	經濟穩定，存錢搬到更大的房子 確保自己在日常事務及壓力下，依然能當一個好的傾聽者 聚焦在享受當下	為家人健康醫療及未來教育存錢 繼續運動 跑半程馬拉松
職場／工作	能在更高的職位上有所表現 確保獲得加薪、晉升、紅利 在工作和家庭之間取得平衡 成為年輕團隊的精神導師	持續加強專業知識和技能，在這個產業保持活躍與密切關係
人際關係	讓我的妻子知道我每天都愛她並珍惜她 每年至少有一次大型旅行	當一個會去看孩子球賽的老爸 對兒子的人生帶來及時又正面的影響
學習／成就	盡量找時間看書	寫小說 學會一種語言，也許是葡萄牙文

第八章　如何順利放棄

有時候，我們激發自己執行放棄的能力，和個人性格、特性，或是內在的心理習性關係不大，而是和個人歷史（personal history）有較大的關聯。個人歷史是指童年經歷的事件，以及我們對父母及照護者產生的依附趨向和品質。早期依附和行爲的廣泛模式密切相關，影響了我們管理情緒的能力（無論我們採取的是趨近或逃避立場），以及我們對於成功和失敗的態度。童年擁有安全依附的人傾向於受到健康及具培育性的環境吸引，因爲這些能引起童年情緒的共鳴；他們面對潛在的不安或有害的環境時，也比較能去處理。不安全依附的人可能發現自己深受一些人或環境吸引，雖然能引起過去經驗的共鳴，卻讓他們感到很不快樂。

同時還要考慮的是：不好的事件對人們產生的衝擊，會比好的事件更持久。這話聽起來雖然不是太正面，不過卻很眞實，並且經過許多特定研究的證實。正如鮑米斯特等人所寫的文章〈壞的比好的更強大〉（Bad Is Stronger Than Good）中提到：「壞的情緒、壞的父母，以及壞的回饋，都會比好的造成更大的衝擊，而且壞消息也比好消息讓人更徹底消化吸收。」

人們並非總是有自覺地記憶、甚至是理解這些事件，不過它們卻影響了我們的自覺行動以及決定。我們可能有時沒有辨識出自己爲何以某種方式行動，或者是做出某種決定，原因不再於大腦的自動化歷程，而是有意識的覺察。

這些模式可能會阻礙投入目標或脫離目標，阻止我們去追求眞正需要或想要的，或是當我們需要離開時，卻讓我們停留在持續模式。和所有的無意識歷程相同，解決方式是要能夠覺察或意識到這些模式。

攝影師卡洛琳的故事便是最好的例子，它告訴我們這些舊有模式如何影響我們的思考和目標。卡洛琳來自美國中西部，不過她和許多年輕人一樣，大學畢業後懷抱著雄心壯志來到紐約市，她找到一份看似千載難逢的好機會，在一位著名攝影師的工作室中當接待人員。這是最低階的工作，不過經過了兩年的努力，她終於成爲攝影師的助理之一。攝影師是個很聰明的女性，不過性格卻暴躁又唐突，而且還是個完美主義者，她會在瞬間大發雷霆，嚴厲譴責身邊的人，所以她的助理大多都因撐不下去而離職。不過卡洛琳堅持不肯放棄，即使攝影師經常抱怨她不夠主動積極，卻又在她主動處理事務時責備她「逾越工作分際」。

在這種雙輸的局面下，卡洛琳的自我意識開始受到打擊。她的朋友、甚至是同事都勸她放棄，另外找工作，不過她仍執意要在工作崗位繼續撐下去。她以爲自己必須做的就是堅持到底，這是她實現夢想的最佳途徑，有一天她會成爲攝影師，擁有自己的工作室。卡洛琳希望在這裡學到的專業技能，最終能補償她在這裡日復一日、月復一月所度過的悲慘與沮喪的日子。又一年過去了，情況依然沒有好轉。

卡洛琳繼續撐下去，直到有一天她的姊姊從加州過來，到她的拍攝現場探班。她的姊姊親眼看到攝影師爲了燈光調整的問題，對卡洛琳大發脾氣，即使燈光的設置是由攝影師親自指導。而就算卡洛琳沒有做錯什麼，她依然道歉連連。事後卡洛琳的姊姊提到攝影師是如何謾罵成性，而且這種長篇的言語攻擊讓她想起自己吹毛求疵的父親，在她們小時候父親如何對她們大聲叫嚷，而卡洛琳總是向他道歉，只爲了讓他停止繼續貶抑她。

卡洛琳十分震驚，對姊姊的觀察大感意外，不過一切的事態似乎忽然明朗了，她明白自己為何依然守住這份工作崗位，以及為何遲遲無法決心離職。她的老闆對待她的方式與父親對待她的態度如出一轍，而卡洛琳安撫攝影師的怒氣，正如她小時候安撫父親的方式一樣。當下她才恍然大悟，她必須離開，因為繼續留下來對她來說既不健康，也無法帶給她任何益處。於是她為自己訂下新目標，繼續往前走，並且放話出去說她想改變工作環境。幾個月之後，一名敵營的攝影師提供給她一份職務，她便跳槽了。

卡洛琳很幸運，因為她有一位敏銳又具觀察力的姊姊，並且學會處理童年時期引發的附帶影響。更幸運的是，在姊姊提出她的觀點後，卡洛琳能辨識出這種模式。對於大多數人來說，理解的道路會有些崎嶇，而且需要時間和努力才能了解為何我們會堅持某個目標，即使它已經無法滿足我們，或是帶給我們快樂了。

比爾的案例也是如此：他從二十二歲便開始踏入銀行業，不過卻感覺受困其中，而且對工作感到不滿意。他的部門沒有太多成長的空間，儘管不斷遊說，依然無法在公司得到晉升。而即使他感到沮喪不已，卻還是無法驅使自己去找銀行業以外的工作並且離職。過了六年後，比爾對自己的職務開始感到自在，他喜歡同事們，覺得自己對他們要負起責任感及忠誠度，對於栽培他的公司也是如此。忠誠度對他來說很重要，因為他是第一代的美國人，也是家中四個孩子的老大。他在成長過程中一直是父母親依賴的好幫手，為兄弟姊妹負起該負的責任，他也是家中唯一一個上高中及大學的人，因此很重視也很感激父母親的支持。比爾無法將他對工作環境「大家庭」的忠誠感，以及他在工作中的成長與自主權，毫無衝突地分開處理。心理諮商幫助他釐清這些議題，最後他終於有辦法開始尋找更適合的需求的新工作，並且離開原職。

公司團體當然不是你的家庭，不過毫不令人意外的是，我們有許多人都在不自覺之中，把對我們原生家庭的感情，無論是好的、壞的，或是冷漠的，全都轉移到工作環境中；通常我們會把這些感情反映到和同事的相處，甚至是面對老闆時，如同吉兒和比爾的故事所顯示。我們在性格形成時期學會適應身處的狀況，包括面對挑剔的父母或易怒的手足，以及表達自我的廣泛模式等，這些都會受到工作中的事件所引發。這些「令人感到舒適」的模式其實並未提供眞正的舒適，只不過是一些我們熟悉的感受而已。這也說明了我們爲何有時候會不自覺地妨害自己，成爲讓自己不快樂的幫兇，在需要離開的時候卻堅持留下來。

這些模式經常出現在個人人際關係的領域，特別是婚姻或友誼；而需要有技巧又有自覺地放棄的，通常不是這些特定的人際關係，而是這種模式本身。

再拿伊莉莎白來說，她在成長過程中是由冷漠又挑剔的母親所陪伴，這種依附型態通常被稱爲是不安全型。就跟所有的小孩一樣，伊莉莎白迫切需要母親的愛及認可，並且盡力想取悅母親，然而卻徒勞無功，而這種堅持的模式從她的童年時期一直延續到青少年。當伊莉莎白長大後，表面看來功成名就：她畢業於常春藤盟校、在金融界事業有成、擁有親密好友，而且對很多事物都有興趣，不過在感情關係上卻一再受挫。她在不知不覺中受到吸引的男性類型，對待她的方式和她的母親如出一轍。於是不可避免地，和這些男子相處讓她的日子過得悲慘，不過她卻總是留了下來，很少提出分手。一直到她將近三十歲時，她明白自己必須想辦法解決爲何老是挑這類型男人的問題，因此開始去找心理諮商師諮詢。終於在諮商師的協助下，過了一陣子才停止複製兒時的情緒情境。她離開了最後一任挑剔又苛求的男友，訂定目標要找到一個以不同方式對待她的人生伴侶。

這些舒適模式可能在職場、家庭，甚至朋友間形成阻礙，就正如道恩在三十多歲時的領悟。道恩是個無法拒絕別人請求幫忙的人，無論這是否會對她造成多大的不便，每當辦公室有企畫案趕不完時，大家總是找她幫忙，因爲全部的人只有她沒小孩；而照顧年邁的父母方面也是如此，即使她還有兩個手足。她在童年時期夾在爭吵不休的父母之間，自處之道就是盡量幫忙家務。所以日後在她的大學及往後的時期，樂於伸出援手就成了她發展友誼的基礎。她是大家臨時求救的最佳對象，不過她不介意這麼做，因爲幫助他人讓她覺得自己很有用處。但是她嫁給瑞克之後，瑞克痛恨他們的計畫或需求被迫延後，只因爲有人臨時需要她的幫忙，而即使道恩明白瑞克的抱怨，卻依然難以打破這種模式。直到她和瑞克去見過心理諮商師，才明白自己必須踩住底線，至今她都還在努力克服這點，並且時時提醒自己。

數千年前，古代希臘人前往德爾非去見傳達神諭的女祭司，想聆聽自己決定的建議，看是否該繼續堅持某條道路或是放棄某個決定？而得到的第一句話總是「了解自己」，這句智慧的建言到現在依然深具價值。使用心理對比自問是否該堅持下去，或者是需要更努力尋求放棄？詢問自己目前身處的境況，是否符合你的行爲模式？接著要展開一連串的問題，探索你堅持下去或放棄的內在原因。

- 我對目前身處的境況是否感到熟悉？是哪方面的熟悉？
- 繼續堅持這條道路的話，能得到哪些益處？這些好處是否能和改變道路所得到的益處相比擬呢？
- 我的行為有多少成分是受到逃避的啓發？是否能對想逃避的部分多加努力呢？
- 我的堅持之中有多少成分是出自對於未知的恐懼，也就是害怕接下來會出現或不會出現什麼狀況？
- 我的堅持是否是為了要掌控狀況？這種狀況有可能被掌控嗎？
- 我是否使用正確的策略來管理情緒？我是否感覺被情緒淹沒了？我是否受到侵入性思維的困擾？
- 我受到害怕後悔的啓發成分有多大？或者是害怕犯了太早放棄或單純放棄的錯誤？

考慮因爲採取或不採取行動而可能帶來的後悔，這一點和我們探討過的其他心理堅持習性息息相關，包括沉沒成本謬誤以及承諾升高。不過這些都是思考的方式。後悔和思考有關（把你的作爲和最後結果拿來和可能性做比較，也就是拿現實和想像情況相比），它也是一種情緒，一種不請自來、巧妙地滲入你的決定的情緒，無論是設定目標或脫離目標都是如此。

管理後悔的情緒

在所有的情緒當中，後悔也許是最複雜的一種，也因此才會有許多心理學的理論學者，包括消費主義和經濟學等，都對這方面進行研究。我們在一生中難免都會感受到後悔；這種情緒落在法國女歌手艾迪絲・皮亞芙（Edith Piaf）唱的〈不，我毫無悔恨〉，以及劇作家亞瑟・米勒（Arthur Miller）爲劇中人物所寫的台詞：「也許我們能做的就是不要留下巨大的悔恨」的範圍之間。

後悔的形式和種類各有不同，從小型（希望週五晚上去參加派對而不是宅在家裡，或者是趁那條裙子還有尺寸時就下手購買）、中型（希望當初是選另一個工作而不是現在這個，或是投資好友大力推薦的那支股票），到巨大（當初應該和女友分手而不是娶了她，或是守住遺產而不是賭博花光）的後悔皆有。我們感到後悔痛楚的原因，可能是長期看來其實微不足道的小事，也可能是爲生活帶來陰影、甚至是改變一生的深沉悔恨。而後悔和自責以及懊悔更是密不可分。

荷蘭的心理學家馬賽爾・齊藍伯格（Marcel Zeelenberg）及瑞克・皮耶特斯（Rik Pieters）指出，後悔和嬰兒感受到的那些基本情緒，例如，快樂、恐懼或悲傷等不同，因爲它不帶有面部表情，而且是在人生的後期才習得的情緒。一項研究指出，七歲的小孩能感受到後悔，因爲他們會將現實發生的狀況和可能狀況拿來做對比，而五歲的小孩則沒有這種能力。這種比較歷程的學名稱爲「反事實思考」（counterfactual thinking）。

明白避免後悔在人生中扮演多麼重大的角色，不但能幫你進行有技巧的放棄，還能協助闡明堅持模式背後的理由。

關於後悔的初期理論之一，是由諾貝爾獎得主卡尼曼及特維斯基提出的一項研究結果。在這項研究中，他們要求學生思考在兩種假設境況中，哪一種會引起較大的後悔程度。回答者要想像有兩名投資者，其中一名擁有A公司的股票，考慮賣掉以購買B公司的股票，但是決定不要這麼做；但後來發現假如他當初購買B公司股票的話，現在就可以賺進美金一千兩百元。第二名投資者擁有B公司股票，賣掉之後買進了A公司股票；他後來也發現假如自己保留公司股票，現在就會多出美金一千兩百元的資產。所以問題是：這兩名投資者之中，誰會感到比較後悔？

請讀者先自行回答，然後再看這兩位心理學家的研究結果：有高達百分之九十二的回答者都認爲採取行動者，也就是賣掉B公司股票的投資者，會比因爲沒有採取行動（沒有購買B公司股票）而失去賺進一千兩百元機會的投資者，感到更加地懊悔。

這種結果當然是違反直覺地，因爲兩名投資者都發現自己身處相同的境況，也就是失去賺進一千兩百美元的潛在機會，大家爲何會認爲其中一人比另外一人感到更加地後悔呢？卡尼曼在他的著作《快思慢想》中做出說明：「在結果相同的情況下，人們期待對於採取行動產生的情感，比起未採取行動而產生的情感更強烈。」他聲稱這種非對稱性無論是對失去及獲得，或者是在責備和後悔之間，都是一樣地強烈。他也提出了解釋以說明原因：「關鍵不在於作爲及不作爲之間的差別，而是預設的選項及脫離預設的行動之間的差別。當你脫離預設的選項，你可以輕易地想像規範；假如預設和不好的結果有關，這兩者之間的差異可能就是痛苦的來源。」他提出的範例是電腦二十一點的遊戲玩家；當他們採取行動，無論是同意加牌或停牌，都會帶來比拒絕行動時更多的後悔。在他的觀點中，損失規避和後悔息息相關：「後悔風險中的非對稱性助長了保守的風險規避選擇。」

不過後來由湯瑪士・吉洛維克（Thomas Gilovic）及維多利亞・哈斯提德・麥德威克（Victoria Husted Medvec）進行的一系列研究，挑戰了這項理論。這些研究提出反駁，表示卡尼曼及特維斯基的論點雖然有力，然而並未眞正符合關於後悔的一般觀察，也就是「當人們被問及一生中最大的悔恨時，答案似乎都是聚焦在他們失敗的事情上」。套用詩人羅勃・佛洛斯特（Robert Frost）的話，以下哪種情況下會讓我們感到更後悔：選擇了某條道路，或是未選擇那條道路（卡尼曼及吉洛維克和麥德威克之間的爭議，後來在一份三人共同出版的報告中加以闡述說明）？

吉洛維克和麥德威克的研究結果十分驚人，並且描述了許多在本書中探討過的心理歷程如何影響及調解後悔的感受。他們假設時間推移會影響我們對於已採取及未採取的行動的後悔感受；接著他們也主張人們一開始會對已採取的行動感到較爲沮喪，不過未採取行動會隨著時間而引發更多的後悔。他們進行的一項廣泛調查也證實了這項假設，以及另一項有趣的觀察：由於未採取行動而感到後悔的人數，是採取行動卻後悔的人數的兩倍。因爲只有極小部分的後悔是聚焦在非人爲控制的環境，研究者也做出了以下的結論：個人的責任感是後悔經驗的核心焦點。舉例來說，你對於自己不曾聽信投資顧問的強烈建議，在二〇〇七年股市崩盤之前賣掉股票，感到懊悔不已；相反地，假如你不曾先得到消息，你可能會對於損失的金錢感到遺憾，不過你不會認爲自己要負起什麼責任。

吉洛維克和麥德威克主持了一些研究，判斷長期和短期後悔之間的差異。他們對受試者提出下列狀況：戴夫和吉姆這兩位年輕人彼此不認識，但是上了同一所大學；他們兩人都不快樂，而且都考慮要轉到另一所較出色的學校。不過兩人對於這項決定都感到苦惱，到了最後戴夫決定留下來，而吉姆轉學了。結果兩人對自己的決定都感到不滿意：戴夫希望自己當初決定轉學，而吉姆則希望自己當初決定留下來。

當你閱讀以下問題，請你也和受試者一樣作答：一、誰在短期時間內會覺得比較後悔？二、誰在長期時間內會比較後悔自己的選擇？

受試者的答案證實了研究者的假設：有百分之七十六的人認爲採取行動轉學的吉姆，在短期內會感到比較後悔；不過也有高達百分之六十三的人認爲沒有採取行動的戴夫，後悔程度會更持久。然而更貼近我們要探討的主題是吉洛維克和麥德威克所提出的架構，明白後悔爲何會隨著時間而轉變。他們大多數的觀察都吻合我們書中探討過的內容，不過還是值得複習一遍，因爲這能幫助說明後悔在生活中如何產生影響，以及可能會干擾脫離。

後悔的行動變得比較不令人痛苦，是因爲人們會採取補償行爲，以修正他們過去犯的錯誤，並且找出能爲過去行爲開脫罪名的一線希望。人們將錯誤中學得的教訓及失敗視爲是這種歷程的一部分。同樣地，當你明瞭自己嫁或娶錯了人，或許能幫助你決心提出離婚；不過你可能也會毫無來由地想起了過往的甜蜜回憶，以及當初對方有多迷人，然後爲當初決定結婚這件事脫罪。或者你也可能提出終極的最後希望：「假如我沒有和對方結婚，我就不會有這麼棒的孩子了。」從正向的觀點來重新架構過去發生的事，將它們合理化，這就是吉伯特在另一份報告中所稱的「心理免疫系統」（psychological immune system）。

若選擇不作爲或許能以減輕後悔的痛苦的方式來重新進行架構，不過這麼做既無效也不持久。原因之一是，因後悔而不作爲將更難重新進行架構，因爲你在回顧時往往會清楚地發現，你不採取作爲的理由（不願離鄉背井去上大學，因爲你不想和好友失去聯絡；不約那個女孩出去，因爲她一定會拒絕你；不和大學男友或女友結婚，因爲你們的政治信念不同）經過時間的考驗之後，會顯得站不住腳。因此，我們大多數人都會運用吉洛維克和麥德威克所謂的「回溯性信心」（retrospective confidence）來消除過去視爲關鍵及決定性的因素，以便爲自己過去的不作爲開脫罪名：你現在大可以找出方法回家，即使你在加州也一樣；你想不出她有什麼理由不和你出去；你和你的男友或女友會想辦法解決問題，因爲你們深愛彼此。經過一段時間之後，你可能會無法抓住當時不作爲的眞正理由，而不是點頭同意確實是如此。

由於作爲引起的後悔十分有限，並且會因爲回溯性觀點而逐漸減輕；而不作爲的開放性本質，也就是有如電影情節般的「假如當初……的話會如何」及「如果……就好了」，則擁有無限的可能性，正如同費茲傑羅的小說《大亨小傳》中明確表達的觀點。柴嘉尼效應[1]也使得由不作爲引起的後悔更加難以減輕。

後悔是一種複雜的情緒，因爲它的來源是比較；因此即便你的作爲並沒有造成不好的結果，你還是有可能會感到後悔。這種觀點導致心理學家泰瑞・康諾利（Terry Connolly）及馬塞爾・齊林柏格（Marcel Zeelenberg）提出了「決策正當理論」（decision justification theory），主張後悔有兩種來源，一種是和結果的比較評價有關，另一種則和做出糟糕的選擇而產生的自責有關，這種糟糕的選擇可能是和自己的行爲標準及意圖前後不一致有關。重點是即使沒有出現不好的結果，你依然可能爲自己的選擇自責不已或感到後悔。他們提出的案例是假如你在派對上多喝了幾杯，然後決定開車回家。雖然最後你一路平安地順利回到了家，不過卻依然後悔自己這麼做，因爲你通常不會去做這麼危險又愚蠢的事。決策正當理論主張的是，你對於自己作爲或不作爲前後不一致的感覺，比起你的思想和行爲一致而做出決定，將導致更嚴重的後悔。假如你通常是個小心謹慎的人，一個帶來壞結果的臨時決定，會比你儘管喝醉卻依然小心行事的決定，讓你感覺更後悔，並且自責不已。

因爲後悔被視爲是嫌惡情緒（感覺不太好），人類被假設爲想要設法管理這種情緒。也就如你可能的預期，研究者塔德・麥伊洛伊（Todd McElroy）及基斯・道茲（Keith Dows）發現，行動取向的個體比較懂得管理自己的情緒，因此也比較擅長目標脫離；而這類型的人不像狀態取向的人承受那麼多的後悔情緒。研究者也發現，狀態取向的人無論面臨作爲或不作爲的情況，都會表現出較深的後悔程度。這項觀察並不令人感到意外，因爲狀態取向的人通常有管理負面情緒方面的困難，當然後悔也不例外。相反地，行動取向的人的後悔程度較

1　Zeigarnik effect，也就是心裡會掛念未完成的事物，推動我們去完成的方式。

低，除了當他們沒有採取行動時。這項研究發現強調的是不一致的行爲如何造成後悔，而一致的行爲則否。

假如你已經將自己定位爲行動取向或狀態取向者，你就能評量自己的能力（或是缺乏能力）去管理後悔的情緒，以及後悔的預期如何影響了你平時的決定，還有你的放棄能力。

從後悔中學習

大多數心理學論文都假設後悔的情緒是負面的，因此需要避免，不過柯林・賽佛瑞（Colleen Saffrey）等人則抱持違反直覺的觀點，探索後悔的經驗是否能帶來任何心理方面的益處，以及一般人是否能辨識那些益處。他們懷疑後悔是否能幫助觸發或引導未來行爲朝向渴望的結果發展。後悔的情緒是否能以正向的方式，幫助人們爲負面經驗找出合理的解釋呢？人們究竟將後悔視爲具有潛在益處、令人厭惡的情緒，或者是兩者皆有呢？

他們的第一項實驗是檢視個體是否重視後悔的經驗，以及他們在這種經驗裡看見的價值，是否符合其他負面情緒經驗的「光明面」。研究者讓受試者完成一項調查，其中包含九種負面情緒（後悔、憤怒、焦慮、無聊、失望、恐懼、罪惡感、忌妒，以及悲傷），另外還有四種正向情緒（喜悅、愛、驕傲，以及放鬆）。不出所料地，四種正向情緒都被視爲是受人喜愛及有益處的，不過即使是負面情緒也會有正向的聯想。其中最主要的例外是焦慮、無聊、忌妒，並且最後一種毫無疑問地被視爲不受喜愛。不過後悔和失望受人喜愛的程度，比憤怒、罪惡感或悲傷還要高出許多，甚至超過了驕傲這種正向情緒；這種結果顯示出個體的確在後悔之中看到了價值。

賽佛瑞等人的第二項研究是，檢視後悔的經驗是否能幫助個體找出狀況的意義，並且引導他們追求渴望的結果或是逃避現狀。此外，研究者也檢視負面情緒是否能驅使個體進行自我檢驗或其他深入思考，以及負面情緒是否能引導個體更親近他人（他們沒有測試負面情緒是否能達成這些結果，只有測試人們是否相信自己會這麼做）。最後，由於個體傾向於以正向態度看待後悔，研究者想知道受試者是否會評估自己經歷比他人有更多的後悔。這聽起來根本違反直覺，爲什麼有人會相信自己經歷過比他人更多的後悔呢？不過既然我們都看到了，人們傾向於不僅視自己爲超出平均標準，而且擁有比他人更多的才能；因此在論及後悔這方面時，假如他們把後悔視爲正向、甚至是擁有啓發性的經驗，他們是否也會表現出相同的自我偏差呢？

受試者拿到一份後悔程度表，內容是由一系列的陳述組成。他們要分別就每項陳述表達同意或不同意，首先是表達自己的意見，然後是某位友人可能會做出的回答。這些陳述的本身很有趣，並且陳述如下，你自己也可以嘗試回答（這些陳述原本是由巴瑞•史瓦茲〔Barry Schwartz〕及安德魯•華德〔Andrew Ward〕等人，爲了另一項研究而研發）。

一、當我做出一項選擇，我會很好奇假如自己做了另一種選擇，結果會如何。

二、我做出選擇之後，都會設法得知其他選項的最後結果。

三、假如我做了選擇，結果很不錯，不過當我發現另一種選擇的結果更好時，我還是會

感到某種失敗感。

四、當我思考自己的人生表現時，我經常會評估我拒絕過的那些可能性。

五、我一旦做了決定就不會回頭。

你可以看見這其中的細微差別；在第一項陳述（感到好奇）和第五項（從不回頭）之間有很多空間。假如可以的話，你不妨嘗試在這份清單中找出你自己的立場。

接下來受試者要聚焦在十二項負面情緒上（後悔、憤怒、焦慮、無聊、失望、厭惡、恐懼、挫折、愧疚、忌妒、悲傷，以及羞恥），並且針對每項情緒的兩種陳述表達同意或不同意，以五種正向功能來給它們評分：爲情況做出合理解釋、對未來的行動告知或啓發方法、避免犯下相同的錯誤、個人反省、改善與他人的關係及更了解他人。

研究者發現，人們認爲後悔能發揮這五種功能，這一點尤其證實了第一項研究的結果，也就是後悔被視爲具有正向益處（你應該也不會感到意外，在所有受到評估的負面情緒中，還有愧疚、羞恥及失望等三項，也被視爲對行爲上具有正項的效果）。最後，這些受試者確實認爲自己比友人經歷了更多後悔的感受。因此皮亞芙在唱出她毫無悔恨時，也許她的心理狀態要一點調適。

正如賽佛特等人提及，相信後悔是正向情緒的態度可能只是一種應對機制，也就是吉伯特等人稱爲心理免疫系統的一部分。然而反事實思考（後悔的基本思維）以及它如何增進或削弱我們掌握放棄技巧方面的努力，仍值得我們深入探討。

關於反事實思考

我們看到了使用心理對比，也就是在心中同時抱持對未來的希望及阻礙這種希望的實際現況，會如何啓發行動以及目標的完成，因此研究者也主張反事實思考可能在追尋及設定目標方面扮演重要的角色。反事實思考的不同處在於，它運用修正過去的事件來告知未來。這些思考能聚焦在以較佳的方式（upward counterfactual thinking，向上反事實思考，也就是促進後悔）或較糟的選擇（downward counterfactual thinking，向下反事實思考，可能協助管理情緒）來處理已發生的事件。

舉例來說，你期待得到晉升和加薪，不過錯過這次擢升讓你感到失望不已。向上反事實思考會讓你感到後悔，不過接著你會開始思考你能採取哪些不同的方式，以獲得另一次的機會。這會使得你開始重新架構新的想法，引發新的行爲，並且在未來有可能會導致成功的結果。另一方面，若同時你獲知部門裡有兩個人遭到了資遣，在向下反事實思考的影響下，你雖然會開始仔細思考錯過擢升這件事，不過也會認爲事情原本有可能會更糟，你可能是那個被解雇的人。

凱伊・艾皮斯圖德（Kai Epstude）及尼爾・羅伊斯（Neal J. Roese）指出，反事實思考可能有助於管理行爲，因爲它是由失敗的目標引發，並且讓當事者聚焦在如何做才能達成目標（「假如我做甲，乙就會發生」），如此一來能提供某種方向（「下一次，我會做甲，乙就會發生」）並改變行爲。反事實思考開啓一扇大門，藉由聚焦在修正過去而改變未來的行爲。對於錯過擢升的員工來說，你可能會明白原來你做得不夠多，以至於主管並未察覺你對該部門的貢獻，於是你會聚焦在提升工作品質，以便在未來贏得他們的注意力。但另一種反應是，你可能會歸結你的錯誤阻礙了晉升之路，於是聚焦在盡量少犯錯誤上。

最理想的是，反事實思考讓你去想像你能採取哪些行動來確保達成目標，進而組成新策略。爲了成功達成目標，你需要考慮相當程度的現實狀況，讓你遠離一廂情願的想法。試想在錯過擢升的案例中，假如你的反事實思考只聚焦在主管的短處上，想像如果你的晉升之路沒有遭到那些愚蠢的主管階級阻礙，這樣的反事實思考只會帶來毫無成效或用處的作爲。當然了，不是所有的反事實思考都會帶來成效，聚焦在無法改變的作爲（「假如我沒有嫁給他」，「假如我能在二十出頭時去念牙醫系就好了」，「假如我的老闆能夠不一樣又聰明一點就好了」）只會讓你走進死胡同。反事實思考如果結合了反覆思考，恐怕不是一條好的出路。

你和後悔

只有自己才能回答後悔在你的人生中產生哪種作用。你是把後悔視爲絕跡學習經驗的一部分，或者你傾向認爲尋找一絲希望（「挫折只會讓你更堅強」）只是自我安慰和理性化的一種形式呢？你處理後悔情緒的方式對你有益或有害，讓你聚焦在下次成功達成目標的方式，或者只是讓你聚焦在逃避呢？後悔是否能增強你的能力，運用反事實思考去督促自己採取行動呢？

在一項主題爲「我們最後悔的是……以及原因爲何」的有趣大型分析報告中，羅伊斯及艾咪・桑莫菲爾（Amy Summerville，也就是主持後悔的正向觀點研究的同一組研究者）提出一份排列清單，顯示美國人最感到後悔的幾件事。你在閱讀的同時不妨也思考自己的排序。

以下列出前六名最後悔的領域，依照遞減的順序依次爲：教育、事業、感情、教養子女、自我成長，以及娛樂（假如你感到好奇的話，接下來的六項是財務、家庭、健康、朋友、心靈，以及社群）。教育高居後悔的第一名，讓人感到有些意外，不過研究者爲這點提出辯護：「機會培育後悔。當矯正反應最明顯時，不滿足及失望的感覺最爲強烈。」從這種觀點來看，目前全美擁有各種程度的廣泛教育機會，因此不出所料，後悔教育選擇（未完成高中教育或沒念大學、輟學、沒有學會能幫助你在其他領域發展的技能）會高居排名榜首。當然了，這些觀察支持的觀點是，後悔的最深來源是那些未曾選取的道路。

想一下你自己感到後悔的事，發生在哪些生活領域，以及它們和你希望追求及但願能放棄的目標有何關聯。齊藍伯格及皮耶特斯將與後悔相關的應對策略分類，有些有成效，有些則否，不過這些都能用來管理和規範後悔。你可以看自己的策略是否也包括在裡面。因爲有些後悔似乎是建構在人的境況之中（我們都會犯錯或做出不好的決定），第一項策略就是加強你做決定的能力，以及把後悔的可能性計入冒險的因素之一。比較不合適但卻很常見的管理後悔策略是，增加修正決定、延遲或避免決定，或者是轉移做決定的責任（「都是我的投資顧問太差勁，錯不在我。」）。

聚焦在替代性選擇，無論是擴大或限制你的選擇項目，或者是在需要時確定你可以翻轉自己的決定。同樣地，你也可以有自覺地避免自己未選取的道路所帶來的反饋；和朋友、伴侶，甚至是熟識的人不斷提起你不曾去做的事可能不會有幫助。在這種情況下，有句諺語說得好：覆水難收。還記得提姆的故事嗎？那個想轉換職場跑道的律師，不過卻一直搞砸面試的機會，因爲他不斷提及當初不該去念法學院。這就是後悔和未經思索的自責在發揮作用。這也是羅貝塔的眞實情況；她在離婚十年後，依然每天不斷感到後悔，彷彿對後悔念念不忘就能爲她帶來另一次機會似的。然而事實正好相反，她反芻後悔的行爲阻礙她以各式各樣的方式重新塑造生活。

假如你傾向於陷入後悔的困境，也許最佳的策略就是預期後悔。你要認清你做的某些選擇會在未來帶來後悔，並且盡你所能準備好管理那些後悔的情緒。

應付延遲放棄

毫無疑問地，放棄有時候需要大量的信心去想像尙未發生的未來，以及願意接受失敗的可能性，還有隨之而來的情緒波動。既然堅持到底和立場不變是人類行爲的預設設定，成功脫離目標就可能會在情感、認知、動機和行爲方面受到拖延。我們在本書中提及的某些策略現在再讓你重新溫習一次。

・管理反芻

停滯在發生或未發生的事件中，也就是作為或不作為的舉動之間，不僅是造成後悔的源頭，同時也是反芻的基礎。反芻會阻礙行動，消耗你要用來打造新目標的相同能量。它任你和未達成的目標緊密相連，並且阻礙你去想像未來的新目標（沒錯，柴嘉尼效應又出現了）。你可以給自己分配一段擔心的時間，如同我們先前建議的那樣；或者正面處理你的思維，將這些憂慮寫下來，以便具體察覺。你也可以訓練自己專注在分心因子上，舉例來說，萊絲莉管理憂慮的方法是在心中想像花朵的意象。她專注想像花朵的每個細節，花梗、花瓣、雄蕊、雌蕊，一直到她能掌控自己的思緒為止。

一項由安奈特・凡・蘭登布洛（Annette van Randenborgh）等人主持的反芻研究發現，受試者接受與自身無關的隨機分心因子（「想像大提琴的輪廓」、「想像組成汽車的零件」），會比那些被要求在進行實驗之前反芻（「思考你為何成為現在這樣」、「思考你的家人和朋友對你的期望」）的受試者，更能夠脫離無法解答的重組字謎。

・專注完成任務

把你要做的事分成較小的步驟，或者是自己設定同期目標，可能會有所幫助。別忘了「難以達成的目標具有啟發性」的傳統看法並不是事實，如我們所見，具體計畫是大多數成就的關鍵，寫下步驟能幫助你判斷你的策略是否實際。既然渴望未來的強烈心理呈現能促進設定目標，想像你的人生未來模樣的種種細節，也能帶給你激勵鼓舞。

・反覆灌輸事實

你爲自己設定的新目標是否實際呢？你的天分和能力是否足以實踐這些目標？別忘了人類的天性通常過於樂觀（而且傾向於高估自己的能力和技能），因此盡量具體評估你的目標。運用心理對比來評估你的能力、目標，以及你擬定的策略。假如你落入了反事實思考的模式，要確保這些目標是依據現實狀況而定。假如你不確定自己的目標是否能夠達成，給自己設定一段截止時間，方便你監督進度。

・保持心流

針對你體驗心流的時刻評估狀況，激勵自己，想像達成目標將能如何增進生命中的心流。當自己的啦啦隊員，對自己提出問題（「我是否能做到甲？」），而不是做單純的陳述（「我會做到甲）」。別忘了，放棄目標和設定新目標，都是需要你運用有彈性的方式去處理的重要創造活動。

・取得支持

假如你需要脫離某項目標、管理思緒或情緒，或者是找出新方向，你應該要尋求建議。無論文化的迷思怎麼說，單打獨鬥沒有什麼益處可言。尤其當你因爲遭到解雇、或者是人生或事業上運氣不佳時更是如此。

・明白自己必須放下橡膠鴨

這句話的出處是來自《芝麻街》的歌曲；假如你成長於一九八〇年代之後，或者是你的孩子看過這節目，你肯定不會忘記。裡頭角色厄尼想要吹薩克斯風，他對貓頭鷹胡特抱怨說自己吹出來的只有嘎吱聲。這種嘎吱聲其實是來自厄尼愛不釋手的橡膠鴨，讓他吹不成薩克斯風。這裡頭的隱喻是，假如我們想要邁向未來，我們都要放下那隻橡膠鴨，也就是過去的習慣、舒適圈、未完成的目標、遭遇失敗的努力等。

想要掌握放棄的技巧，你需要先放下那隻橡膠鴨。

第九章

重新設定你的內在羅盤

眞實世界的羅盤當然無法重新設定，因爲方位度數都是固定的。不過我們的「內在羅盤」卻可以。這是一種隱喻，指的是認知、動機；行爲及自我之間的複雜互動，因此你可以重新設定這個羅盤。我們爲自己設定的目標反映出我們是什麼樣的人，以及我們想當什麼樣的人。本書中的前面章節聚焦在脫離眞實目標的阻礙，而除非你投入另一個新目標，否則脫離的歷程就無法完成。挑選新目標的前進行動激發更新的動機，接著引發新行爲。結合了從放棄歷程學到的教訓而重新投入，我們不但在心理和行爲方面都得以成長，並且能在這種歷程中重新打造各方面的自我。我們設定的新目標反映出現存的自我，以及想像中的未來自我。

心理學家查爾斯・卡文（Charles S. Carver）及麥可・席爾（Michael F. Scheier）提及，人生的一項關鍵技能是知道何時要堅持下去，以及何時需放棄；不過他們又添加了「另一項重要技能是完全放棄的能力，在情況證明需要放棄時，能夠眞正的放手」。結合這兩種技能可以帶來彈性，讓人能認清並踏出棘手的狀況，並且在容許改變的境況中盡最大的努力。

第一步是將你的能量導向新目標。

思考下一步

人們如何跳脫困境，走上充滿機會的開放道路呢？心理學不斷以各種方式提出並回答這樣的問題。我們已經知道和那些由外在強加、或者仰賴外在認同的外在目標相比，由內而外啓發的內在目標能產生較大的幸福感及滿足感。同樣地，和基於逃避壞結果的目標相比，本身具有正向意義的趨近目標能傳達更大的滿足感。

人類天生是目標取向，心理學家所謂的「主觀幸福感」（subjective well-being），也就是我們有多快樂的程度，端繫於我們的目標是否具有一致性，因此我們理解的每項目標，都能呈現出眞正的自我。這話的眞正涵義是什麼呢？羅伯特‧艾孟斯（Robert A. Emmons）說明，人類體驗主觀的幸福感，並不是因爲天生的演化就是朝人生目標前進；而這就是我們和其他目標取向的生物之間的區別之一，例如蚯蚓、松鼠，或是躺在你腳邊的貓或狗。

你在這一刻是否感到快樂的答案，不僅是由你的目標或你完成目標的進展來回答，而是另有答案。假如達成目標無法讓我們快樂，那麼還有什麼呢？答案在於我們的目標是否能反映出我們的自我。艾孟斯表示：「人類不只是個人目標的集合體。我們需要的是整體的組織原則，讓所有的個別目標能結合相容，成爲一致的結構……這就是定位或找出自我，打造出生命的整體目標。這種組織原則，也就是自我定位、找出自我或類似的結構，能夠將個體目標、未來狀態，以及渴望的結果串連在一起。」他的結論是，這種原則最終是爲了「尋求人生中的意義。人生的意義來自於能實現抱負的各種個人目標，將目標融合成一個更大的自我系統，以及讓這些目標融入更廣大的社會體系」。

我們提過一些關於放棄的故事，清楚說明了對一致性和人生意義的追求是最重要的；對我們來說，人生不是靜態的，而是不斷發展的歷程。在我們提過的故事中，環保專家羅伯特想要的工作，不僅要能反映並融合他關心的事，還要對人類做出更大的貢獻；游泳健將蒂卓亞面臨放棄主要的自我定位目標，另外找出能爲她帶來定位的領域。

先前提過的吉兒的故事就是最好的例子：她是個專精的律師，收入十分豐厚；在許多人的眼中，她擁有一份令人羨慕的工作。她的不快樂和不滿足來自於自己的工作不曾爲生命帶來意義，並且和她最深的自我定義彼此衝突，而她目前從事的教育孩童工作，能爲她帶來生命中最重要的聯繫性和目的感。就如同藝術家瑪莉過去二十年來的自我定位，已經無法滿足她了，因此她必須重新設定自己的目標。

事實上，並不是只有那百分之一不必擔心塡飽肚子問題的美國人，才有閒情逸致去尋求目標一致性和人生意義。如同齊克森米哈里所言，心流可能發生在幾乎是任何活動或工作中。在他的著作《快樂，從心開始》中，引述一份他主持的研究結果，內容是一百多名從事各種職業的男女自行提出報告。他們接收到呼叫器的提醒時，就記錄下自己的大致感受，例如感受挑戰的程度，以及他們在當下使用多少的技能。他們每天會依隨機的時間間隔，接收到八次呼叫器的提醒。研究者收集的四千八百份的回應中，有三分之一的內容被斷定是呈現心流的狀態。當人們在工作狀態或全神貫注時（和作白日夢、道人長短，或是上班時間從事個人事務呈現對比），百分比甚至更高，達到百分之五十四。齊克森米哈里提及，這種心流經驗的百分比遠超出人們投入休閒活動的比例，例如閱讀、看電視、邀請朋友到家裡來，或是外出用餐；在那些情況中，只有百分之十八的人提出擁有心流的體驗。

不出所料的也是，他發現到工作位階較高的人，例如經理和主管等，在百分之六十四的時間都體驗到心流，和一般辦公雇員及藍領階級勞工的比例（分別爲百分之五十七和百分之四十七）呈現出對比。不過令人始料未及的是，儘管這種差異很值得重視，不過百分比的差距並不太大。心流可能不像大家想的那樣罕見。特別的是，齊克森米哈里發現在休閒活動部分，藍領階級勞工提報百分之二十的時間體驗到心流，辦公雇員有百分之十六，而經理是百分之十五。不過他也提及，組裝工人提報在工作時經歷的心流體驗，比休閒活動時要多出一倍，也就是百分之四十四比百分之二十。

心流的成因來自於一致性，也就是自我和行動或活動的組合。獲得心流的體驗沒有公式可循，因爲我們各有不同的方式爲自己定位。我們如何看待自己以及爲自己定位，和我們在放棄之後有多容易重新投入的程度息息相關。

自我和復原力

有些認知和情感的強項及弱點，會讓某些人比較擅長得知何時及如何放棄。相同地，有些人會比較有能力重新來過、設定並追求新目標，以取代失敗或無法達成的目標。有人說和這種強項密不可分的是自我的基本概念，以及它在本質上是簡單或複雜。爲何面對定義人生的重大時刻，例如失婚的挫折時，有些人從不曾完全復原；不過對有些人來說，這些挫折雖然讓他們傷痕累累，過了一段時間之後，反而能產生新的道路和經驗呢？心理學家派翠夏・林維爾（Patricia Linville）提出，自我心理呈現的複雜度，不但會直接影響我們應付日常生活壓力的能力，還會在我們追求某種目標失敗，或是停止追求某個重要的目標時，影響我們轉移重大感情的能力。我們的自我表徵愈複雜，就愈能減緩我們遭受負面影響及情緒波動的衝擊。順帶一提，她的文章副標題爲〈別把所有的蛋都放在同一個認知籃子裡〉（Don't Put

All Your Eggs in One Cognitive Basket）。

根據林維爾的理論，我們的自我表徵包括特定的事件和行爲（準時接孩子放學、花六小時處理新案件），以及類化特色（害羞、外向、熱忱）、角色（律師、丈夫、父親、兄弟）、分類成員身分（男性、猶太人、自由黨員）、身體特徵（健壯、高大、近視）、行爲（撲克牌玩家、水手、爵士樂熱愛者）、偏好（居住在城市）、目標（財務成功）、自傳式回憶（在祖父母的小木屋度暑假），以及人際關係（同事、朋友、支持者）。

林維爾假設這些領域都和自我及評價的某些特定情感有關，而每種自我表徵都會引起正向或負面的情感。我們可能在某個領域感到自豪（例如，工作或運動），不過在另一個領域則否（例如，社交魅力或語言能力），最重要的是，林維爾假設有些人的自我表徵比他人更複雜。若自我表徵仰賴的領域愈少，以及這些領域之間的連結愈強，目標失敗或受挫時的情緒衝擊就會愈大。相反地，假如自我表徵的面向眾多，並且各自獨立時，個體就能得到更多的緩衝。想像一名男子的首要自我定位是事業有成，扮演負擔家計的角色，擁有奢華的生活標準，並且受到他人欽羨。此時假如他公然錯過某次的晉升機會，或是遭到解雇，他的失望會蔓延到他身為丈夫、父親、朋友，以及熟人的自我定位；他也很可能在面對負面情感能帶來良好自我感覺的領域中，會感到匱乏。

另一種對比是，想像一名男子擁有相同的優質高薪工作，不過以更多樣化的方式爲自我定位，例如親密伴侶的關係、對社區的付出，以及彈吉他等。他可能承受相同的挫折，但是在其他領域對自我的感覺依然良好。也就是說，第二位男子能更輕鬆地投入新目標。有多少自我面向是和目標失去或失敗直接相關，這一點也會決定情緒衝擊有多大。

在另一項將自我複雜性視爲認知緩衝的研究中，林維爾運用兩名女子爲例，她們都經歷了離婚的歷程，並且回答了我們先前提出的問題：爲何挫敗在某些人的生命中只是一時的變化，但是對某些人來說卻是一生的大災難，永遠無法復原呢？第一名婦女的自我表徵相當單純，她是家庭主婦和律師。在她的案例中，這兩種自我面向息息相關，因爲她那位即將成爲前夫的伴侶也是律師，兩人經常一起合作。林維爾寫道：「和離婚相關的負面情感和自我評價，對她而言十分重大，因爲這會蔓延開來，影響她對兩個重要自我面向的想法和感受。」而另一名面臨離婚的婦女以更多複雜性來定位自我，包括妻子、律師、網球運動員，以及朋友。因爲她的丈夫不是律師，她的專業自我定位不會面臨負面的波動，其他的自我定位角色也都安全無虞，因此她能夠更輕易地面對離婚風暴。

狹隘的定位自我可能會造成脫離目標之後，難以重新投入新目標，而這無關你是否樂意放棄原先的目標。以下就是萊希遭遇的境況：當她的丈夫史蒂芬被公司調職到法國時，她也跟他一起過去。在這個歷程中，她放棄了自己的工作和朋友圈，不過她接受新挑戰，在異國生活，學會說一口流利的法語，並且在孩子出生後，學會如何以美裔人士的身分擁抱當地的文化和社會。後來史蒂芬愛上了同事，提出離婚要求。萊希情緒崩潰地帶著兩個孩子回到了美國，而雖然她的資歷優異，但是找工作卻不太順利，於是她沮喪地求助心理諮商師。不久後她便明白了，因爲這些年來，她的首要自我定位是家庭主婦，因此負面情緒蔓延到每個領域。她的缺乏自信、談論自己的技能時的自我否定語氣，以及裹足不前的態度，讓她被那些可能的未來雇主打了回票。她付出了相當的努力，終於找回一些良好的自我感覺，開始規畫一些配合需求的新目標。過了一段時間之後，她開始經營一家顧問公司，爲那些需要長期旅居海外的美國人提供建議。

萊希的故事說明了你可以付出努力，重新架構自我表徵，增加它的複雜性，以及「別把雞蛋放在同一個認知的籃子裡」是一項明智的建議。假如你仍然不斷反芻某項挫敗並且深感受傷，不妨多花一點時間思考你的其他自我定位，讓它成爲內在目標，爲你帶來驕傲和樂趣。

卡文和席爾在他們另一部自我規範的經典著作中提及，在放棄無法達成的目標後，追求可達成目標的能力，是使得個體投入往前邁進的運動。這點十分重要，尤其是在所謂的封鎖道路影響自我的中心價值時，或者依照林維爾的說法是「中心自我表徵」。他們指出能以較抽象的方式看清目標，跳脫某些特定的失去目標，並且感激它所帶來的意義，其實有其好處。因此假如有人失去配偶，不過卻體會到親密的情感連結，「這個明白欲望核心是體驗親密感（experience closeness）的人，將能比那些不清楚較高層次目標本質的人，更容易看清有很多方式可以達成這樣的目標。」

複雜的自我表徵和擁有抽象思考目標的能力，這兩者都能帶給個體繼續前進所需要的復原力，經由不同的路徑，盡情發揮地追求新目標。假如你在前進或重新投入方面有困難，解決之道就是要思考你的自我領域，包括能爲你帶來生命意義，以及讓你對自我的感覺良好方面，而不是聚焦在讓你陷入困境的目標上。以抽象的方式思考你的目標，讓你找出是否有其他不同方式能達成，或是得到你的人生中需要的事物。

比方說有一名年輕女子，她十分努力想在非營利事業方面找到工作。不過事實擺在眼前，這方面的預算刪除讓她幾乎不可能找到薪資夠高的職務，足以支付房租和帳單。最後她選擇在全職工作之餘，週末參與志工工作，除了能從中得到樂趣，讓她和外界保持聯繫外，也能保持目標不失焦，她也相信她的志工活動最終能讓她達到想要的目標。

以抽象方式了解你的目標，也能讓你更容易看見同期目標之中的機會。你的最終目標可能是在失去伴侶後能再婚，不過假如你能聚焦在加強維繫現有的關係，可能會感到更輕鬆也更實際。

任何能加強認知及情緒方面復原力的理念，也都能幫助你繼續前進。不過放棄目標若是更接近你的中心自我定位，就會造成更大的情緒衝擊。必要的話請尋求支持，情緒復原是這種過程的一部分。

樂觀與重新投入

我們先前談過樂觀，大多數是指過度樂觀，經常導致人們堅持追求無法達成的目標，也造成人們在目標及技能方面，或是達成目標需要的機會上，缺乏實際的評估。一般而言，樂觀是一種認知偏見，無法在我們需要脫離時提供幫助。不過根據心理學家卡斯頓•洛許（Carsten Wrosch）及席爾的主張，他們將樂觀定義為「相當程度的穩定，將期待歸納為在人生重要的領域中會出現好的結果」，他們認為樂觀是重新投入的一項重要因素。在這份研究中，樂觀主義並非如同一般說法，是悲觀主義的相反詞（你是看見水杯半滿或半空的那種人？），而是一種期待的範疇。洛許和席爾所謂的穩定是指樂觀就像個性特徵一樣，在人的一生中傾向穩定的狀態。他們以六種項目的指標，稱爲「生活取向量表」（Life Orientation Test），來測量樂觀和悲觀。雖然這只是供研究用途，而不是臨床工具，不過你在閱讀以下問題時，不妨也進行自我檢測。

一、在不特定的時候，我通常期待最好的結果。
二、放鬆對我來說很容易。
三、我總是逃不過出錯的命運。
四、我對未來向來感到很樂觀。
五、我很喜歡和朋友相處。
六、保持忙碌對我來說很重要。
七、我很少預期事情會依照自己想要的方向發展。
八、我不太會感到沮喪。
九、我很少認為好事會降臨在自己身上。
十、整體來說，我期待發生在自己身上的好事多過壞事。

第二、五、六、八是填補的選項，沒有分數。第一、四、十項，假如你的答案是「非常同意」得四分，「同意」得三分，「無意見」得兩分，「不同意」得一分，「非常不同意」得零分。第三、七、九項的計分方式正好相反（零分＝非常同意，一分＝同意，兩分＝無意見，三分＝不同意，四分＝非常不同意）。把你的得分全部加起來，數字愈大代表你愈樂觀，高數值意味著樂觀的態度。

洛許及席爾聲稱，樂觀提供重新投入的必需動力；此外，他們的報告中指出，當目標遭遇阻礙，樂觀的人會運用較主動的應對態度，努力解決問題。你還記得目標脫離需要減少努力（停止追求目標的活動），以及放棄承諾。我們已經看過，無法放棄承諾的人最終會陷入困境，無法設定新目標。洛許及席爾主張，對達成新目標的機會抱持樂觀的態度，有助於追求目標的歷程。

樂觀如何需要現實加以平衡，我們可藉由檢驗達成爲自己設定目標的必要思維，做出進一步的說明。

思維的問題

因爲本書聚焦在掌握放棄的技巧方面，因此並未眞正強調成功達成目標的細節因素。既然重新投入需要我們明白如何爲自己設定正確目標之外，更要知道如何完成目標，因此現在就把注意力放在這一點上。心理學家彼得・高威澤（Peter M. Gollwitzer）提出一項頗具影響力的主張，認爲計畫是關鍵元素。高威澤把追求目標歸納爲四個各自獨立又互有關聯的階段：第一個階段是所謂的「前決策階段」（predecisional stage）。在這個階段中，人們會在可行性和期許性的前提下，考慮他們的願望和期望；他們會捨棄某些期望，聚焦在其他似乎能達成的期望，並且努力追求。前決策階段會導向「前行動階段」（preactional stage）。在這個階段，人們開始規畫行動，讓他們能更接近目標，這種過程聚焦在採取行動的時間、地點、方式，以及時間長短。在第三個階段，也就是「行動階段」（actional stage），人們會對於向目標前進的機會做出回應，萬一遇到阻礙也會加倍努力。第四階段是「後行動階段」（postactional stage），這個階段比較像是前決策階段的評估版。這時人們評估的不只是自己的表現、成果，還有自問這個目標是否達到了預期的效果。他們也會回顧當初選擇及設定目標的時刻，重新評估可行性和期許性，並且展望未來，和其他可能較具可行性或期許性，或兩者兼具的目標相比較。假如會出現目標脫離的情況，應該是發生在後行動階段。

高威澤進一步假設，有兩種不同的思維（個別認知取向）能辨別這些階段。在前決策階段及後行動階段會應用到的「審慎思維」（deliberative mind-set），有別於隨著前行動階段及行動階段而來的「執行思維」（implemental mind-set）。審慎思維能廣納各種意見，因爲個體還在評估選項，決定該追求哪些目標。這種思維會提出許多問題，對各種資訊都保持開放態度。相對地，執行思維則會專注焦點、具選取性，並且相較之下採取「封閉」態度。在評估可行性時，審慎思維比較準確又實際，而執行思維傾向於悲觀及自利分析，因爲它聚焦在連續行動上。

儘管你能輕易看出執行思維的實用性，尤其當你在追求能夠達成的正確目標時（這時就全力衝刺吧！），審慎思維的價值也不容忽視，假如你必須調整對目標的追求，或是目標無法達成原本的期望時。我們在其他章節探討過的控制錯覺，就是在執行思維的作用下不斷增強。

許多誘發受試者的這類思維的實驗，讓高威澤得到啓發；他表示這類思維在實驗室之外及一般生活中，具有實際的應用性。人們藉由專注焦點，可以依據當時的狀況，將思維導向審慎或執行的方向。將思維和面對的問題調整配合，這會是脫離目標的有效策略。

假如你在爲自己設定目標方面有困難，不妨設法找出其中的阻礙是什麼。你是否因爲放棄目標的失敗或阻礙，因而無法聚焦在追求新目標呢？假如答案是肯定的，那麼審愼思維的開放本質對你會有幫助。必要的話，寫下可能的替代目標，思考哪些最令你期待，然後再思考哪些最具有可行性。讓自己能任意想像接下來可能朝哪個方向發展。另一方面，萬一阻止你採取行動的是由於放棄而產生的失望，那麼你會需要執行思維。制定計畫會加強你對追求目標及採取行動的堅持；這就是所謂的「執行意向」（implementation intention）。

制定計畫的益處

追求目標的決定是自覺的意向聲明（例如，我要進行A方案），而追求目標的單一決定會引發如何精確達成目標的一連串其他決定。這就是高威澤所謂的執行意向，簡單說就是萬一有特定境況出現時，該如何處理的思維和計畫。它的結構是「假如A實現了，我就會做B」。基本上，你是以你將採取的特定行動來重新架構目標。這些意向的結構如何連結目標設定和成就呢？是否有某種處理方式，能更有效地促使某人從單純期望某種目標，改爲採取行動呢？這也是高威澤等人在一份名爲《從考慮衡量到自願積極》（*From Weighing to Willing*）的報告中所探討的問題。

研究者要受試者提出兩個無法解決或取決不下的問題，其中一個必須相當簡單（例如，我是否該訂閱報紙？或我去度假時是否要滑雪？），另一個則較複雜（例如，我是否該和男友分手？我是否該開始攻讀碩士學位？或我是否該搬出父母的家？）。研究者先確定所有的受試者實際上都不需做出這些私人決定，接著將受試者分爲三組，外加一個控制組。第一組必須想像假如他們做出一項決定，可能會有哪些正向期待；第二組必須在未設定單一計畫的前提下，想出可能達成目標的不同方法；第三組接受指示，決定行動的單一路徑；而控制組則在思考個人狀況時，因爲同時要做數學題而受到干擾。研究者在三週後進行追蹤，結果發現，只有接受指示決定單一行動路徑的受試者，實際上採取行動去解決問題。

在這裡學到的是執行意向有助於克服拖延和其他障礙，進而開始追求目標，並且能讓個人對採取行動的可能機會增強注意力。高威澤肯定的是，形成採取行動的意向能讓你對境況提示更敏銳；他還進一步表示，行爲和選取的艱困境況之間的連結，會導向行爲的自動化。換句話說，這類行爲不會成爲有自覺的行爲，它會善用我們在第一章所探討過，巴格等人所敘述的自動化。不過在這個狀況下，你會選擇自己要回應的境況提示。

以具體方式，也就是執行思維，結合意向或承諾來思考未來，這能幫助你跳脫由反芻或分心而引發的停滯境況。審愼和執行思維都是極有價值的工具，在你爲自己設定目標並採取行動時，都能有自覺地運用這些思維。審愼思維可以讓你在追求目標的過程中能重新評估你的付出，並且有必要的話，可以重新校準或定義你的目標。計畫或執行意向能促使你去思考解決問題，它們是冒險犯難的動力引擎。

假如你的目標是解決和另一個人之間的衝突或誤解，讓這種意向變得有自覺將能幫助你打造行動和言語上的回應方式。舉例來說，你可能會想：「假如他抱持開放態度，我的回應就是提出建議，看要如何加以彌補」或是「假如她說她不喜歡我的態度，我會以平靜而非對質的方式向她詢問細節」。形成意向會讓你聚焦在對方行為上的暗示，例如對方是否釋出終結衝突的意願。如此一來，你就可以找出你該怎麼做才能促進那種意願，達成你的目標。

執行意向能運用在任何領域，幫助你擺脫模糊的目標設定（成為一個更好或更有責任感的人），採取積極主動的態度（「假如我的另一半要我去跑腿，我一定毫無怨言地去做」或是「假如我的鄰居要我幫忙清倉拍賣，我一定會去」）。執行意向不只是把抽象目標（成為更好的人、減重塑身、對某個主題學習更多相關知識）變成行動，它也是自我規範行為的有效策略。比方說，假設你收到一份褒貶不一的工作評量表，內容對你多有讚譽，不過卻指出你對批評無感的這項缺點，此時你不必告訴自己將來會多注意，而是制定行動計畫：「假如我受到批評，我會立刻詢問主管我原本該怎麼做，以及要如何處理才能修補問題。」

更重要的是，執行意向可以變成自動化，因此可以利用有時會阻礙有自覺目標設定的非自覺思考，正如高威澤所說：「藉由形成執行意向，人們能有效地從有自覺地努力控制自我行為，轉換為……透過境況提示加以自動控制（也就是說，「當B發生，我會做A。」）」執行意向也能防止分心，讓你專心追求，強化你對目標的堅持。正如高威澤、尤特・貝爾

（Ute C. Bayer），以及凱瑟琳・穆拉克（Kathleen C. Molloch）所言：「重要的是看清這些策略全都聚焦在改變自我，讓自我變成一個更好的執行者。」

獲得快樂

結果通往幸福的道路（而不是像諺語說的「通往地獄的道路」）是由意向鋪設而成，至少根據桑妮雅・路波米斯基（Sonja Lyubomirsky）、肯儂・薛爾登（Kennon M. Sheldon），及大衛・薛卡德（David Schkade）的研究結果是如此。他們假設影響個體自認快樂與否有三種因素：幸福設定點、生活環境，以及意向活動（intentional activity）。若要清楚了解這些名詞，需要長篇大論，不過簡單來說，也就是說你認爲的自由意志其實不如你所想的那樣自由。而且，你也不像你自認爲的那樣，能夠完全掌控代表自己的那部車，不過，最後這個問題其實會帶來一點好消息。

幸福設定點負責了你大約半數潛在幸福的因素。這個設定點和其中的個人特徵一樣，會隨著時間變得穩定，而且可說是先天便決定了。

接下來是生活環境；出乎意料地，這個因素大約只負責你的百分之十幸福。生活環境包括正向和負面事件（一個快樂穩定或受創的童年、獲得學院獎或慘遭退學）、婚姻狀態、職業、工作保障、收入、健康，以及宗教信仰。研究者表示，收入較高的人的確較快樂；已婚者比單身、離婚或鰥寡者更快樂；有宗教信仰者傾向於描述自己比缺乏宗教信仰者更快樂；以及健康的人會說自己比生病的人更快樂。不過路波米斯基等人也指出：「這些不同的環境加起來，只占快樂程度的百分之八到十五。這些偏低的關聯令人意外又顯得矛盾，因為研究幸福的心理學者最初的預期是，收入和身體健康等環境因素與幸福息息相關。」

吉伯特的幸福研究以影響偏差及人類能快速適應新環境的論點，說明這種令人意外的低數據（這就是為什麼你獲得晉升時的開心無法持久；不過話說回來，被愛人甩了的情緒崩潰一樣不會持久）。正如路波米斯基等人提及：「『享樂適應』（hedonic adaptation）傾向於把人們帶回到任何正向環境改變的起點。」這很像是贏得樂透大獎只會讓你開心好一陣子。

好消息則是，幸福設定點及生活環境占了決定快樂程度的百分之六十，另外的百分之四十來自於意向活動，讓你得以掌控這部分的快樂。正如你所想的，意向活動是指人們從事的許多活動，包括行為活動（在林中散步或和摯友碰面）、認知活動（重新架構境況，以便帶來正向感受），以及意志活動（努力達成個人目標）。

值得注意的是，由於適應性的緣故，環境改變對幸福來說只是一時的變化，不過意向活動具有長期的影響。薛爾登及路波米斯基以一系列的實驗測試這種假設，比較環境中的幸福增強和意向活動這兩者的影響效期。在第一項研究中，他們讓受試者自行選擇加入環境產生正向改變的組別，或是活動產生正向改變的組別。研究者發現，經過一段時間之後，環境改變比持續活動帶來的幫助較少。第二項研究進行長達十二週的測量。他們發現，意向活動長期以來對增進幸福有幫助，雖然程度並不大；相反地，幸福最初的阻礙透過活動而維持在相同的程度。第三項研究測量心理幸福感的改變，結果發現相同的模式。

不過，在這裡要注意一項警訊：假如最初的環境不符合個體的基本需求，環境改變可能會對幸福造成更持久的影響。換句話說，從三間臥室的房屋搬到更大的豪宅無法維持幸福感，你只是會習慣較大的空間而已；不過從危險的社區搬到讓你覺得安全的地段，則會產生這樣的效果。這其中有部分要看原來的環境是如何。此外，你如何應付生活中的環境改變，也會影響你是否能適應改變，以及讓你自己回到幸福設定點。環境改變可以讓你的快樂更持久，正如研究者寫道：「不過其程度只能達到某人採取行動以維持新環境的『新鮮感』，例如，記得要感激或對環境感到感激，或是盡量利用環境所帶來的正向經驗的機會。換句話說，這種方式是可行的，只要你在投入意向活動時，對生活環境抱持敬重的態度，也就是說你要尊重環境而行事。」

毫不令人意外地，許多判斷是否該放棄目標的觀點，同樣適用在選擇能帶來幸福或主觀上幸福的新目標和活動方面。首先，路波米斯基等人主張個人和活動之間的適合度很重要；我們在本書的其他章節中探討過這項觀點。其次，他們強調一開始的付出及維持這種付出的重要性。假如這種活動是自我運作、原本固有，或者是能帶給你心流，要維持付出就容易多了。

我們可能很不擅長找出什麼能讓現在或未來的自己感到快樂，因此底線是擁有基於個人本質並且能長期保持穩定的幸福設定點，以及容易適應或忽略應該要讓我們感到快樂的環境改變，這其中還有很多彈性空間。

最後結論

在本章的探討重點是有自覺行爲的功效，以及它如何幫助你駕馭你的人生之車。這些理論概念可以全部解釋爲動機行爲，幫助你選擇適合又滿意，而且可以達成的目標。你可以運用這些思維和執行意向的認知策略，投入新目標。相同地，關於幸福的研究提出，雖然你無法影響某些幸福的面向，但是也有一些是你能有能力影響的。你如何看待讓自己快樂的事物（比方說你決定要細數自己有多少幸運的事）會變成是意向行爲。有自覺的思考和有自覺的行動都能讓你建立自我感，讓你感到自己擁有權力。相同地，你家車道上的賓士車或衣櫃裡的古馳商品無法讓你保持快樂，你如何看待這些事物（你爲了購買這些東西而從事的工作，以及這些工作帶給你什麼樣的感受）卻能讓你的快樂更持久。

在脫離目標之後重新設定羅盤，這是一種富有信心和勇敢的舉動，但是也背負著滿滿的責任感。在這種轉變中形成的自我和開始展開歷程的自我不會相同。希望你從本書中學到的技巧，能幫助你在需要揮手道別離開時有辦法做得到，無論文化或旁人怎麼說，而且是可以有自覺、從容又有智慧地辦到。也希望在你放棄之後的那段不知何去何從的期間，能夠變成你感到信心滿滿的時間。最後，你將能盡情享用那份專屬於你的幸福與快樂。

放棄的智慧

寫這本書很有趣的地方是能聽到來自不同世代的男男女女，談論他們從孩提時代學到了哪些關於堅持的理念。嬰兒潮世代（現在約二十多歲到四十多歲的群眾）在成長過程中，多聽過那些歷經經濟大蕭條及二次大戰的父母和祖父母，提到有關堅持的故事。堅持的主題和英雄主義息息相關，並且在書籍、電影，以及學校教育中處處可見。然而這個世代拒絕接受讓越戰延長的沉沒成本謬誤，大眾對於堅持的想法也因此有所改變。在這種前提之下，堅持的優點便和保守主義、現實主義的缺乏，以及敗局命定的偏好結合在一起。許多年輕人「脫離」了來自父母的文化期待，至少有一段時期是如此，並且有很多人服膺提摩西・里瑞（Timothy Leary）所倡導的「開放心胸、探索內心、掙脫體制」宣言。

結果這群嬰兒潮的世代，顯然擁有更多空間去改變在孩提時代立定的志向。不過這群年輕人也提出，即使父母親並未吹捧堅持的優點，卻經常身體力行。

本書包含了問卷調查，目的不是爲了進行科學研究，只是蒐集故事；這些調查顯示出，大多數人對於承認必須放棄某些重大目標，依然抱持著矛盾的心態，即使最後結果顯示放棄其實是正確的選擇。放棄者的「缺乏堅持力量導致一事無成」之文化意象依然鮮明。嬰兒潮世代的父母傾向於不讓孩子放棄自己立下的志向（假如你懇求父母買薩克斯風給你，你就必須好好學習這項樂器），但是嬰兒潮世代本身一方面會嘗試摸索困難，教導孩子努力及持續努力的價值，另一方面會給孩子自由的空間去探索某項行動，而且當結果不盡如人意時有能力去放棄。

某位母親說：「我實在不懂孩子爲什麼想放棄。害怕失敗是放棄的差勁理由，假如我認爲某項行動有進展，我絕不會允許孩子放棄。不過就另一方面來看，強迫孩子去做他討厭的事，似乎也沒有好處可言。」而另一位母親的看法則恰恰相反，她表示做事有始有終，一定會有收穫。她說生命中充滿各種情況，讓你不得不堅持下去，即使你眞的想做的是放棄。這話倒是眞的。

大多數父母感到最棘手的問題是孩子想退出運動團隊，要如何在個人欲望和對他人承諾之間找到平衡點。一位現年三十三歲的父親，回想起他答應孩子退出冰上曲棍球隊的決定，即使他已經砸下重金在昂貴的裝備上。他說：「我在想我同意的原因，不知是否因爲這項運動對我來說不重要。假如那是我打了一輩子的高爾夫球，我的反應是否會不同呢？我眞的不知道。」

蔡美兒的著作《虎媽的戰歌》不但大受歡迎，更形成了某些特殊的紀律規範者，堅持遵守讓孩子達到最大成就的教養方式。這種情況清楚說明的是，大多數人依然不確定放棄是否値得在人生當中占有一席之地。

然而，本書並不支持單純的放棄。假如放棄沒有伴隨著訂定新目標，那麼它根本不算是解決之道。現代社會沉迷的名流文化注重外目標（主要是金錢和名氣），因此我們身爲社會的一份子、爲人父母，以及精神導師，肩負的任務就在於多聚焦在我們爲自己設定，以及鼓勵他人去追求的目標本質上，而非堅持的價値。

我們明白堅持是人類天性的一部分，因此需要學習的是識別力，明白那些目標値得努力，並且具有足夠的意義，能夠創造出幸福或滿足。科技不斷塑造出現代孩童及青少年的自我定義，他們的價値感等同人氣和關注，判斷方式是YouTube和推特的關注人數、簡訊數量，以及臉書上的好友人數等。因此現在比以往更需要聚焦在自我內在及相關的目標，而非外在的目標上。在這個令人分心的因子無處不在的世界，例如，連睡覺也不離身的手機，或是螢幕上總是開啓多重畫面等，當務之急是要確定孩子受到鼓勵，能聚焦在反映自我的目標上，並且支持他們朝這方面努力。同時在這個速戰速決的文化中，結果的價值經常勝過方法，因此孩童需要學會追求目標本身就是一項有價值的過程，而不是只有結果或成就才是重點。

儘管放棄受到文化上的貶抑，但是它不可避免地成爲生命週期的一部分，在某些階段容易處理，某些階段較難應付。想要管理思緒、感情和行爲，重點就在能夠掌握放棄的技巧，以及得到生活的滿足。

有自覺及思慮周全地放棄，能爲我們帶來不同的決定觀點，無論是我們自己的決定或他人的決定。正如同一位現年三十歲的青年，在描述自己兩度從大學輟學，後來成爲大學教師的經驗時寫道：「這段經驗改變了我的觀點，因爲放棄某個目標經常是一種企圖，爲了證實我們還無法掌握的目標。我發現聆聽他人述說決定放棄的經驗時，經常令我感到沮喪又負面；不過現在我改爲聽取他們努力想嘗試、卻還不知該如何表達的正向舉動。」

這段話我再同意不過了。

感謝詞

本書除了要感謝在附註和參考文獻中提及的人士之外，還有心理學家、經濟學家，以及其他社會科學家的傑出研究；他們探討人類作爲的原因，在自動化及不自覺等思考歷程，還有自我規範和目標設定各方面，做出各種研究結果。關於大腦運作的新發現不斷爲人類帶來啓發及刺激。儘管人類如何運用或表達這些概念，並不是這些科學家的責任，不過假如沒有這群人及他們的研究結果，本書便只能形成一個有趣的概念，最終將難逃和一堆很棒卻缺乏支持論點的理念一起被埋沒的命運。

就我個人的觀點看來，探索這些研究的發現之旅既刺激又令人感到不安；對於自覺是一種幻覺的概念，我還在適應當中。

我要萬分感謝我的經紀人伊莉莎白・卡普蘭（Elizabeth Kaplan）堅持到底，以及丹・安布洛西歐（Dan Ambrosio）完成本書的編輯，還有他的熱情。感謝卡洛琳・薩布柴克（Carolyn Sobczak）傾聽我哀悼藍鉛筆之死，以及她的耐性。

感謝友人及陌生人寄來了這麼多電子郵件，鼓勵大家接受放棄，談論放手、失敗、後悔，以及從頭來過和重新發現自我的喜悅。我依照字母順序排列，感謝以下這些人：賈桂琳・費里曼（Jacqueline Freeman）、萊絲莉・賈里斯托（Leslie Garisto）、雷・希利（Ray

Healey）、艾德・米肯斯（Ed Mickens）、帕提・皮契爾（Patti Pitcher）、克勞蒂亞・沙吉（Claudia Karabaic Sargent），以及羅莉・史坦（Lori Stein）。我還要感謝那些和大家分享故事卻不願具名的人士，我們心照不宣，感謝各位的幫助。我還要特別感謝卡莉兒・麥布萊（Karyl McBride）的晨間電子郵件。

最後我要萬分感謝亞歷山卓・以薩瑞爾（Alexandra Israel）及克雷格・威德利（Craig Weatherly）願意和一位心不在焉的作家及成堆的文件住在一起。克雷格值得受到特別推崇，因爲他最近學會如何在JSTOR及其他資料庫中，搜尋我在網路上找不到的各種學術文章。

佩格・史翠普

我首先要感謝的是這些年來和我一起工作的個人及團體，他們的勇氣以及探索未來和追求夢想的努力，讓我將放棄視爲一種技巧型態。

在專業方面，我要感謝喬治・溫伯格（George Weinberg）、路易・歐諾特（Louis Ornont），以及賴瑞・易普斯坦（Larry Epstein）等三位醫生；他們每位都有獨特的貢獻，培育出許多心理學家，獨具的才能令人獲益匪淺。他們讓我看見人類心靈有更大的可能性，也增長我對病患的治療存在感之專業能力。

最後，我和《這樣求職才能成功》（*What Color Is Your Parachute?*）一書的作者理查・尼爾森・鮑爾斯（Richard N. Bolles）的合作經驗，鼓勵我將轉換職場跑道視爲心靈契機的暗喻。談到賦予人們轉換的能力，把未來想像成一段發現的歷程，理查的貢獻無人能及。

艾倫・伯恩斯坦

附註

第一章　堅持的心理學

P.15 其實都不會太過誇張：Carston Wrosch等，“The Importance of Goal Disengagement in Adaptive Self-Regulation: When Giving Up Is Beneficial,”《自我與認同》期刊（*Self and Identity*）2期（2003）：1–20。

P.17 一種是直覺：丹尼爾・卡尼曼（Daniel Kahneman），“A Perspective on Judgment and Choice: Mapping Bounded Rationality,”《美國心理學家》期刊85卷9期（2003.9）：692–720。請參見卡尼曼所著的《快思慢想》（台北：天下文化，2012）。

P.19 人腦在制約下對距離勝利只差一步做出回應：R. L. Reid, “The Psychology of the Near Miss,”《賭博行爲期刊》（*Journal of Gambling*）2卷1期（1986）：32–39。

P.20 一份英國的賭博研究：Henry Chase and Luke Clark，“Gambling Severity Predicts Midbrain Response to Near-Miss Outcomes,”《神經科學期刊》（*Journal of Neuroscience*）30卷18期（2010）：6,180–6,187。

P.21 「可得性捷思法」（availability heauristic），這是另一種心理傾向：阿莫斯・特維斯基（Amos Tversky）及卡尼曼，“Availability: A Heuristic for Judging Frequency and Probability,”《認知心理學》期刊（*Cognitive Psychology*）4期（1973）：207–232。

P.22 心理學家史考特・普勞思（Scott Plous）：*Psychology of Judgment and Decision-Making*（New York:McGraw-Hill,1993）：121。

P.25 承諾升高：Barry M. Staw，“The Escalation of Commitment to a Course of Action,”《管理學評論》（*Academy of Management*）6卷4期（1981.10）：577–587。

P.26 這種高於平均值效應：艾蜜莉・普南（Emily Pronin）、丹尼爾・林

（Daniel Lin），以及里．羅斯（Lee Ross），〈偏見盲點〉（*The Bias Blind Spot: Perceptions of Bias in Self versus Others*），《人格與社會心理學學報》（*Personality and Social Psychology Bulletin*）28卷3期（2002.3）：369–381；Justin Kruger，“Lake Wobegon Be Gone! The ‘Below-Average Effect ‘ and the Egocentric Nature of Comparative Ability Judgments,”《人格與社會心理學期刊》（*Journal of Personality and Social Psychology*）77卷2期（1999）：221–232。

P.27 過度自信：David Dunning、Dale W. Griffin、James D. Mikojkovic and Lee Toss, “The Overconfidence Effect in Social Prediction,”《人格與社會心理學期刊》58卷4期（1990）：568–581；Robert P. Vallone、Dale W. Griffin、Sabrina Lin，及里．羅斯，“Overconfident Prediction of Future Actions and Outcomes by Self and Others,”《人格與社會心理學期刊》58卷4期（1990）：582–591。

P.27 在《哈佛商業評論》（*Harvard Business Review*）的文章中：丹．羅瓦洛及丹尼爾．卡尼曼，“Delusions of Success: How Optimism Undermines Executives’ Decisions,”《哈佛商業評論》（2003.7），56–63。

P.28 研究顯示，一位經理：William Samuelson and Richard Zeckhauser, “The Status Quo Bias in Decision-Making,”《風險及不確定性期刊》（*Journal of Risk and Uncertainty*）1期（1988）：7 59。

P.28 這種現象有個高貴的名稱，叫做「沉沒成本謬誤」（SUNK-COSTS fallacy）：出處同上，37。

P.30 諾貝爾獎得主丹尼爾．卡尼曼及阿莫斯．特維斯基（Amos Tversky）：卡尼曼及特維斯基，“Prospect Theory: An Analysis of Decision Under Risk,”《計量經濟學期刊》47卷2期（1979.3）：263–291。

P.30 人們對於損失或減損有多敏感：丹尼爾．吉伯特（Daniel Gilbert），《快樂爲什麼不幸福》（*Stumbling on Happiness*）（New York:Vintage Books,2007），51–52。他的舉例是根據George F. Loewenstein and Drazen Prelec “Preferences for Sequences of Outcomes,”《心理評論》（*Psychological Review*）100卷1期（1993）：91–108。

P.32 研究者發現，當在追求目標的過程中出現問題困擾時：Nils B. Jostmann及山德．庫爾（Sander L. Koole），“When Persistence Is Futile,”收錄於*The Psychology of Goals*，Gordon B. Moskowitz及Heidi Grant編輯（New York:Guilford Press,2009），337–361。

P.33 知覺的緩慢說明了：丹尼爾．維格納（Daniel M. Wegner），*The Illusion of Conscious Will*（Cambridge,MA:MIT Press,2002），57。

P.35 促發也會對我們做的決定產生影響：約翰．巴格（John A. Bargh）及譚雅．查特蘭（Tanya L. Chartrand），“The Chameleon Effect: The Perception-Behavior Link and Social Interaction,”《人格與社會心理學期刊》76卷6期（1999）：893–910。

P.35 在其他的實驗中，尤其是由約翰．巴格（John A. Bargh）及譚雅．查特蘭（Tanya L. Chartrand）主持：巴格及查特蘭，“*The Unbearable Automaticity of Being*,”《美國心理學家》54卷7期（1999.7）：462–479。

P.35 舉例來說，在一項實驗中：巴格、Mark Chen及Lara Burrows，“Automaticity of Social Behavior: Direct Effects of Trait Construct and Stereotype Activation on Actions,”《人格與社會心理學期刊》71卷2期（1996）：230–244。

P.35 巴格等人：Aaron C. Kay、S. Christian Wheeler、巴格及里．羅斯，“Material Priming: The Influence of Mundane Physical Objects on Situational Construal and Competitive Behavior Choice,”《組織行爲及人類決策過程》（*Organizational Behavior and Human Decision*）93期（2004）：83–96。

P.36 「最後通牒遊戲」（ultimatum game）：出處同上，88。

P.36 類似的實驗以及腦部掃描：巴格等人，“The Automated Will: Nonconscious Activation and Pursuit of Behavior Goals,”《人格與社會心理學期刊》81卷6期（2001）：1014–1027；巴格及Ezequiel Morsella，“The Unconscious Mind,”《心理科學透視》（*Perspectives on Psychological Science*）3卷1期（2003）：73–79；巴格及Julie Y. Huang，“The Selfish Goal,”收錄於*The Psychology of Goals*，Gordon B. Moskowitz及Heidi Grant編輯（New York:Guilford Press,2009）：127–150。

P.36 一旦目標開始進行：巴格及查特蘭，“The Unbearable Automaticity of Being,”《美國心理學家》54卷7期（1999.7)：473。

P.37 心理控制的反向歷程：丹尼爾·威格納（Daniel M. Wegner），“Ironic Processes of Mental Control,”《心理評論》101卷1期（1994）：34–51。

P.37 心智似乎會不自覺且自動地去搜尋：威格納，*The Illusion of Will*，141。

P.37 威格納等人在一系列的實驗中：原始的實驗紀錄在威格納、David J. Schneider、Samuel R. Carter III，及Teri L. White，“Paradoxical Effects of Thought Suppression,”《人格與社會心理學期刊》53卷1期（1987）：5–13；威格納，“You Can’t Always Think What You Want: Problems in the Suppression of Unwanted Thoughts,”《實驗心理學的進展》（*Advances in Experimental Psychology*）25期（1992）：193–225。

第二章　不成功的放棄

P.54 理查·雷恩（Richard M. Ryan）及愛德華·迪奇（Edward L. Deci）：雷恩及迪奇，“Intrinsic and Extrinsic Motivations: Classic Definitions and New Directions,”《當代教育心理學》（*Contemporary Educational Psychology*）25期（2000）：54–67。

P.54 最基本的差別在於內在動機：出處同上，55。

P.55 外在動機的特色：出處同上。

P.56 正如約翰·巴格等人：巴格及Ezequiel Morsella，“The Unconscious Mind,”《心理科學透視》3卷1期（2003）：73–79。

P.56 安德魯·艾略特（Andrew J. Elliot）和塔德·瑟瑞許（Todd M. Thrash）：艾略特和瑟瑞許，“Approach-Avoidance Motivation in Personality: Approach and Avoidance Temperaments and Goals,”《人格與社會心理學期刊》82卷5期（2002）：804–818；艾略特和瑟瑞許，“Approach and Avoidance Temperament As Basic Dimensions of Personality,”《人格期刊》（*Journal of Personality*）78卷3期（2010. 6）：865–906。

P.57 這兩種動機：艾略特，“A Hierarchical Model of Approach-Avoidance Motivation,”《動機和情緒》（*Motivation and Emotion*）29期（2006）：

111–116。

P.57 逃避動機僅限於：出處同上，115。

P.57 逃避動機的目的：出處同上。

P.58 羅柏・艾孟斯（Robert Emmons）及蘿拉・金（Laura King）：艾孟斯及金，"Conflict Among Personal Stirrings: Immediate and Long-Term Implications for Psychological and Physical Well-Being,"《人格與社會心理學期刊》54卷6期（1988）：1,040–1,048。

第三章　放棄的技巧

P.64 目標脫離可能會發生在：這裡和其他地方提及的脫離層面之定義，是來自Nils B. Jostmann及山德・庫爾，"When Persistence Is Futile: A Functional Analysis of Action Orientation and Goal Disengagement,"收錄在*The Psychology of Goals*，Gordon B. Moskowitz及Heidi Grant編輯（New York and London:Guilford Press,2009）：337–361。特別有幫助的是其中的表格13.2：347。

P.64 威格納說明：威格納，*The Illusion of Conscious Will*（Cambridge,MA:MIT Press,2002）：141。

P.65 威格納等人：威格納，*White Bears and Other Unwanted Thoughts: Suppression, Obsession, and the Psychology of Mental Control*（New York and London:Guilford Press,1994）：65–69。

P.65 假如我們期望壓抑某種思維：出處同上，70。

P.65 自我耗損：羅伊・鮑米斯特（Roy Baumeister）、Ellen Bratslavsky、Mark Muraven，及Dianne M. Tice，"Ego Depletion: Is the Active Self a Limited Resource?,"《人格與社會心理學期刊》74卷5期（1998）：1,253–1,265。

P.67 選擇的行爲動用了：出處同上，1257。關於自我耗損的另一種可能模型，請參見Michael Inzlicht and Brandon J. Schmeichel，"What Is Ego Depletion? Toward a Mechanistic Revision of the Resource Model of Self-Control,"《心理科學透視》7卷5期（2012）：450–463。

P.67 其他實驗也顯示：出處同上，1258–1259。請參見Mark Muraven、Dianne M.

Tice，及鮑米斯特，“Self-Control As Limited Resource: Regulatory Depletion Patterns,”《人格與社會心理學期刊》74卷3期（1998）：774–789。

P.67 狄倫·華格納（Dylan D. Wagner）及塔德·賀瑟頓（Todd F. Heatherton）：華格納及賀瑟頓，“Self-Regulatory Depletion Increases Emotional Reactivity in the Amygdal,”《社會、認知及情感神經科學》（*Social, Cognitive and Affective*）（2012. 8. 27）。DOI:10/ 1093scan/nss082。

P.68 「蔡格尼效應」（Zeigamik Effect）：鮑米斯特及John Tierney，*Willpower: Rediscovering the Greatest Human Strength*（New York :Penguin Books,2011）80–81。

P.68 麥希坎波（E. J. Masicampo）及鮑米斯特的最近研究報告：麥希坎波及鮑米斯特，“Consider It Done! Plan Making Can Eliminate the Cognitive Effects of Unfulfilled Goals,”《人格與社會心理學期刊》（2011. 6. 2），線上出版（AOP）。DOI:10.1037/ 90024192。

P.70 艾瑞克·可林格（Eric Klinger）在一九七五年發表的重要文章：可林格，“Consequences of Commitment to and Disengagement from Incentives,”《心理評論》82卷2期（1975）：1–25。

P.71 華格納及賀瑟頓：華格納及賀瑟頓，“*Self-Regulatory Depletion*,”《社會、認知及情感神經科學》（2012.8.27）。DOI:10/ 1093scan/nss082。

P.71 凱瑟琳·沃斯（Kathleen D. Vohs）和鮑米斯特等人主持的一系列實驗：沃斯等人，*Engaging in Self-Control Heightens Urges and Feelings*，進行中研究報告。

P.71 自我耗損都不會改變：出處同上，5。

P.76 換句話說，在每八個小時：丹尼爾·吉伯特，《快樂爲什麼不幸福》（ew York:Vintage Books,2007）：17。

P.76 所有的美國人都期待：出處同上，19。

P.76 艾蜜莉·普南（Emily Pronin）、丹尼爾·林（Daniel Lin），以及里·羅斯（Lee Ross），“The Bias Blind Spot: Perception of Bias in Self Versus Others,”《人格與社會心理學學報》8期（2002）：369–381。

P.77 我們不會經常自認優越：吉伯特，《快樂爲什麼不幸福》（台北：時報出版，2006）：252。

P.77 提摩西．威爾森（Timothy Wilson）和吉伯特描繪出：威爾森及吉伯特，“Affective Forecasting,”《實驗社會心理學的進展》（*Advances in Experimental Social Psychology*）35期（2003）：346–411。

P.78 人們在想像：出處同上，348。

P.78 研究者茱莉亞．伍齊卡（Julia Woodzicka）及瑪麗安．拉法朗斯（Marianne LaFrance）首先詢問：伍齊卡及拉法朗斯，“Real Versus Imagined Gender Harassment,”《社會議題期刊》（*Journal of Social Issues*）57卷1期（2001）：15–39。

P.80 衝擊偏見：威爾森和吉伯特，*Affective Forecasting*：351。

P.81 心理免疫系統：出處同上，380及後頁。

P.82 心理學家羅倫．阿洛伊（Lauren B. Alloy）及林．艾布朗森（Lyn Y. Abramson）："Judgment of Contingency in Depressed and Non-Depressed Students: Sadder but Wiser?,"《實驗心理學期刊》（*Journal of Experimental Psychology*）108卷4期（1978）：441–485。

P.83 「抑鬱現實主義」（depression realism）：這個主題的其他觀點包括David Dunning and Amber L. Story, "Depression, Realism, and the Overconfidence Effect: Are the Sadder Wiser When Predicting Future Actions and Events?,"《人格與社會心理學期刊》61卷4期（1981）：521–532；Lorraine G. Alan、Shepherd Siegel and Samuel Hannah, "The Sad Truth About Depressive Realism,"《實驗心理學季刊》（*Quarterly Journal of Experimental Psychology*）60卷3期（2007）：482–495。

P.83 正如威爾森：*Strangers to Ourselves: Discovering the Adaptive Unconscious*（Cambridge, MA: Belknap Press of Harvard University,2002）：140。

P.84 雖然有很多事要忙：Stephenie Meyer，官網，"Bio,"二〇一三年六月十六日取得內容，www.stepheniemeyer.com/bio.html。

P.85 心理學家蓋布瑞埃兒．歐廷根（Gabriele Oettingen）及朵瑞斯．梅耶（Doris Mayerfm）：歐廷根及梅耶，"The Motivating Function of Thinking About the Future: Expectations Versus Fantasies,"《人格與社會心理學期刊》

83卷5期（2002）：1,198–1,212。

P.86 歐廷根等人進行了一項實驗：歐廷根、Hyeon-ju Pak and Karoline Schnetter, "Self-Regulation of Goal-Setting: Turning Free Fantasies About the Future into Binding Goals,"《人格與社會心理學期刊》80卷5期（2001）：736–753。

第四章　放棄的天賦

P.96 根據研究顯示，堅持雖然有它的價值：查爾斯．卡文（Charles S. Carver）及麥可．席爾（Michael F. Scheier），"Scaling Back Goals and Recalibration of the Affect Systems Are Processes in Normal Adaptive Self-Regulation: Understanding the "Response-Shift" Phenomena,"《社會科學與醫學》（*Science and Medicine*）50期（2000）：1,715–1,722；卡斯頓．洛許（Carsten Wrosch）等人，"Adaptive Self-Regulation of Unattainable Goals: Goal Disengagement, Goal Reengagement, and Subjective Well-Being,"《人格與社會心理學學報》29卷12期（2003.12）：1,494–1,508。關於放棄是否能改善健康，請參見洛許、Gregory E. Miller、席爾，以及Stephanie Brun de Pontet，"Giving Up on Unattainable Goals: Benefits for Health?,"《人格與社會心理學學報》33卷2期（2007. 2）：251–265。關於不放棄會直接導致生病的觀點，請參見Gregory E. Miller及洛許，"You've Gotta Know When to Fold 'Em: Goal Disengagement and Systemic Inflammation in Adolescence,"《心理科學》期刊（*Psychological Science*）18卷9期（2007）：773–777。

P.98 曾經提出一種觀點：艾略特及瑟瑞許，"Approach and Avoidance Temperament As Basic Dimensions of Personality,"《人格期刊》（*Journal of Personality*）76卷3期（2010.6）：865–906。

P.99 艾略特和哈里．瑞斯（Harry T. Reis）主張：艾略特及瑞斯，"Attachment and Exploration in Adulthood,"《人格與社會心理學期刊》85卷2期（2003）：317–331。

P.99 依附理論來自：瑪莉．安斯沃（Mary Ainsworth），*Patterns of Attachment: A Psychological Study of the Strange Situation*（Hillsdale, NJ: Lawrence

Erlbaum Associates, 1978）。

P.100 這個實驗叫做「視覺懸崖」（visual cliff）：原始實驗室為了測量嬰兒的深度知覺。E. J. Gibson andR. D. Walk, "*The Visual Cliff*,"《科學人雜誌》（*Scientific American*）202卷4期（1960）：67–71。

P.101 在一項由詹姆士·索爾斯（James F. Sorce）等人主持的實驗：索爾斯、Robert N. Emde、Joseph Campos，及Mary D. Klinnert, "Maternal Emotional Signaling: Its Effect on the Visual Cliff Behavior of 1-Year-Olds,"《發展心理學》期刊（*Developmental Psychology*）21卷1期（1985）：195–200。

P.101 艾略特和瑞斯推論：艾略特及瑞斯，*Attachment and Exploration*，319。

P.103 菲立普·薛佛（Philip R. Shaver）及馬力歐·米寇林瑟（Mario Mikulincer）做了一項深入分析：薛佛及米寇林瑟，"Attachment-Related Psychodynamics,"《依附及人類發展》期刊（*Attachment and Human Development*）4期（2002）：133–161。

P.104 海瑟·林區（Heather C. Lench）及琳達·里凡（Linda J. Levine）的研究：林區及里凡，"Goals and Responses to Failure: Knowing When to Hold Them and When to Fold Them,"《動機和情緒》32期（2008）：127–140。

P.104 研究者指出：「諷刺的是，他們聚焦在逃避：出處同上，137。

P.105 違反直覺地，聚焦在目標的潛在失敗上的人：出處同上，139。

P.105 艾略特及瑟瑞許進行一項有趣的研究：艾略特及瑟瑞許，"The Intergenerational Transmission of Fear of Failure,"《人格與社會心理學學報》30卷8期（2004）：957–971。

P.106 失敗本身教人害怕：出處同上，958。

P.106 大多數使用這種方式的人，只是：出處同上，959。

P.107 在一場接受治療的病患研究：艾略特及馬西·邱吉爾（Marcy A. Church），"Client-Articulated Avoidance Goals in the Therapy Context,"《諮商心理學報》（*Journal of Counseling Psychology*）49卷2期（2002）：243–254。

P.107 研究中的一些範例可以說明這種差異：出處同上，表格244。

P.110 如同卡斯頓等人所主張，假如：沃許、席爾、卡文，及Richard Schulz，

"The Importance of Goal Disengagement in Adaptive Self-Regulation: When Giving Up Is Beneficial,"《自我與認同》2期（2003）：1–20。

P.110 心理學理論，「人格系統交互作用：」Nicola Baumann及朱立斯・庫爾（Julius Kuhl），"Intuition, Affect, and Personality: Unconscious Coherence Judgments and Self-Regulation of Negative Affect,"《人格與社會心理學期刊》83卷5期（2002）：1,213–1,225；Nicola Baumann及朱立斯・庫爾，"Self-Infiltration: Confusing Tasks As Self-Selected in Memory,"《人格與社會心理學學報》29卷4期（2003. 4）：487–497；山德・庫爾（Sander L. Koole）、朱立斯・庫爾、Nils B. Jostmann及凱瑟琳・沃斯，"On the Hidden Benefits of State Orientation: Can People Prosper Without Efficient Affect-Regulation Skills?,"收錄於*Building, Defending, and Regulating the Self*，Abraham Tesser、Joanne Woods，及Diederik Stapel編輯（New York:Psychology Press,2005），217–244；Nils B. Jostmann及山德・庫爾，"When Persistence Is Futile: A Functional Analysis of Action Orientation and Goal Disengagement,"收錄於*The Psychology of Goals*，Gordon B. Moskowitz及Heidi Grant編輯（New York:Guilford Press, 2009）337–361。請參見Nils B. Jostmann、山德・庫爾、Nickie Y. Van Der Wulp，及大衛・法肯伯格（David A. Fockenberg），"Subliminal Affect Regulation: The Moderating Role of Action versus State Orientation,"《歐洲心理學家》期刊（*European Psychologist*）10卷3期（2005）：209–217。

P.112 正如詹姆士・狄凡朵夫（James M. Diefendorff）等人提及：狄凡朵夫、Rosallie J. Hall、Robert G. Ord and Mona L. Strean, "Action-State Orientation: Construct Validity of a Revised Measure and Its Relationship to Work-Related Variables,"《應用心理學期刊》（*Journal of Applied Psychology*）85卷2期（2000）：250。

P.113 在實驗室的背景下評估行動及狀態取向：朱立斯・庫爾的量表來自Nils B. Jostmann及山德・庫爾，"When Persistence Is Futile,"收錄在*The Psychology of Goals*，Gordon B. Moskowitz及Heidi Grant編輯（New York:Guilford Press,2009）：345。

P.114 這些取向顯然是由：山德・庫爾、朱立斯・庫爾、Nils B. Jostmann and Catrin Finkenauer, "Self-Regulation in Interpersonal Relationships: The Case of Action Versus State Orientation," 收錄在《自我與人際關係》（*Self and Relationship*），凱瑟琳・沃斯及E. J. Finkel編輯（New York and London: Guilford Press, 2006），360–386。

P.114 阿姆斯特丹的研究者主持一項實驗：山德・庫爾及Nils B. Jostmann，"Getting a Grip on Your Feelings: Effects of Action Orientation on Intuitive Affect Regulation,"《人格與社會心理學期刊》87卷6期（2004）：974–990。

P.115 他們的取向會讓他們在其他的環境中處於優勢：詹姆士・狄凡朵夫，"Examination of the Roles of Action-State Orientation and Goal Orientation in the Goal-Setting and Performance Process,"《人類行爲》期刊（*Human Performance*）17卷4期（2004）：375–395。

P.116 山德・庫爾（Sander L. Koole）及大衛・法肯伯格（Davud A. Fockenberg）於是進行一系列的實驗：山德・庫爾及法肯伯格，"Implicit Emotional Regulation Under Demanding Conditions: The Mediating Role of Action Versus State Orientation,"《認知和情緒》期刊（*Cognition and Emotion*）25卷3期（2011）：440–452。

第五章　管理想法和情緒

P.122 心理學家約翰・梅耶（John Mayer）及彼得・薩洛威（Peter Salovey）："What Is Emotional Intelligence?," 收錄在*Emotional Development and Emotional Intelligence*，薩洛威及D. J. Sluyter編輯（New York:Basic Books,1997）：3–31。

P.122 丹尼爾・寇曼（Daniel Coleman）廣受歡迎又影響深鉅的同名著作：寇曼，*Emotional Intelligence: Why It Can Matter More than IQ*（New York:Bantam Books,1994）。

P.122 不過這兩位心理學家已經公開否認：梅耶、薩洛威，及David R. Caruso，"Emotional Intelligence: New Ability or Eclectic Traits?"《美國心理學家》

65卷7期（2008. 9）：515。

P.122 理解情緒的能力：梅耶及薩洛威，“What Is Emotional Intelligence?,”，5。這裡敘述的情緒智能層次是依據他們著作中的章節，描述這些層次的說法是從該書的表格1.1引用。

P.123 因爲這一切都是在童年早期發生：丹尼爾．塞吉爾（Daniel J. Siegel）及瑪莉．哈特賽爾（Mary Hartzell），《由內而外的教養方式》（*Parenting from the Inside Out*）（New York:Jeremy P. Tarcher/Penguin,2003）：203–205。

P.127 麗莎．費德曼．巴瑞特（Lisa Feldman Barrett）等人的研究：巴瑞特、James Gross、Tamlin Conner Christensen，及Michael Benvenuto，“Knowing What You’re Feeling and Knowing What to Do About It: Mapping the Relation Between Emotion Differentiation and Emotion Regulation,”《認知和情緒》15卷6期（2001）：713–724。

P.128 棉花糖和你：Yuichi Shoda、華特．米契爾（Walter Mischel），及Philip K. Peake，“Predicting Adolescent Cognitive and Self-Regulatory Competencies from Preschool Delay of Gratification: Identifying Diagnostic Conditions,”《發展心理學》16卷6期（1990）：978–986。

P.129 研究者做出的結論：出處同上，985。

P.135 女人比男人更容易反芻：Lisa D. Butler及蘇珊．諾倫．霍克斯瑪（Susan Nolen-Hoeksema），“Gender Differences in Response to Depressed Mood in a College Sample,”《性別角色》期刊（*Sex Roles*）30卷5- 6期（1994）：331–346。

P.135 研究顯示，母親會在男嬰的襁褓時期，教導：Katherine M. Weinberg、Edward Z. Tronick、Jeffrey F. Cohn and Karen L. Olson, “Gender Differences in Emotional Expressivity and Self-Regulation During Early Infancy,”《發展心理學》35期（1999）：175–188。

P.135 此外，母親和女兒談論：Robyn Fivush, “Exploring Sex Differences in the Emotional Context of Mother-Child Conversations About the Past,”《性別角色》20卷11–12期（1989）：675–695。

P.135 諾倫．霍克斯瑪及貝妮塔．傑克森（Benita Jackson）：“Mediators of the

Gender Difference in Rumination,"《女性心理學季刊》（*Psychology of Women Quarterly*）25期（2001）：37–47。

P.137 〈釋放白熊〉：丹尼爾·威格納，"Setting Free the Bears: Escape from Thought Suppression,"《美國心理學家》（2011.11）：671–679。

第六章　評估狀況

P.146 你有沒有看見大猩猩：丹尼爾·希孟（Daniel J. Simons）及克里斯多夫·夏布里（Christopher F. Chabris），*The Invisible Gorilla: How Our Intuitions Deceive Us*（紐約：Broadway Paperbacks，2011）；希孟及夏布里，"Gorillas in Our Midst: Sustained Inattention Blindness,"《知覺》期刊（）28期（1999）：1,059–1,074。

P.147 研究者之一希孟：希孟及Daniel T. Lewin，"Failure to Detect Changes to People During a Real-World Interaction,"《心理環境通報和評論》（*Psychonomic Bulletin and Review*）5卷4期（1998）：644–649。

P.148 在後續的實驗中，丹尼爾·里文（Daniel T. Levin）：里文、Nausheen Momek、Sarah B. Drivdahl，及希孟，"Change Blindness Blindness: The Metacognitive Error of Overestimating Change-Detection Ability,"《視覺認知》期刊（*Visual Cognition*）7卷 1–3期（2000）：397–412。

P.150 目標失控：Lisa D. Ordonez、Maurice E. Schweitzer、Adam D. Galinsky and Max H. Bazeman, "Goals Gone Wild: The Systematic Side Effects of Over-Prescribing Goal Setting," 進行中研究報告09–083，波士頓，哈佛商學院。

P.150 艾德溫·拉克（Edwin A. Locke）及蓋瑞·賴登（Gary P. Latham）在一項重要的摘要：拉克及賴登，"New Directions in Goal-Setting Theory；《心理科學趨勢》（*Current Directions in Psychological Science*）15卷5期（2006.10）：265–268。

P.151 擁有較廣泛的學習目標：出處同上，266。

P.151 包括心理學家安娜特·德拉契薩哈維（Anat Drach-Zahavy）：德拉契薩哈維及米莉安·伊蘭茲（Miriam Erez），"Challenge Versus Threat Effects on the Goal Performance Relationship；《組織行爲及人類決策過程》88期

（2002）：667–682。

P.153 關於品托的故事：Ordonez等人，*Goals Gone Wild*，4。

P.153 品托和其他幾個案例：出處同上，10–11。

P.154 對〈目標失控〉所做的回應：拉克及賴登，“Has Goal Setting Gone Wild, or Have Its Attackers Abandoned Good Scholarship?,”《管理學會期刊》（*Academy of Management Perspective s*）23卷1期（2009）：27–23。請參見對這項指控的反擊：Lisa D. Ordonez、Maurice E. Schweitzer、Adam D. Galinsky and Max H. Bazer, “On Good Scholarship, Goal Setting and Scholars Gone Wild,” 進行中研究報告09-122，波士頓，哈佛商學院。

P.156 迷信的鴿子：斯金納（B. F. Skinner），“Superstition in the Pigeon,”《實驗心理學期刊》38期（1938）：168–172。

P.157 《大西洋月刊》（*Atlantic*）發表的一篇文章：安瑪莉．斯拉特（Anne-Marie Slaughter），“Why Women Can’t Have It All,”《大西洋月刊》（2012.7–8）。www.theatlantic.com/magazine/archive/2012/07/why-women-still-cant-have-it-all/309020。

P.163 這也是心理學家威廉．布里吉（William Bridges）：布里吉，*Transitions:Making Sense of Life’s Changes*（New York:Da Capo Press,2004）：116–117。

P.165 爲何清除心裡的侵入性思緒如此困難：Ezequiel Morsella、Avi Ben-Zee、Meredith Lanska，及約翰．巴格，“The Spontaneous Thoughts of the Night: How Future Tasks Breed Intrusive Cognitions,”《社會認知》（*Social Cognition*），28卷5期（2012）：640–649。

P.168 我們可以從心情的科學分析：N. Pontus Leander、Sarah G. Moore，及譚雅．夏特蘭（Tanya Chartrand），“Mystery Moods: Their Origins and Consequences,” 收錄於*The Psychology of Goals*，Gordon B. Moskowitz及Heidi Grant編輯（New York and London: Guilford Press, 2009），480–504。

P.168 譚雅．夏特蘭（Tonya Chartrand）等人所說的「非自覺」目標：夏特蘭、Clara Michelle Cheng、Amy L. Dalton and Abraham Tesser, “Nonconscious Incidents or Adaptive Self-Regulatory Tool?,”《社會認知》，28卷5期

（2012）：569–588。

第七章　詳細計畫目標

P.172 多年來，許多書和演講：最先報導這項研究結果的是Sid Savara, "Writing Down Your Goals: The Harvard Written Goal Study; Fact or Fiction?," 網頁名稱：Personal Development Training with Sid Savara，二〇一三年六月十七日取得內容，http://sidsavara.com/personal-productivity/fact-or-fiction-the-truth-about-the-harvard-written-goal-study。

P.172 二〇一一年，一項由麥基爾大學和多倫多大學進行的研究：Dominique Morisano等人，"Setting, Elaborating, and Reflecting on Personal Goals Improves Academic Performance," 《應用心理學期刊》85卷2期（2010）：255–264。

P.174 正如心理學家理查．雷恩（Richard M. Ryan）等人敘述：雷恩、肯儂．薛爾登、提姆．凱瑟（Tim Kasser），及愛德華．迪奇，"All Goals Are Not Created Equal: An Organismic Perspective on the Nature of Goals and Their Regulation," 收錄在*The Psychology of Action*，彼得．高威澤（Peter M. Gollwitzer）及約翰．巴格編輯（New York and London: Guilford Press, 1996）：1–26。請參見薛爾登、雷恩、迪奇，及凱瑟，"The Independent Effects of Goal Contents: It's Both What You Pursue and Why You Pursue It," 《人格與社會心理學學報》30卷4期（2004.4）：475–486；迪奇及雷恩，"The 'What' and 'Why' of Goal Pursuits: Human Needs and the Self-Determination of Behavior," 《心理諮詢》13卷4期（2000）：227–268。

P.175 在一項名為「進一步檢視美國夢」的研究中：凱瑟及雷恩，"Further Examining the American Dream: Differential Correlates of Intrinsic and Extrinsic Goals," 《人格與社會心理學學報》22卷3期（1996.3）：280–287。

P.181 其中一項原則是：米哈里．齊克森米哈里（Mihaly Csikszentmihalyi），*Flow: The Psychology of Optimal Experience*（New York :Harper Perennial/Modern Classics,2008）。

P.182 「自發經驗」（autotelic experience）：出處同上，67。

P.183 假如這些人運氣好的話：出處同上。

P.184 心流的最佳體驗：出處同上，53–66。

P.186 我們用來取決是否：蓋比瑞兒．歐廷根（Gabriele Oettingen）及彼得．高威澤，"Strategies of Setting and Implementing Goals: Mental Contrasting and Implementation Intentions,"收錄在*Social Psychological Foundations of Clinical Psychology*，J. E. Maddux and J. P Tanguy編輯（New York :Guildford Press,2010）：114–135。

P.186 沉溺想像和思考停滯都只會帶來中等的目標承諾：歐廷根等人，"Turning Fantasies about Positive and Negative Futures into Self-Improvement Goals,"《動機和情緒》29卷4期（2003.12）：237–267。

P.189 研究者運用腦部影像：Anja Achtziger等人，"Strategies of Intention Formation Are Reflected in Continuous MEG Activity,"《社會精神科學》（*Social Neuroscience*）4卷1期（2009）：11–27。

P.189 這代表心理對比：出處同上，23。

P.190 在一項自我對話的研究中，亞伯拉罕．西奈（Ibrahim Senay）：西奈、Dolores Abarracin and Kenji Noguchi, "Motivating Goal-Directed Behavior Through Introspective Self-Talk: The Role of the Interrogative Form of Simple Future Tense,"《心理科學》21卷4期（2010）：499–504。

第八章　如何順利放棄

P.196 正如鮑米斯特等人：鮑米斯特、Ellen Bratslavsky、Catrin Finkenauer，及凱瑟琳．沃斯，"Bad Is Stronger Than Good,"《普通心理學評論》（*Review of General Psychology*）5卷4期（2001）：323–370。這段話是引用自323頁。

P.202 荷蘭的心理學家馬賽爾．齊藍伯格（Marcel Zeelenberg）：齊藍伯格及瑞克．皮耶特斯（Rik Pieters），"A Theory of Regret Regulation 1.0,"《消費者心理學期刊》（*Journal of Consumer Psychology*）17卷1期（2007）：3–15；皮耶特斯及齊藍伯格，"A Theory of Regret Regulation 1.1,"《消費者心理學期刊》17卷1期（2007）：29–35。

P.203 關於後悔的初期理論之一：卡尼曼，《快思慢想》（New York :Farrar, Straus and Giroux,2011），346頁及後頁。

P.203 卡尼曼在他的著作《快思慢想》：出處同上，348。

P.204 不過後來由湯瑪士．吉洛維克（Thomas Gilovic）：吉洛維克及維多利亞．哈斯提德．麥德威克（Victoria Husted Medvec），"The Experience of Regret: What, When, and Why,"《心理評論》102卷2期（1995）：379–395。

P.204 卡尼曼及吉洛維克和麥德威克之間的爭議：吉洛維克、麥德威克，及卡尼曼，"Varieties of Regret: A Debate and Partial Resolutio,"《心理評論》105卷3期（1995）：602–605。

P.205 後悔的行動變得比較不令人痛苦：吉洛維克及麥德威克，"The Experience of Regret,"387。

P.207 決策正當理論：泰瑞．康諾利（Terry Connolly）及馬塞爾．齊林柏格，"Regret in Decision Making,"《心理科學趨勢》11卷6期（2002.12）：212–216。

P.207 假如你在派對上：出處同上，213。

P.207 研究者塔德．麥伊洛伊（Todd McElroy）及基斯．道茲（Keith Dows）發現，行動取向的個體：麥伊洛伊及道茲，"Action Orientation and Feelings of Regret,"《判斷與決策》（*Judgment and Decision Making*）2卷6期（2007.12）：333–341。

P.208 柯林．賽佛瑞（Colleen Saffrey）等人：賽佛瑞、艾咪．桑莫菲爾（Amy Summerville），及尼爾．羅伊斯（Neal J. Roese），"Praise for Regret: People Value Regret Above Other Negative Emotions,"《動機和情緒》31卷1期（2008.3）：46–54。

P.209 原本是由巴瑞．史瓦茲（Barry Schwartz）：史瓦茲等人，"Maximising Versus Satisficing: Happiness Is a Matter of Choice,"《人格與社會心理學期刊》63卷5期（2002）：1,178–1,197。

P.209 受試者拿到一份後悔程度表：出處同上，53。

P.210 相信後悔是正向情緒的態度可能只是一種應對機制：出處同上，52。

P.210 心理免疫系統：吉伯特，《快樂爲什麼不幸福》（New York :Vintage Books,2007）：177–178。

P.211 反事實思考的不同處：凱伊・艾皮斯圖德（Kai Epstude）及尼爾・羅伊斯，“The Functional Theory of Counterfactual Thinking,”《人格與社會心理學評論》12卷2期（2008.5）：168–192。

P.213 在一項主題爲：羅伊斯及桑莫菲爾，“What We Regret Most . . . and Why,”《人格與社會心理學學報》31卷9期（2008.9）：1,273–1,285。

P.213 機會培育後悔：出處同上，1,274。

P.213 齊藍伯格及皮耶特斯：齊藍伯格及皮耶特斯，“A Theory of Regret Regulation 1.1,” 33。

P.215 一項由安奈特・凡・蘭登布洛（Annette van Randenborgh）等人主持的反芻研究：蘭登布洛、Joachim Huffmeier、Joelle LeMoult，及Jutta Joormann，“Letting Go of Unmet Goals: Does Self-Focused Rumination Impair Goal Disengagement?,”《動機和情緒》34卷4期（2010.12）：325–332。

P.217 我們都要放下那隻橡膠鴨：萬一你不知道這個橋段，不妨上網觀賞：“Sesame Street (Vintage): Put Down the Duckie,” YouTube，Hellfrick上傳（2007.8.24），www.youtube.com/watch?v=SMAixgo_zJ4。

第九章　重新設定你的內在羅盤

P.220 心理學家查爾斯・卡文（Charles S. Carver）及麥可・席爾（Michael F. Scheier）提及：卡文及席爾，*On the Self-Regulation of Behavior*（(Cambridge and London: Cambridge University Press, 1998）：348。

P.221 羅伯特・艾孟斯（Robert A. Emmons）說明，人類體驗：艾孟斯，“Striving and Feeling: Personal Goals and Subjective Well-Being,” 收錄在*The Psychology of Action*，高威澤及巴格編輯（New York and London:Guilford Press,1996）：314。

P.221 人類不只是個人目標的集合體：出處同上，331。

P.221 尋求人生中的意義：出處同上，333。

P.222 在他的著作《快樂，從心開始》：米哈里・齊克森米哈里（Mihaly

Csikszentmihalyi），《快樂，從心開始》（New York :Harper Perennial/ Modern Classics,2008）：158–159。

P.223 心理學家派翠夏．林維爾（Patricia Linville）：林維爾，“Self-Complexity and Affective Extremity: Don’t Put All of Your Eggs in One Cognitive Basket,”《社會認知》1卷1期（1985）：94–120。

P.224 林維爾假設：出處同上，97。

P.225 將自我複雜性視爲認知緩衝：林維爾（Patricia W. Linville）“Self-Complexity As a Cognitive Buffer Against Stress-Related Illness and Depression,”《人格與社會心理學期刊》12卷4期（1987）：663–676。請參見Erika J. Koch及James A. Shepherd，“Is Self-Complexity Linked to Better Coping? A Review of the Literature,”《人格期刊》72卷4期（2004.8）：727–760。

P.225 負面情感和自我評價：出處同上，663。

P.226 自我規範的經典著作：卡文和席爾，*On the Self-Regulation of Behavior*：348。

P.227 相當程度的穩定，將期待歸納爲在人生重要的領域中會出現好的結果：卡斯頓．洛許及麥可．席爾，“Personality and Quality of Life: The Importance of Optimism and Goal Adjustmen,”《生活品質研究》（*Quality of Life Research*）12卷1期增刊（2003）：59–72。

P.228 「生活取向量表」（Life Orientation Test）：卡文，“LOT-R (Life Orientation Test—Revised),”佛羅里達州，克拉蓋柏茲，邁阿密大學心理學系，二〇一三年七月一日取得內容，www.psy.cmu.edu/faculty/scheier/scales/LOTR_Scale.pdf.

P.228 洛許及席爾聲稱：出處同上，69。

P.229 彼得．高威澤（Peter M. Gollwitzer）提出一項頗具影響力的主張：高威澤，“Action Phases and Mindsets,”收錄在*Handbook of Motivation and Cognition: Foundation of Social Behavior*，E. Tory Higgins and Richard M. Sorrentino編輯（New York and London: Guilford Press, 1990）：53–92。

P.232 研究者要受試者提出兩個：高威澤、Heinz Heckhausen，及Heike

Katajczak，“From Weighing to Willing: Approaching a Change Decision Through Pre- or Postdecisional Mentation,”《組織行爲及人類決策過程》45期（1990）：41–65。請參見Inge Schweiger Gallo及高威澤，“Implementation Intentions: A Look Back at Fifteen Years of Progress,”，19卷1期（2007）：37–42。

P.233 阻礙有自覺目標設定的非自覺思考：高威澤，“Implementation Intentions: Strong Effects of Simple Plans,”《美國心理學家》54卷7期（1999）：493–502。本書引用的內容在496頁。

P.233 正如高威澤、尤特・貝爾（Ute C. Bayer），以及凱瑟琳・穆拉克（Kathleen C. Molloch）所言：高威澤、貝爾及穆拉克，“The Control of the Unwanted,” *The New Unconscious*，Ran R. Hassin、James S. Uleman，及約翰・巴格 (New York: Oxford University Press, 2006）：485–515。

P.234 通往幸福的道路：桑妮雅・路波米斯基（Sonja Lyubomirsky）、肯儂・薛爾登（Kennon M. Sheldon）及大衛・薛卡德（David Schkade），“Pursuing Happiness: The Architecture of Sustainable Change,”《普通心理學評論》9卷2期（2005）：111–131。

P.235 這些偏低的關聯：出處同上，117。

P.235 『享樂適應』（hedonic adaptation）傾向：出處同上，118。

P.235 薛爾登及路波米斯基以一系列的實驗測試這種假設：薛爾登及路波米斯基，“Achieving Sustainable Gains in Happiness: Change Your Actions, Not Your Circumstances,”《幸福研究期刊》（ *of Happiness Studies*）7期（2006）：55–86。

P.236 不過其程度只能達到某人採取行動：出處同上，80。

參考書目

Achtziger, Anja, Thorsten Fehr, Gabriele Oettingen, Peter M. Gollwitzer,and Brigitte Rockstroh. "Strategies of Intention Formation AreReflected in Continuous MEG Activity." *Social Neuroscience* 4, no.1 (2009): 11–27.

Ackerman, Joshua M., Noah J. Goldstein, Jenessa R. Shapiro, and John A. Bargh. "You Wear Me Out: The Vicarious Depletion of Self-Control." *Psychological Science* 70, no. 3 (2009): 327–332.

Ainsworth, Mary. *Patterns of Attachment: A Psychological Study of the Strange Situation*. Hillsdale, NJ: L. Laurence Erlbaum Associates, 1978.

Alan, Lorraine G., Shepherd Siegel, and Samuel Hannah. "The Sad Truth About Depressive Realism." *Quarterly Journal of Experimental Psychology* 60, no. 3 (2007): 482–495.

Alloy, Lauren B., and Lyn Y. Abramson. "Judgment of Contingency in Depressed and Non-Depressed Students: Sadder but Wiser?" *Journal of Experimental Psychology* 108, no. 4 (1978): 441–485.

Bargh, John A., and Tanya L. Chartrand. "The Unbearable Automaticity of Being." *American Psychologist* 54, no. 7 (July 1999): 462–479.

Bargh, John A., Mark Chen, and Lara Burrows. "Automaticity of Social Behavior: Direct Effects of Trait Construct and Stereotype Activation on Actions." *Journal of Personality and Social Psychology* 71, no.2 (1996): 230–244.

Bargh, John A., Peter Gollwitzer, Annette Lee-Chai, Kimberly Barndollar,and Roman Trotschel. "The Automated Will: Nonconscious Activation and Pursuit of Behavior Goals." *Journal of Personality and Social Psychology* 81, no. 6 (2001): 1,014–1,027.

Bargh, John A., and Ezequiel Morsella. "The Unconscious Mind." *Perspectives on Psychological Science* 3, no. 1 (2003): 73–79.

Barrett, Lisa Feldman, James Gross, Tamlin Conner Christensen, and Michael Benvenuto. "Knowing What You' re Feeling and Knowing What to Do About It: Mapping the Relation Between Emotion Differentiation and Emotion Regulation." *Cognition and Emotion* 15,no. 6 (2001): 713–724.

Baumann, Nicola, and Julius Kuhl. "How to Resist Temptation: The Effects of External Control Versus Autonomy Support on Self-Regulatory Dynamics." *Journal of Personality* 73, no. 2 (April 2005):444–470.

——. "Intuition, Affect, and Personality: Unconscious Coherence Judgments and Self-Regulation of Negative Affect." *Journal of Personality and Social Psychology* 83, no. 5 (2002): 1,213–1,225.

——. "Self-Infiltration: Confusing Tasks As Self-Selected in Memory." *Personality and Social Psychology Bulletin* 29, no. 4 (April 2003):487–497.

Baumeister, Roy F., Ellen Bratslavsky, Mark Muraven, and Dianne M.Tice. "Ego Depletion: Is the Active Self a Limited Resource?" *Journal of Personality and Social Psychology* 74, no. 5 (1998): 1,252–1,265.

Baumeister, Roy F., Ellen Bratslavsky, Catrin Finkenauer, and Kathleen Vohs. "Bad Is Stronger than Good." *Review of General Psychology* 5,no. 4 (2001): 323–370.

Baumeister, Roy F., and John Tierney. *Willpower: Rediscovering the GreatestHuman Strength*. New York: Penguin Books, 2011.

Bridges, William. *Transitions: Making Sense of Life's Changes*. New York:Da Capo Press, 2004.

Butler, Lisa D., and Susan Nolen-Hoeksema. "Gender Differences in Response to Depressed Mood in a College Sample." *Sex Roles*, 30:331–346.

Carver, Charles S. "Approach, Avoidance, and the Self-Regulation of Affect and Action." *Motivation and Emotion* 30 (2006): 105–110.

——. "Negative Affects Deriving from the Behavior Approach System." *Emotion* 4, no. 1 (2004): 3–22.

Carver, Charles S., and Michael F. Scheier. *On The Self-Regulation of Behavior*. Cambridge and London: Cambridge University Press,1998.

——. "Scaling Back Goals and Recalibration of the Affect Systems Are Processes in Normal Adaptive Self-Regulation: Understanding The 'Response-Shift' Phenomena." *Social Science and Medicine* 50 (2000): 1,715–1,722.

Chabris, Christopher, and Daniel Simons. *The Invisible Gorilla: How Our Intuitions Deceive Us*. New York: Broadway Paperbacks, 2011.

Chartrand, Tanya L., and John A. Bargh. "The Chameleon Effect: The Perception-Behavior Link and Social Interaction." *Journal of Personality and Social Psychology* 76, no. 6 (1999): 893–910.

Chartrand, Tanya L., Rick B. van Baaren, and John A. Bargh. "Linking Automatic Evaluation to Mood and Information Processing Style:Consequences for Experienced Affect, Impression Formation, and Stereotyping." *Journal of Experimental Psychology* 35, no. 1 (2006): 70–79.

Chartrand, Tanya L., Clara Michelle Cheng, Amy L. Dalton, and Abraham Tesser. "Nonconscious Incidents or Adaptive Self-Regulatory Tool?" *Social Cognition* 28, no. 5 (2010): 569–588.

Connolly, Terry, and Marcel Zeelenberg. "Regret in Decision Making." *Current Directions in Psychological Science* 11, no. 6 (December 2002): 212–216.

Csikszentmihalyi, Mihaly. *Flow: The Psychology of Optimal Experience*. New York: Harper Perennial/Modern Classics, 2008.

Deci, Edward L., and Richard M. Ryan. "The 'What' and 'Why' of Goal Pursuits: Human Needs and the Self-Determination of Behavior." *Psychological Inquiry* 13, no. 4 (2000): 227–268.

Diefendorff, James M. "Examination of the Roles of Action-State Orientation and Goal Orientation in the Goal-Setting and Performance Process." *Human Performance* 17, no. 4: 375–395.

Diefendorff, James M., Rosalie J. Hall, Robert G. Ord, and Mona L. Strean. "Action-State Orientation: Construct Validity of a Revised Measure and Its Relationship to Work-Related Variables." *Journal of Applied Psychology* 85, no. 2 (2000): 250–261.

Drach-Zahavy, Anat, and Miriam Erez. "Challenge Versus Threat Effects on the Goal Performance Relationship." *Organizational Behavior and Human Decision Process* 88 (2002): 667–682.

Duhigg, Charles. *The Power of Habit: What We Do in Life and Business*.New York: Random House, 2012.

Dunning, David, Dale W. Griffin, James D. Mikojkovic, and Lee Toss. "Thc Overconfidence Effect in Social Prediction." *Journal of Personality and Social Psychology* 58, no. 4 (1990): 568–581.

Dunning, David, and Amber L. Story. "Depression, Realism, and the Overconfidence Effect: Are the Sadder Wiser When Predicting Future Actions and Events?" *Journal of Personality and Social Psychology* 61, no. 4 (1981): 521–532.

Elliot, Andrew J. "A Hierarchical Model of Approach-Avoidance Motivation." *Motivation and Emotion* 29 (2006): 111–116.

Elliot, Andrew J., and Todd M. Thrash. "Approach-Avoidance Motivation in Personality: Approach and Avoidance Temperaments and Goals." *Journal of Personality and Social Psychology* 82, no. 5 (2002):804–818.

——. "Approach and Avoidance Temperament As Basic Dimensions of Personality." *Journal of Personality* 78, no. 3 (June 2010): 865–906.

——. "The Intergeneration Transmission of Fear of Failure." *Personality and Social Psychology Bulletin* 30, no. 8 (August 2004): 957–971.

Elliot, Andrew J., and Marcy A. Church. "Client-Articulated Avoidance Goals in the Therapy Context." *Journal of Counseling Psychology* 49,no. 2 (2002): 243–254.

Elliot, Andrew J., and Harry T. Reis. "Attachment and Exploration in Adulthood." *Journal of Personality and Social Psychology* 85, no. 2 (2003): 317–331.

Elliot, Andrew J., and Kennon M. Sheldon. "Avoidance Achievement Motivation: A Personal Goals Analysis." *Journal of Personality and Social Psychology* 73, no. 1 (1997): 151–185.

Elliot, Andrew J., Todd M. Thrash, and Jou Murayama. "A Longitudinal Analysis of Self-Regulation and Well-Being: Avoidance Personal Goals, Avoidance Coping,

Stress Generation, and Subjective Well-Being." *Journal of Personality* 73, no. 3 (June 2011): 643–674.

Emmons, Robert A., and Laura King. "Conflict Among Personal Stirrings: Immediate and Long-Term Implications for Psychological and Physical Well-Being." *Journal of Personality and Social Psychology* 54,no. 6 (1988): 1,040–1,048.

Epstude, Kai, and Neal J. Roese. "The Functional Theory of Counterfactual Thinking." *Personality and Social Psychology Review* 12, no. 2 (May 2008): 168–192.

Fivush, Robyn. "Exploring Sex Differences in the Emotional Context of Mother-Child Conversations About the Past." *Sex Roles* 20, nos.11–12 (1989): 675–695.

Friedman, Ron, Edward L. Deci, Andrew J. Elliot, Arlen C. Moller, and Henk Aarts. "Motivational Synchronicity: Priming Motivation Orientations with Observations of Others' Behaviors." *Motivation and Emotion* 34 (2010): 34–38.

Gable, Shelley L. "Approach and Avoidance Social Motives and Goals." *Journal of Personality* 74, no. 1 (February 2006): 175–222.

Gallo, Inge Schweiger, and Peter M. Gollwitzer. "Implementation Intentions:A Look Back at Fifteen Years of Progress." *Psicothema* 19, no.1 (2007): 37–42.

Gibson, E. J., and R. D. Walk. "The Visual Cliff." *Scientific American* 202,no. 4 (1960): 67–71.

Gilbert, Daniel T. *Stumbling on Happiness*. New York: Vintage Books,2007.

Gilbert, Daniel T., Erin Driver-Linn, and Timothy D. Wilson. "The Trouble with Vronsky." In *The Wisdom in Feeling: Psychological Processes in Emotional Intelligence* ed. Lisa Feldman Barrett and Peter Salovey. New York: The Guilford Press, 2002.

Gilbert, Daniel T., and Jane E. J. Ebert. "Decisions and Revisions: The Affective Forecasting of Changeable Outcomes." *Journal of Personality and Social Psychology* 82, no. 4 (2002): 503–514.

Gilbert, Daniel T., Carey K. Morewedge, Jane L. Risen, and Timothy D. Wilson. "Looking Forward to Looking Backward." *Psychological Science* 15, no. 5

(2004): 346–350.

Gilovic, Thomas, and Victoria Husted Medvec. "The Experience of Regret: What, When, and Why." *Psychological Review* 102, no. 2(1995): 379–395.

Gilovic, Thomas, Victoria Husted Medvec, and Daniel Kahneman. "Varieties of Regret: A Debate and Partial Resolution." *Psychological Review* 105, no. 3 (1995): 602–605.

Goleman, Daniel. *Emotional Intelligence: Why It Can Matter More than IQ*. New York: Bantam Books, 1994.

Gollwitzer, Peter M. "Implementation Intentions; Strong Effects of Simple Plans." *American Psychologist* 54, no. 7 (1999): 493–502.

——. "Action Phases and Mindsets." In *Handbook of Motivation and Cognition: Foundation of Social Behavior*, edited by E. Tory Higgins and Richard M. Sorrentino, 2:53–92. New York and London: Guilford Press, 1990.

Gollwitzer, Peter M., Heinz Heckhausen, and Heike Katajczak. "From Weighing to Willing: Approaching a Change Decision Through Pre- or Postdecisional Mentation." *Organizational Behavior and Human Decision Processes* 45 (1990): 41–65.

Gollwitzer, Peter M., Ute G. Bayer, and Kathleen Molloch. "The Control of the Unwanted." In *The New Unconscious*, edited by Ran R.Hassin, James S. Uleman, and John A. Bargh, 485–515. New York:Oxford University Press, 2006.

Gollwitzer, Peter M., and John A. Bargh, eds. *The Psychology of Action:Linking Cognition and Motivation to Behavior*. New York: Guilford Press, 1996.

Heatherton, Todd, and Patricia A. Nichols. "Personal Accounts of Successful Versus Failed Attempts at Life Change." *Personality and Social Psychology Bulletin* 20, no. 6 (December 1994): 664–675.

Henderson, Marlone D., Peter M. Gollwitzer, and Gabriele Oettingen. "Implementation Intentions and Disengagement from a FailingCourse of Action." *Journal of Behavior Decision Making* 20 (2007):81–102.

Houser-Marko, Linda, and Kennon M. Sheldon. "Eyes on the Prize or Nose to the

Grindstone: The Effects of Level of Goal Evaluation on Mood and Motivation." *Personality and Social Psychology Bulletin* 34, no. 14 (November 2008): 1,556–1,569.

Inzlicht, Michael, and Brandon J. Schmeichel. "What Is Ego Depletion?Toward a Mechanistic Revision of the Resource Model of Self-Control." *Perspectives on Psychological Science* 7, no. 5 (2012): 450–463.

Johnson, Joel T., Lorraine M. Cain, Toni L. Falker, Jon Hayman, and Edward Perillo. "The 'Barnum Effect' Revisited: Cognitive and Motivational Factors in the Acceptance of Personality Descriptions." *Journal of Personality and Social Psychology* 49, no. 5 (1985):1,378–1,391.

Jostmann, Nils B., Sander L. Koole, Nickie Y. Van Der Wulp, and Daniel A. Fockenberg. "Subliminal Affect Regulation: The Moderating Role of Action Versus State Orientation." *European Psychologist* 10 (2005): 209–217.

Kahneman, Daniel. "A Perspective on Judgment and Choice: Mapping Bounded Rationality." *American Psychologist* 85, no. 9 (September 2003): 692–720.

——. *Thinking, Fast and Slow*. New York: Farrar, Straus and Giroux,2011.

Kahneman, Daniel, and Amos Tversky. "Prospect Theory: An Analysis of Decision Under Risk." *Econometrica* 47, no. 2 (March 1979):263–291.

Kasser, Tim, and Richard M. Ryan. "Further Examining the American Dream: Differential Correlates of Intrinsic and Extrinsic Goals." *Personality and Social Psychology Bulletin* 22, no.3 (March 1996):280–287.

——. "The Dark Side of the American Dream: Correlates of Financial Success As a Central Life Aspiration." *Journal of Personality and Social Psychology* 65, no. 3 (1993): 410–422.

Kay, Aaron C., S. Christian Wheeler, John A. Bargh, and Lee Ross. Material Priming: The Influence of Mundane Physical Objects on Situational Construal and Competitive Behavior Choice." *Organizational Behavior and Human Decision Process* 93 (2004): 83–96.

Klinger, Eric. "Consequences of Commitment to and Disengagement from

Incentives." *Psychological Review* 82, no. 2 (1975): 1–25.

Koch, Erika J., and James A. Shepherd. "Is Self-Complexity Linked to Better Coping? A Review of the Literature." *Journal of Personality* 72, no. 4 (August 2004): 727–760.

Koole, Sander L., Julius Kuhl, Nils B. Jostmann, and Catrin Finkenauer. "Self-Regulation in Interpersonal Relationships: The Case of Action Versus State Orientation." In *Self and Relationship*, edited by Kathleen D. Vohs and E. J. Finkel, 360–386. New York and London: The Guilford Press, 2006.

Koole, Sander L., and Nils B. Jostmann. "Getting a Grip on Your Feelings:Effects of Action Orientation on Intuitive Affect Regulation." *Journal of Personality and Social Psychology* 87, no. 6 (2004): 974–990.

——. "On the Waxing and Waning of Working Memory: Action Orientation Moderates the Impact of Demanding Relationship Primers on Working Memory Capacity." *Social Psychology Bulletin* 32, no. 12 (December 2006): 1,716–1,728.

Koole, Sander L., and Daniel A. Fockenberg. "Implicit Emotional Regulation Under Demanding Conditions: The Mediating Role of Action Versus State Orientation." *Cognition and Emotion* 25, no. 3 (2011): 440–452.

Koole, Sander L., Julius Kuhl, Nils B. Jostmann, and Kathleen D. Vohs. "On the Hidden Benefits of State Orientation: Can People Prosper Without Efficient Affect-Regulation Skills?" In *Building, Defending,and Regulating the Self*, edited by Abraham Tesser, Joanne Woods,and Diederik Stapel, 217–244. New York: Psychology Press, 2005.

Kruger, Justin. "Lake Wobegon Be Gone! The 'Below-Average Effect' and the Egocentric Nature of Comparative Ability Judgments." *Journal of Personality and Social Psychology* 77, no. 2 (1999): 221–232.

Kuhl, Julius. "Motivational and Functional Helplessness: The Moderating Effect of State Versus Action Orientations." *Journal of Personality and Social Psychology* 40, no. 1 (1981): 155–170.

Lench, Heather C., and Linda J. Levine. "Goals and Responses to Failure:Knowing

When to Hold Them and When to Fold Them." *Motivation and Emotion* 32 (2008): 127–140.

Levin, Daniel T., Nausheen Momek, Sarah B. Drivdahl, and Daniel J. Simons. "Change Blindness Blindness: The Metacognitive Error of Overestimating Change-Detection Ability." *Visual Cognition* 7, nos.1–3 (2000): 397–412.

Linville, Patricia W. "Self-Complexity and Affective Extremity: Don' t Put All of Your Eggs in One Cognitive Basket." *Social Cognition* 1, no.1 (1985): 94–120.

——. "Self-Complexity As a Cognitive Buffer Against Stress-Related Illness and Depression." *Journal of Personality and Social Psychology* 12, no. 4 (1987): 663–676.

Locke, Edwin A., and Gary P. Latham. "Has Goal Setting Gone Wild,or Have Its Attackers Abandoned Good Scholarship?" *Academy of Management Perspectives* 23, no. 1 (February 2009): 27–23.

——. "New Directions in Goal-Setting Theory." *Current Directions in Psychological Science* 15, no. 5 (October 2006): 265–268.

Loewenstein, George F., and Drazen Prelec. "Preferences for Sequences of Outcomes." *Psychological Review* 100, no. 1 (1993): 91–108.

Lovallo, Dan, and Daniel Kahneman. "Delusions of Success: How Optimism Undermines Executives' Decisions." *Harvard Business Review* (July 2003), 56–63.

Lyubomirsky, Sonja, Kennon M. Sheldon, and David Schkade. "Pursuing Happiness: The Architecture of Sustainable Change." *Review of General Psychology* 9, no. 2 (2005): 111–131.

Masicampo, E. J., and Roy F. Baumeister. "Consider It Done! Plan Making Can Eliminate the Cognitive Effects of Unfulfilled Goals." *Journal of Personality and Social Psychology* (June 2, 2011), advance online publication. DOI:10.1037/90024192.

Mayer, John D., Peter Salovey, and David R. Caruso. "Emotional Intelligence:New Ability or Eclectic Traits." *American Psychologist* 65, no.7 (September 2008):

515.

McElroy, Todd, and Keith Dows. "Action Orientation and Feelings of Regret." *Judgment and Decision Making* 2, no. 6 (December 2007):333–341.

Mikulincer, Mario, Philip R. Shaver, and Dana Pereg. "Attachment Theory and Affect Regulation: The Dynamics, Development, and Cognitive Consequences of Attachment-Related Strategies." *Motivation and Emotion* 27, no. 2 (June 2003): 77–102.

Miller, Gregory E., and Carsten Wrosch. "You' ve Gotta Know When to Fold ' Em: Goal Disengagement and Systemic Inflammation in Adolescence." *Psychological Science* 18, no. 9 (2007): 773–777.

Morisano, Dominique, Jacob B. Hirsh, Jordan B. Peterson, Robert O.Pihl, and Bruce M. Shore. "Setting, Elaborating and Reflecting on Personal Goals Improves Academic Performance." *Journal of Applied Psychology* 85, no. 2 (2010): 255–264.

Morsella, Ezequiel, Avi Ben-Zeev, Meredith Lanska, and John A. Bargh. "The Spontaneous Thoughts of the Night: How Future Tasks Breed Intrusive Cognitions." *Social Cognition* 28, no. 5 (2010): 640–649.

Moskowitz, Gordon B., and Heidi Grant, eds. *The Psychology of Goals.*New York: Guilford Press, 2009.

Muraven, Mark, Dianne M. Tice, and Roy M. Baumeister. "Self-Control As Limited Resource: Regulatory Depletion Patterns." *Journal of Personality and Social Psychology* 74, no. 3 (1998): 774–789.

Nolen-Hoeksema, Susan, and Benita Jackson. "Mediators of the Gender Difference in Rumination." *Psychology of Women Quarterly* 25(2001): 37–47.

Oettingen, Gabriele. "Future Thought and Behaviour Change." *European Review of Social Psychology* 23, no. 1 (2012): 1–63.

Oettingen, Gabriele, and Doris Mayer. "The Motivating Function of Thinking About the Future: Expectations Versus Fantasies." *Journal of Personality and Social Psychology* 83, no. 5 (2002): 1,198–1,212.

Oettingen, Gabriele, and Peter M. Gollwitzer. "Strategies of Setting and Implementing

Goals: Mental Contrasting and Implementation Intentions." In *Social Psychological Foundations of Clinical Psychology*,edited by J. E. Maddux and J. P. Tanguy, 114–135. New York:Guildford Press, 2010.

Oettingen, Gabriele, Doris Mayer, Jennifer S. Thorpe, Hanna Janetzke,and Solvig Lorenz. "Turning Fantasies About Positive and Negative Futures into Self-Improvement Goals." *Motivation and Emotion* 29,no. 4 (December 2003): 237–267.

Oettingen, Gabriele, Hyeon-ju Pak, and Karoline Schnetter. "Self-Regulation of Goal-Setting: Turning Free Fantasies About the Future into Binding Goals." *Journal of Personality and Social Psychology* 80,no. 5 (2001): 736–753.

Ordonez, Lisa D., Maurice E. Schweitzer, Adam D. Galinsky, and Max H. Bazerman. "Goals Gone Wild: The Systematic Side Effects of Over-Prescribing Goal Setting." Working Paper 09-083, Harvard Business School, Boston, 2009.

——. "On Good Scholarship, Goal Setting and Scholars Gone Wild." Working Paper 09-122, Harvard Business School, Boston, 2009.

Pieters, Rik, and Marcel Zeelenberg. "A Theory of Regret Regulation 1.1." *Journal of Consumer Psychology* 17, no. 1 (2007): 29–35.

Pronin, Emily, Daniel Y. Lin, and Lee Ross. "The Bias Blind Spot: Perceptions of Bias in Self Versus Others." *Personality and Social Psychology Bulletin* 28, no. 3 (March 2002): 369–381.

Reid, R. L. "The Psychology of the Near Miss." *Journal of Gambling Behavior* 2, no. 1 (1986): 32–39.

Roese, Neal J., and Amy Summerville. "What We Regret Most . . . and Why." *Personality and Social Psychology Bulletin* 31, no. 9 (September2008): 1,273–1,285.

Ryan, Richard M., and Edward L. Deci. "Intrinsic and Extrinsic Motivations:Classic Definitions and New Directions." *Contemporary EducationalPsychology* 25 (2000): 54–67.

Saffrey, Colleen, Amy Summerville, and Neal J. Roese. "Praise for Regret:People

Value Regret Above Other Negative Emotions." *Motivation and Emotion* 31, no. 1 (March 2008): 46–54.

Salovey, Peter, and D. J. Sluyter. *Emotional Development and Emotional Intelligence.* New York: Basic Books, 1997, 3–31.

Samuelson, William, and Richard Zeckhauser. "The Status Quo Bias in Decision-Making." *Journal of Risk and Uncertainty* 1 (1988): 7–59.

Schmeichel, Brandon J., and Kathleen Vohs. "Self-Affirmation and Self-Control: Affirming Core Values Counteracts Ego Depletion." *Journal of Personality and Social Psychology* 96, no. 4 (2009):770–782.

Schwartz, Barry, Andrew Ward, John Monterosso, Sonja Lyubomirsky,Katherine White, and Darrin R. Lehrman. "Maximizing Versus Satisficing: Happiness Is a Matter of Choice." *Journal of Personality and Social Psychology* 83, no. 5 (2002): 1,178–1,197.

Senay, Ibrahim, Dolores Abarracin, and Kenji Noguchi. "Motivating Goal-Directed Behavior Through Introspective Self-Talk: The Role of the Interrogative Form of Simple Future Tense." *Psychological Science* 21, no. 4 (2010): 499–504.

Shaver, Philip R., and Mario Mikulincer. "Attachment-Related Psychodynamics." *Attachment and Human Development* 4 (2002): 133–161.

Sheldon, Kennon M., and Sonja Lyubomirsky. "Achieving Sustainable Gains in Happiness: Change Your Actions, Not Your Circumstances." *Journal of Happiness Studies* 7 (2006): 55–86.

Sheldon, Kennon M., and Tim Kasser. "Pursuing Personal Goals: Skills Enable Progress But Not All Progress Is Beneficial." *Personality and Social Psychology Bulletin* 24, no. 12 (1998): 1,319–1,331.

Sheldon, Kennon M., Tim Kasser, Kendra Smith, and Tamara Share. "Personal Goals and Psychological Growth: Testing an Intervention to Enhance Goal Attainment and Personality Integration." *Journal of Personality* 70, no. 1 (February 2002): 5–31.

Sheldon, Kennon M., Richard M. Ryan, Edward L. Deci, and Tim Kasser. "The Independent Effects of Goal Contents: It' s Both What You Pursue and Why You

Pursue It." *Personality and Social Psychology Bulletin* 30, no. 4 (April 2004): 475–486.

Shoda, Yuichi, Walter Mischel, and Philip K. Peake. "Predicting Adolescent Cognitive and Self-Regulatory Competencies from Preschool Delay of Gratification: Identifying Diagnostic Conditions." *Developmental Psychology* 16, no. 6 (1990): 978–986.

Siegel, Daniel J., and Mary Hartzell. *Parenting from the Inside Out*. New York: Jeremy P. Tarcher/Penguin: 2003.

Simons, Daniel J., and Christopher Chabris. "Gorillas in our Midst: Sustained Inattention Blindness." *Perception* 28 (1999): 1,059–1,074.

Simons, Daniel J., and Daniel T. Lewin. "Failure to Detect Changes to People During a Real-World Interaction." *Psychonomic Bulletin and Review*, 5, no. 4 (1998): 644–649.

Skinner, B. F. "Superstition in the Pigeon." *Journal of Experimental Psychology* 38 (1938): 168–172.

Slaughter, Anne-Marie. "Why Women Still Can' t Have It All." *Atlantic*,July/August 2012. www.theatlantic.com/magazine/archive/2012/07/why-women-still-cant-have-it-all/309020.

Sorce, James F., Robert N. Emde, Joseph Campos, and Mary D. Klinnert. "Maternal Emotional Signaling: Its Effect on the Visual Cliff Behavior of 1-Year-Olds." *Developmental Psychology* 21, no. 1 (1985):195–200.

Staw, Barry M. "The Escalation of Commitment to a Course of Action." *Academy of Management Review* 6, no. 4 (October 1981): 577–587.

Thrash, Todd M., and Andrew J. Elliot. "Implicit and Self-Attributed Achievement Motives: Concordance and Predictive Validity." *Journal of Personality* 70, no. 5 (October 2002): 729–755.

Tversky, Amos, and Daniel Kahneman. "Availability: A Heuristic for Judging Frequency and Probability." *Cognitive Psychology* 4 (1973):207–232.

Vallone, Robert P., Dale W. Griffin, Sabrina Lin, and Lee Ross. "Overconfident

Prediction of Future Actions and Outcomes by Self and Others." *Journal of Personality and Social Psychology* 58, no. 4 (1990):582–591.

van Randenborgh, Annette, Joachim Huffmeier, Joelle LeMoult, and Jutta Joormann. "Letting Go of Unmet Goals: Does Self-Focused Rumination Impair Goal Disengagement?" *Motivation and Emotion* 34, no. 4 (December 2010): 325–332.

Vohs, Kathleen D., and Todd Heatherton. "Self-Regulatory Failure: A Resource Failure Approach." *Psychological Science* 11, no. 3 (May 2000): 249–254.

Vohs, Kathleen D., Roy F. Baumeister, Nicole L. Mead, Wilhelm Hoffman,Suresh Ramanathan, and Brandon J. Schmeichel. "Engaging in Self-Control Heightens Urges and Feelings." Working Paper.Wagner, Dylan D., and Todd F. Heatherton. "Self-Regulatory Depletion Increases Emotional Reactivity in the Amygdala." *Social, Cognitive and Affective Neuroscience* (August 27, 2012). DOI:10/ 1093scan/ nss082.

Wegner, Daniel M. *The Illusion of Conscious Will.* Cambridge, MA: MIT Press, 2002.

——. "Ironic Processes of Mental Control." *Psychological Review* 101,no. 1 (1994): 34–52.

——. "Setting Free the Bears: Escape from Thought Suppression." *American Psychologist* (November 2011): 671–679.

——. *White Bears and Other Unwanted Thoughts: Suppression, Obsession,and the Psychology of Mental Control* (New York and London:Guilford Press, 1994), 70.

——. "You Can' t Always Think What You Want: Problems in the Suppression of Unwanted Thoughts." *Advances in Experimental Psychology* 25 (1992): 193–225.

Wegner, Daniel M., David J. Schneider, Samuel R. Carter III, and Teri L. White. Paradoxical Effects of Thought Suppression." *Journal of Personality and Social Psychology* 53, 1 (1987): 5–13.

Weinberg, Katherine M., Edward Z. Tronick, Jeffrey F. Cohn, and Karen L. Olson. "Gender Differences in Emotional Expressivity and Self-Regulation During Early Infancy." *Developmental Psychology* 35 (1999): 175–188.

Wilson, Timothy D. *Strangers to Ourselves: Discovering the Adaptive Unconscious.*

Cambridge, MA: Belknap Press of Harvard University, 2002.

Wilson, Timothy D., and Daniel T. Gilbert. "Affective Forecasting." *Advances in Experimental Social Psychology* 35 (2003): 346–411.

Woodzicka, Julie A., and Marianne LaFrance. "Real Versus Imagined Gender Harassment." *Journal of Social Issues* 57, no. 1 (2001): 15–39.

Wrosch, Carsten, and Michael F. Scheier. "Personality and Quality of Life: The Importance of Optimism and Goal Adjustment." *Quality of Life Research* 12, suppl. 1 (2003): 59–72.

Wrosch, Carsten, Gregory E. Miller, Michael F. Scheier, and Stephanie Brun de Pontet. "Giving Up on Unattainable Goals: Benefits for Health?" *Personality and Social Psychology Bulletin* 33, no. 2 (February 2007): 251–265.

Wrosch, Carsten, Michael F. Scheier, Gregory E. Miller, Richard Schulz,and Charles S. Carver. "Adaptive Self-Regulation of Unattainable Goals: Goal Disengagement, Goal Reengagement, and Subjective Well-Being." *Personality and Social Psychology Bulletin* 29, no. 12 (December 2003): 1,494–1,508.

Wrosch, Carsten, Michael F. Scheier, Charles S. Carver, and Richard Schulz. "The Importance of Goal Disengagement in Adaptive Self-Regulation: When Giving Up Is Beneficial." *Self and Identity* 2 (2003): 1–20.

Zeelenberg, Marcel, and Rik Pieters. "A Theory of Regret Regulation 1.0." *Journal of Consumer Psychology* 17, no. 1 (2007): 3–18.

國家圖書館出版品預行編目資料

放棄的力量／佩格．史翠普（Peg Streep）、艾倫．柏恩斯坦（Alan B. Bernstein）著；簡秀如翻譯. -- 初版. -- 臺北市：麥田出版：家庭傳媒城邦分公司發行, 2014.10
面； 公分
譯自：Mastering the art of quitting
ISBN 978-986-344-163-2（平裝）

1. 生活指導

177.2 103017842

放棄的力量

原著書名　Mastering the art of quitting
作　　者　佩格．史翠普（Peg Streep）、艾倫．柏恩斯坦（Alan B. Bernstein）
翻　　譯　簡秀如
責任編輯　蔡錦豐
美術設計　蔡南昇
總 經 理　陳逸瑛
編輯總監　劉麗真
發 行 人　凃玉雲
法律顧問　台英國際商務法律事務所　羅明通律師
出　　版　麥田出版
104台北市中山區民生東路二段141號5樓
電話：(02)2500-7696　傳真：(02)2500-1966
發　　行　英屬蓋曼群島商家庭傳媒股份有限公司城邦分公司
104台北市中山區民生東路二段141號2樓
客服服務專線：(886)2-2500-7718；2500-7719
24小時傳真專線：(886)2-2500-1990；2500-1991
服務時間：週一至週五上午09:00~12:00；下午13:00~17:00
劃撥帳號：19863813；戶名：書虫股份有限公司
讀者服務信箱：service@readingclub.com.tw
網　　站　城邦讀書花園www.cite.com.tw
麥田部落格　blog.pixnet.net/ryefield
香港發行所　城邦（香港）出版集團有限公司
香港灣仔駱克道193號東超商業中心1樓
電話：(852)2508-6231　傳真：(852)2578-9337
E-mail：hkcite@biznetvigator.com
馬新發行所　城邦（馬新）出版集團【Cite (M) Sdn. Bhd. (458372U)】
41, Jalan Radin Anum, Bandar Baru Sri Petaling,
57000 Kuala Lumpur, Malaysia
電話：(603)9057-8822　傳真：(603)9057-6622
電郵：cite@cite.com.my
總 經 銷　聯合發行股份有限公司 電話：(02)2917-8022 傳真：(02)2915-6275

排　　版　浩瀚電腦排版股份有限公司
製版印刷　中原造像股份有限公司
初版一刷　2014年10月

ISBN 978-986-344-163-2
定價：新台幣340元

城邦讀書花園
www.cite.com.tw